国家社会科学基金项目

"言语互动视阈下汉英语篇关联模式与机制研究"（19BYY108)资助

言语互动视阈下
英汉语篇关联模式与机制研究

The Verbal Interactional Study of
Correlative Modes and Mechanisms in
English and Chinese Discourses

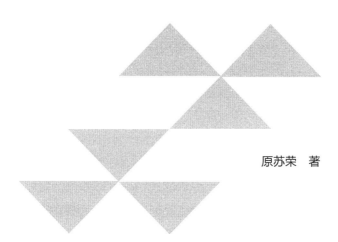

原苏荣　著

上海三联书店

You should know your own language only if you compared it with other languages.

——Friedrich Engels

你只有将本族语同其他语言加以比较，你才会真正懂得自己的语言。

——弗里德里希·恩格斯

序

　　迄今为止,副词的关联模式一直是各种语言中重要而又特殊的语言现象,而且,这类现象在世界其他语言中都普遍存在。由于关联模式现象的形式与语义存在着不对称关系,所以,国际语言学界与中国语言学界历来都非常重视对这一现象的研究,特别是对其形成机制、演化路径、语用特点与识解策略等进行了深入的探讨,取得了多方面的成果。当然在取得一系列进步的同时也应看到,当前英汉关联模式构式研究中还存在着不少问题,比如,英汉关联模式的研究很少有全面系统的比较研究成果,因此,当前英汉关联模式亟待借鉴互动理论、展开深入研究。当然,近年来随着各种语言学理论的引入和借鉴、研究方法的不断改进和完善、研究手段的一再更新和提升,英汉各种关联模式现象的研究,已经取得了多方面的发展,而且质量也持续提高了。原苏荣教授的这本《言语互动视阈下英汉语篇关联模式与机制研究》正是这方面的重要突破与尝试。该著作基于互动语言学视角对英汉语篇关联模式构式进行了多方面探究,既注重揭示英汉语言的差异,又注重英汉语言的内在共性规律,很有创新意义与实用价值。

　　众所周知,关联词语是根据语篇结构分析提取出来的,是小句间或句子间语篇结构关系的显性标记,体现语篇衔接功能。关联词语又具有小句内部的句法功能,因此,关联词语可以分为副词性关联词语和连词性关联词语两大类。而副词性关联词语是特指在复句和语篇中起连接作用的副词和副词性词语，表示分句之间、句子之间或语段之间关系的词语，与形容词、介词、连词、名词等并列成分不是同一种类别，而是从词语的关联功能划分出来的一种功能性综合类别，可以称之为特殊类词语。长期以来，副词一直是英汉语词类研究中引起争议和存在问题最多的一类，国内外学者早已关注副词在意义完整语篇中的重要性，从不同角度作了相应研究，但是从互动语言学视角探究副词在语篇中的功用还不多。互动语言学这一概念是21世纪初首次正式提出的，相关专家指出互动语言学的目标是采用会话分析中常用的人类交往方法与范式，研究社会交往中语言的结构和组织。互动语言学研究者的一个共识是，互动交际中的话轮、序列、行为都是通过语言资源的系统性使用才为互动参与者识解的。因此，研究者最为关心的就是日常互动交际中所使用的语言形式。很显然，学界较注重对互动语言学的理论研究、互动语言学视阈下的会话功能、语言行为、篇章连接功能、语义作用等研究，但是在言语互动视角下英汉副词性关联词语的语篇关联模式与机制研究迄今还很少见到。

副词性关联词语是元话语中对话特征和篇章组织特征的主要词语。元话语功能，实现人际互动。作为国家社科基金项目"言语互动视阈下汉英语篇关联模式与机制研究"的研究成果，这本专著借鉴人际互动原理，在言语互动视角下，进行英汉副词性关联词语比较，创建了全面系统的英汉语篇关联模式与机制，为英汉对比、教学和翻译提供指导和借鉴。研究总体对象以权威访谈、辩论、对话、电视会话、戏剧、口语类小说和"现代英汉与汉英双向平行同质语料库"为平台，对英汉副词性关联词语与语篇的互动作系统对比研究。具体对象基于前人研究所界定的英汉副词性关联词语与语篇互动性对比。著作研究涉及英汉搭配、标记、话语、人际、关系、语体等角度的互动性系统对比,各角度系统语篇关联模式提炼和构建。本专著研究内容包括:概念及其分类、理论发展、代表性人物及其主要成果和国内外相关研究,创新性地以多个理论框架图的形式呈现并梳理理论要点,然后拟由多个系统副词性关联词语语篇关联模式与机制建构,充以各方面的具体内容。我觉得,这本论著学术价值与实用功效涉及多个方面,创新之处涉及三个方面:

首先,学术思想鲜明、领域对象新颖。体现的核心思想包括:英汉副词性关联词语与语篇互动性对比研究的元话语思想、文体思想、功能思想和系统思想。英汉副词性关联词语与语篇的互动性系统对比研究及其模式提炼,相关研究国内外尚属首次;对该领域多个方面的重要词语的对比,具有全面系统的创新功效。

其次,理论框架明了、方法路径得当。目前国内外学界在互动语言学领域的具体研究中涉及各种理论,本专著的重点就其中重要的理论及其相关研究进行概述,以系统框架图形式呈现,简洁明了。专著研究对象依据语料库、言语互动对比、系统考察了从问题化到应用型研究模式,确保研究路径的通畅。而且,本专著非常重视英汉语言内部的证据及系统性,以求达到观点验证、方法创新。

最后,语料有针对性、具有特定价值。本专著可比权威语料和英汉/汉英双向平行同质语料支撑的英汉对比研究,具有全面性和系统性;基于多模态的数据库实证研究,更具信度和效度。所以,专著的基本观点和研究结论,都非常符合英汉两种语言篇章衔接与关联模式的基本语言事实。

　　原苏荣教授研究专长主要是英语,我本人研究专长是汉语,巧合的是我们双方都对副词篇章衔接与关联模式具有相同的研究兴趣,所以,近二十年来原教授一直与我展开多方面的学术交流,我对他的学术水平和专业精神比较了解。特别是这次全面通读了这一著作之后,我深深地感到:本专著确实是一部优秀的学术著作,不但语料扎实可靠,而且分析细致合理,理论丰富严密。据我所知,本专著基本完成后,作者不断加以修改,力求精益求精,经过不断打磨、修订才定稿。专著语篇关联模式与机制建构系统地拓展了英汉副词性关联词语研究的深度和广度,具有特定的学术价值和理论意义,对推动该类词语研究具有积极作用。

　　毋庸讳言,本专著也还存在少数有待进一步改进之处。比如,个案研究还不够全面、系统,而且,虽然本专著对相关语言现象已作了多角度的展现与解释,但在理论解释上还有一些现象与问题需要展开更加深入、精细的挖掘。不过,我认为,这本专著无疑是迄今为止英汉关联模式研究最具特色的创新之作,非常值得学界同仁与硕、博士生关注与借鉴。毫无疑问,本专著是一部迄今为止在英汉副词性关联词语比较研究领域方面最为重要的创新之作,是一部相当值得认真拜读与研讨并且值得多方借鉴的专著,所以,我特地郑重向大家推荐。

张谊生

2024 年 6 月于上海师范大学

目　　录

绪　　论

0.1　选题依据

副词性关联词语(简称"副关")不是与名、动、形以及副、介、连等并列的一种词类,而是从词语的关联功能划分出来的一种功能性综合类别,也可称之为特殊类词语。该类词语具有表示语言单位之间逻辑语义关系的功能,表示篇章的结构,承接上文、揭示下文的内容,表明作者的观点以及篇章中潜在的含义。总体而言,副关在起到修饰功用的同时,在句子中或语篇中起关联作用,表示分句之间、句子之间或语段之间的关系,兼具语篇衔接功能(原苏荣,2013:22;张谊生,2019:序1)。副关是元话语中对话特征和篇章组织特征的主要词语。元话语功能,实现人际互动。本书拟用人际互动原理,在言语互动视角下,进行英汉副关比较,创建全面系统的英汉语篇关联模式与机制,为英汉对比、教学和翻译提供指导和借鉴。

0.1.1　国内的主要研究状况

自《马氏文通》以来,在汉语词类研究中,副词一直是引起争议和存在问题最多的一类。国内学者早已关注副关在意义完整语篇中的重要性,从不同角度作了相应研究。

1)副关的界定　章振邦(1983)提出副关充当连接性状语,在句子之间起连接作用;张道真(1984)认为副关有承接上文的作用,有些接近连词;薄冰、赵德鑫(1999)提出副关用于连接句子、分句,它们可表示各种关系。上述观点是我们对该类词语界定的基础。

2) 汉语语篇中的研究　重要的成果如廖秋忠(1986)、屈承熹(1991)和张谊生(1996,2000a,.2000b,2003,2004,2010,2014,2017,2022,2023)等探究了副词的篇章连接功能,在句子中或语篇中的关联功能;严艺(2011)、方霁(2014)、乐耀(2018)、曹秀玲等(2018)分别讨论了"原来"的篇章衔接功能、"好在"的功能、会话交际的指称调节和元话语标记。

3) 汉英比较研究　在潘文国(2008)、杨自俭(2010)、许余龙(2010)等研究的基础上,原苏荣 & 陆建非(2011)、刘曜(2016)比较了汉英副关的语篇衔接功能;施发勇(2012)、邹清妹(2015)、胡芳芳(2016)、孟燕燕(2019)、李新迪(2024)等分别基于不同的语料库对汉英篇章中的副关进行了比较。

4) 互动语言学研究的开展　姚双云(2015)、方梅(2016)、沈家煊(2016)、乐耀(2017)、张德禄(2018)、谢心阳(2021)等分别探究了连词和口语篇章的互动性、北京话语气词变异形式的互动功能、英汉答问方式的差异、会话交际的基本单位、话语分析、疑问的互动语言学研究。可见,学者们多在不同话语文体/语体中进行人际互动研究。

0.1.2　国外的主要研究状况

国外学界对英语副关篇章连接功能的研究与国内学界对汉语该类词语的研究基本一样。

1) 副关的界定　Halliday & Hasan(1976)提出副关起衔接功能和连接特殊语义关系的作用;Quirk *et al.*(1985)指出副关是

说话者对两个语言单位之间的联系所作的评价;Biber *et al.*(2000)认为副关建立语篇单位间的语义联系。可以看出,中外学者的观点大同小异。

2）英语语篇中的研究　主要有 Larson(1985)对"either … or …"中 either 的连接功能进行了分析;Schwarz(1999)对"neither … nor …"中 neither 进行了探究;Cinque(1999,2004)等探讨了副词的篇章连接功能。

3）英汉等比较研究　Johannessen(2004,2005)论述了副关的句法特点和关联特征,尤其在德语话语中的关联特点,并进行了英、德副关比较研究。原苏荣(2013,2015,2016,2017,2019,2020)、陆建非 & 原苏荣(2012)、殷佳越(2016)、谢子岚(2018)、杨琪(2019)、刘雪婷(2023)等进行了英汉/汉英副关比较研究。

4）互动语言学研究的开展　Ochs(1996)、Selting & Couper-Kuhlen(2001)、Ford(2004)、Couper-Kuhlen(2014,2018)、Zhang(2022)、Gao(2023)、Gu(2024)等在不同的理论背景下对互动中的会话功能、语言行为等进行了研究,提出互动语言学理论是功能导向和基于用法的。这些成果对本研究具有重要的启示作用。

0.1.3　国内外相关研究简评

考察国内外学界已有研究,汉、英语中可以表达连接功用的副词,可以分为三种类别:

1）凡是既可以位于句首也可以位于句中,既可以单用也可以合用,既具有连接功能而又具有限定功能的是副连兼类词(张谊生,2000a:55)。例如,汉语中既有副词"只有、只是、就是、不过、当然",也有连词"只有、只是、就是、不过、当然"。副连兼类词的出现与存在是因为副词衔接(cohesion)语法化之后形成的关联

(correlation)功能,从而与原副词的功用分化了。英语中的"only""just""however""certainly/surely"等作副词,"only""however"也可以作连词,这些词虽然不都是副连兼类词,但具有衔接/关联功能。

2) 凡是无论单用还是合用,都只能位于句中主语之后谓词性成分之前的,既有限定功能又有连接功能的是连接性关联副词(张谊生,2000a:55)。比如"就、才、也、却"等。关联副词一般都是单音节的多功能副词,比如"就、才、也、却"都是汉语中的多功能副词,所以,即使可以表达关联功能,也还只是副词,只是在表连接关联时,会与连词配合,比如"只有……才、只要……就、即使……也"等。英语中"then""also""still"也可以与连词搭配使用,如"if ..., then ...""if only ..., then ...""if/only ..., (then) ...""even if ..., still ..."。

3) 凡是既能单独位于句首又能够位于句中,既有评注功能又兼具语篇连接功能的副词,还具有衔接功用的评注性副词(张谊生,2000a:55)。比如"其实、也许、当然、的确"表衔接功能必须借助于特定的语境,脱离语境就不一定具有连接功用,表明"其实、也许、当然、的确"等副词的关联语法化还没有完成。英语中"actually/in fact""maybe""certainly""really"等同样既有评注功能又兼具语篇连接功能的副词,还具有衔接功用的评注性副词。

本书集中探究副关这一特殊类词语在英汉语篇中的关联模式与机制,关联的语言单位分为篇章中的句子与语篇两个方面。关于副关研究的各种论文有上百篇,研究性著作有多部,不乏质量上乘之作。学界对篇章层面的副关具有的篇章连接功能、语义作用等,有不同表达或只是术语不同而已。

迄今为止,言语互动视角下英汉语篇关联模式与机制研究还未见到,对该类词语的研究,可以概括为:

1) **不同视角研究多,语篇互动性研究少**　英汉副关比较研究多是从个案、复句或篇章视角进行的,副关与语篇的互动这一领域研究还很少。

2) **单语内研究多,双语语篇层面对比少**　英、汉语界对副关的研究,多为各自语言系统内的单语研究,英汉双语语篇层面的对比研究不多。

3) **个案研究多,语篇关联模式与机制研究少**　英、汉语界大都是对某些副关进行较为零散的个案研究如 Schwarz(1999)、桂严捷(2014)、郭沙沙(2020)、赵瑜(2022)、彭继祝(2024)等,缺少言语互动视角下英汉语篇关联模式与机制研究。

0.1.4　全面反思

作为元话语的主要词语,副关的人际互动研究,语篇层面的关联模式与机制研究有待开展和拓展:1)**夯实基础**　副关与语篇互动的特点、功能等有待明晰;2)**扩大拓展**　扩大文体研究,增加语体对比,如权威访谈、辩论、医患、庭审等口语语体,戏剧、口语类小说等书面语体,拓宽对比领域,如文体学、文化学领域等;3)**加强阐释**　加强系统对比、功能解释,探其互动性规律、异同特点及原因;4)**提炼模式**　加强互动交叉研究,互动性系统对比,提炼关联模式。

0.2　研究方法

1) **语料库方法**　应用权威口、笔语语料以及"现代英汉/汉英双向平行同质语料库",以英汉副关为检索项,使用 WordSmith

6.0、Searching System for Chinese Corpus 5.0、Text Statistics Analyzer、搭配查找工具 AntConc 和文档的查找功能,分析副关的频次、分布和互动性等级等。用实证方法对该类词语进行描写、统计与分析。

2）互动对比法 互动对比法采用人类交往方法学范式,对比研究社会交往中的话语功能、语言结构和组织以及互动交际中所使用的语言形式。是用来系统描写和解释语言,特别是互动对比的描写与分析。

3）系统考察法 把该类词语作为一个系统来考察,从对比该类词语与语篇的相互依赖、相互结合、相互制约的关系中揭示系统特征和规律;提供具有层次性、系统性和全面性的分析语言现象的模式,使对比研究更为客观、全面和精细。

0.3　创新之处

1）学术思想鲜明 本研究体现 4 大核心思想:英汉副关与语篇互动性对比研究的元话语思想、文体思想、功能思想和系统思想。

2）领域和对象新 英汉副关与语篇的互动性系统对比研究及其模式提炼,国内外无人专擅,尚属首次;对该领域的 8 大类 20 小类词语的对比,具有一定的创新。

3）语料全面助力 可比权威语料和英汉/汉英双向平行同质语料支撑的英汉对比研究,具有全面性和系统性;基于多模态的数据库实证研究,更具信度和效度。

4）理论框架明了 国内外学界在互动语言学领域的具体研究中涉及十种理论,重点就八种理论及其相关研究进行概述,以 49 个系统框架图形式呈现,简洁明了。

5）方法路径得当　语料库、言语互动对比、系统考察法下从问题化到应用型研究模式,确保研究路径的通畅,重视英汉语言内部的证据及系统性,以求观点验证、方法创新。

0.4　研究内容

0.4.1　研究对象

总体对象:以权威访谈、辩论、对话、电视会话、戏剧、口语类小说和自建 500 万字的"现代英汉/汉英双向平行同质语料库"为平台,对英汉副关与语篇的互动作系统对比研究。

具体对象:1)本书基于前人研究所界定的英汉 8 大类 20 小类副关(原苏荣,2019:430 - 433)与语篇互动性对比;2) 英汉搭配、标记、话语、人际、关系、语体等角度的互动性系统对比;3)各角度系统语篇关联模式的提炼和构建。

0.4.2　总体框架

为探清上述对象,在权威语料支持下,以功能导向和基于用法的言语互动为理论依据,在功能文体学和话语/口语语篇文体学等领域,进行英汉副关与语篇的多模态互动对比分析,阐释语篇互动中副关的频率、分布、意义、功能等,提炼不同视角的互动性对比模式。本书首先概述互动语言学主要理论及其相关研究(内容包括基本概念及其分类、理论发展、代表性人物及其主要成果和国内外相关研究,创新性地以 49 个理论框架图的形式呈现并梳理理论要点),然后拟由 6 大系统副关语篇关联模式与机制建构,充以 15 部分的具体内容。

0.4.2.1　英汉副关对比模式与机制

§会话位置及其模式与机制　话轮转换模式与机制,会话序列模式与机制,共性与差异探究。

§互动搭配模式与机制　与其自身搭配,与其他副关搭配,与连词搭配,共性与差异分析。

0.4.2.2　英汉副关搭配标记对比模式

§搭配标记的分类　同一副关的搭配使用,不同副关的搭配使用,副关与连词的搭配使用,副关与短语的搭配使用,共性与差异探究。

§搭配标记的模式　搭配标记与动词的共现,搭配标记与形容词/副词的共现,搭配标记与小句/句子的共现,原因理据探究,规则描写,共性与差异分析。

§搭配标记的话轮位置特征　话轮首,话轮中,话轮尾,跨话轮对比及其理据分析,规则描写,共性及其差异研究。

0.4.2.3　英汉副关元话语对比模式

§在元话语中的对比模式　英语副关的使用频率与模式,汉语副关的使用频率与模式,英汉副关的标准频次分布与模式。

§在元话语中的话轮数量与模式　英汉语中的话轮数量,占比模式。

0.4.2.4　英汉副关人际功能对比模式

§使用频率与分析　英语副关的使用频率及其分析,汉语副关的使用频率及其分析,英汉副关在每部作品中的使用频率及其分析,共性和差异及其机理探究。

§人际功能对比模式　情态功能对比及模式,意态功能对比及模式,共性和差异分析。

0.4.2.5　英汉副关逻辑关系对比模式

§相互依存关系及其使用频次与模式　从并列关系和主从关系,分析英汉语言间的共性与差异。

§ **逻辑语义关系对比分析**　　对比英汉副关在逻辑语义关系中，扩展是怎样表达、投射是怎样表达，探究其异同特点及其表达机制。

§ **逻辑语义关系对比模式**　　使用频次与选择模式，共现搭配模式。

0.4.2.6　英汉副关在不同语体中的对比模式

§ **在口语语体中的分析**　　在口语语体中的使用频率与分析，不同话轮位置副关数量与分析，共性与差异探究。

§ **在书面语体中的分析**　　在书面语体中的使用频率与分析，不同话轮位置副关数量与分析，其异同特点及其规律探究。

§ **在不同语体中的模式与机制**　　在不同语体中的使用频率模式，不同语体对话中副关使用频次分布与占比模式机制，不同语体的不同话轮中副关使用频率模式机制。

第一章　主要理论及其相关研究

　　"互动语言学"这一概念是 Selting 和 Couper-Kuhlen 于 2001 年出版《互动语言学研究》(*Studies in Interactional Linguistics*)论文集中首次正式提出的。两位主编在序言中指出互动语言学的目标是采用会话分析中常用的人类交往方法学(Ethnomethodology)范式,研究社会交往中语言的结构和组织。互动语言学研究者的一个共识是,互动交际中的话轮、序列、行为都是通过语言资源的系统性使用才为互动参与者识解的。因此,互动语言学研究者最为关心的就是日常互动交际中所使用的语言形式(谢心阳,2016:343)。

　　当今,人类交往方法学是会话分析研究的主要理论方法,人类交往方法论是 20 世纪 70 年代社会学领域对传统占主导的定性和定量的社会学研究的一次革命,会话分析也因此应运而生。而同样采用该方法进行研究的互动语言学研究者必须要面对的问题就是:源于语言学的范畴和原则能否和会话分析的认识和观点相合? Ochs、Schegloff 和 Thompson 1996 年主编的由剑桥大学出版社出版的《互动与语法》(*Interaction and Grammar*)中的研究主要是功能语法导向的,而近十多年来,构式语法似乎有可能成为互动语言学的主要理论(Hakulinen & Selting, 2005)。而且,2005 年以来,关于互动中语义的研究逐渐淡出,取而代之的是一些句法导向的语言学理论,比如浮现语法和扩展构式语法

(Günthner & Imo，2006)。同时，诸如在线句法(Online Syntax)和位置敏感语法(Positionally Sensitive Grammar)这种新的语法理论也丰富了互动语言学理论。正是因为当下互动语言学研究存在着理论多样性的问题，所以 Laury、Etelämäki 和 Couper-Kulen(2014)认为，现在是该思考互动语言学的理论和术语问题的时候了。就语法理论而言，是采用既有的某一种理论进行一定的修正后使其适应互动语言学的需要，还是创立学科自己的理论方法？就术语而言，在描写纷杂的语言学现象时，如何一方面考虑到互动语言学与其他语言学流派的互通问题，另一方面解决既有的语言学术语是在缺乏互动语言学研究背景下产生的这一问题。

Laury、Etelämäki 和 Couper-Kuhlen(2014)对《面向互动语言学的语法研究》(*Approaches to Grammar for Interactional Linguistics*)专刊所使用的语法理论进行了梳理，主要包括话语-功能语法(Discourse-functional Grammar)、认知语法(Cognitive Grammar)、构式语法(Construction Grammar)、浮现语法(Emergent Grammar)、在线句法(Online Syntax)和社会行为结构(Social Action Format)六种。还有两种也用于互动语言学研究的语法理论：线性单位语法(Linear Unit Grammar)和对话语法(Dialogic Grammar)(谢心阳，2016：344)。2018 年 Couper-Kuhlen & Selting 在《互动语言学——社会互动中的语言研究》(*Interactional Linguistics—Studying Language in Social Interaction*)著作中则明确提出，互动语言学的基础是功能语言学以及三个源学科——会话分析、语境化理论和人类语言学(Couper-Kuhlen & Selting，2018：4-5)。

据考察，国内外学界在互动语言学领域的具体研究中涉及十种理论,分别是:会话分析(Conversation Analysis)、系统功能语言学(Systemic Functional Linguistics)(又称系统功能语法 Systemic Functional Grammar 或功能语法 Functional Grammar)、认知语法(Cognitive Grammar)、构式语法(Construction Grammar)、话语-功能语法(Discourse-functional Grammar)、语境化理论(Contextualization Theory)、人类语言学(Linguistic Anthropology)、在线句法(Online Syntax)、浮现语法(Emergent Grammar)、社会行为结构(Social Action Format)。这几种语法理论都是功能导向和基于用法的,我们在实际研究过程中,应该根据不同的研究对象选择合适的(理论)方法进行研究(谢心阳,2016:352)。

鉴于近年来,学界对认知语法(Cognitive Grammar)和构式语法(Construction Grammar)讨论比较多,又比较了解,(也见原苏荣,2019:22-25+71-73),我们在此就不赘述了。下面我们重点就以下八种理论及其相关研究进行概述。

1.1 会话分析理论及其相关研究

1.1.1 会话分析

学界认为,会话分析有广义和狭义之分,广义的会话分析指的是对任何会话的研究,而狭义的会话分析(Conversation Analysis)是一门起源于 20 世纪 60 年代在美国发展起来的学科,由以 Sacks、Schegloff、Jefferson 等为代表的社会学家开创,一般认为其理论源头是社会学家 Garfinkel(1967)所提出的民俗学方法论(Ethnomethodology)和社会学家 Goffman(1967)所提出的互动交际理论。之所以认为会话分析以民俗学方法论为源头,主要是因为以下三方面的原因：

第一，会话分析和民俗学方法论的研究范围都是研究"常识的不可见性"(Invisibility of Common Sense)。

第二，会话分析的话语序列组织(Sequence Organization)与民俗学方法论研究的指示性表达(Indexical Expressions)在某种程度上是同质的。

第三，会话分析的过程很好地解释了民俗学方法论所关注的日常行为的"体验性产出"(Embodied Production)这一问题。所谓体验性产出是指日常行为由行为双方在行动过程中逐步构建，这一构建过程基于双方在行动过程中的即时理解和认知(曾小荣，2014)。

会话分析学派重点研究日常自然会话，认为会话是有规律可循的，探求会话的基本结构和规则。会话分析的研究目标是基于自然发生的真实会话，揭示人们的社会行为及人们之间的互动交往行为的内在组织结构，发现言谈应对的内在秩序，是研究人们互动交际过程的一种方法(Heritage，1984)。

会话分析的发展经历了三个阶段：第一阶段主要以 Sacks 为代表，Sacks 早期的研究基于对青少年犯罪者的治疗话语的电话录音和自杀干预中心热线电话录音的分析，进一步探讨日常活动的实践理性和社会认知的准则，这一阶段可以看作从民俗学方法论向会话分析的过渡阶段；第二阶段则主要集中于谈话轮次和语序的研究，即"标准会话分析"，研究会话自主性的规则和结构；第三阶段是"机构性会话分析"，对象主要集中于公共机构会话的研究，例如课堂、法庭、会议、医患等的机构性谈话，这些已经成为现在会话分析的焦点(曾小荣，2014)。20 世纪 80 年代，会话分析的研究方法被外语界学者引入我国。

根据 Sacks、Schegloff 和 Jefferson(1974，1977)以及刘运同(2002)、于国栋(2015)等学者的研究,会话分析研究方法中最核心的概念就是话轮以及话轮转换。其中,话轮(Turn)具有两方面的含义:一是指在会话过程中的某一时刻成为说话者的机会;二是指一个人作为讲话者时所说的话(Edmondson，1981)。而话轮转换则指的是不同话轮在会话中的转换策略与机制。Stenstrom(1994)将这种机制概括为取得话轮、保持话轮和放弃话轮。Yule(2000)也在《语用学概论》一书中总结了话轮转换的过程中的现象和策略,包括沉默、反馈语、重叠等。在会话分析的奠基之作"会话话轮组织的最简分类"(A Simple Systematic for the Organisation of Turn-taking for Conversations)中,Sacks 等(1974)将话轮转换系统概括为以下几个方面:话轮建构单位(Turn-constructional Unit)、话轮转换关联位置(Transition Relevance Place)、话轮分配成分(Turn-allocation Component)以及话轮转换规则(Turn-taking Rules)。话轮转换是话轮如何从说话人传递到另一个说话人的核心,而其中相邻语对(Adjacency Pairs)之间的话轮转换更加紧密。早在 1968 年,Schegloff 就评述道,相邻语对是对发话人给出第一言语,紧随其后的言语在逻辑或习俗上与前一言语形成应对,是由任意两种相联系的言语构成的。

黄国文(2001)同样指出,相邻语对指的是两个不同的发话人所发出的两个相关话段的言语结构。因此,相邻语对在语用含义上一一匹配,例如邀请—接受/拒绝,请求—接受/拒绝,问候—问候(回应)等等,而不同的回应往往也体现了回应的优先顺序,即优先选择回应和非优先选择回应(Schegloff，2007)。在一对相邻语对中,有时往往会插入一对新的话轮作为对回应话轮的前提条件或对前一话轮的补充,即插入序列。Schegloff(2007)同样对这种现象进行了分类:第一语对后序列插入扩展和第二语对前序列插入扩展,其中,前者也被称为修正(Repair),作为优选结构理论的一部分,根据修正发起者的不同,修正被分为自启和他启,同时根据修正者不同,修正分为自我修正和他人修正。Schegloff(2007)指出,自我修正优于他人修正,这对研究机构会话中的修正现象有着启示性的作用。

除了插入序列,前置序列作为话轮序列结构的现象之一,在会话分析中有着不可磨灭的作用。根据语用功能,前置序列可分为召唤—回答序列、前置宣告序列、前置邀请序列、前置安排序列、前置请求序列和前置结束序列等。其中,召唤—回答序列(Summon—Answer)是一类特殊的前置序列,其实现形式可以是语言性的问候语或者称呼语,也可以是非语言性的行为,如招手、眼神等(Schegloff,2007)。

在优先结构理论中,Pomerantz(1984)还提出了同意性评估(Agreeing and Disagreeing Assessment)的理论,即通过不同的回应方式,体现回应者对第一个说话人表示同意性的提升、等同或者降低,在会话分析中也经常应用。

近年来,会话分析学者不断发掘语料,充实社会行为的类别,如 Kendrick & Drew(2016)提出了以往文献中未曾涉及的社会行为——招助(Recruitment),即互动参与者通过陈述、抱怨自身困难以求得他人帮助。这个过程中既包括对自己困难的陈述,也包括提供帮助者的出手援助,也可能包括求而不得最后转而使用请求的行为。其描述比之前的帮助(Offer)与请求(Request)的二分更为准确(转引自 2020 年 3 月 10 日 11:44 中国社会科学网)。

Couper-Kuhlen & Selting(2018)提出了一套会话分析的方法论工具(A Set of Methodological Tools),当然,也是互动语言

学视阈下研究语言的工具,包括:

第一,基于真实且自然发生的谈话录音或录像材料。

第二,以"分析的心态"(Analytic Mentality)观察现象,不带有理论先设。

第三,采用标注系统对语料进行转写,尽可能真实地反映互动中会话的特征。

第四,语料分析旨在重构互动成员传情达意(Sense-making)的方法。

第五,对语料集合进行编排,对单个案例选择,或是以体现所分析现象的多种实例,以便进一步分析。

第六,这种分析论断可通过"下一话轮证明程序"(Next Turn Proof Procedure),通过对言谈参与者的观察得到验证(见 Sack et al., 1974;另见 Schegloff, 1996b)。

1.1.2 框架体系

作为来源于社会学的一门学科,会话分析有其自身独立的理论框架和方法论。它证明了日常会话需要具备一套必须遵守的已定规则,有动机、有结构,而且是表达某种意义的活动,为人们理解日常会话提供了理论基础,形成了一套研究人类会话的框架体系(见下页)。

1.1.3 代表性人物及其主要成果

作为会话分析的创始人,Sacks、Schegloff 和 Jefferson 在 1974 年就发表了会话分析的奠基之作"会话话轮组织的最简分类"(A Simplest Systematic for the Organisation of Turn-taking for Conversations),主要介绍了话轮转换系统的相关概念与会话分析的研究方法。随后,在 1977 年,Sacks 等再次发表了"会话修复中的自我修复倾向"(The Preference for Self-correction in the

框架 1　Conversation Analysis　会话分析

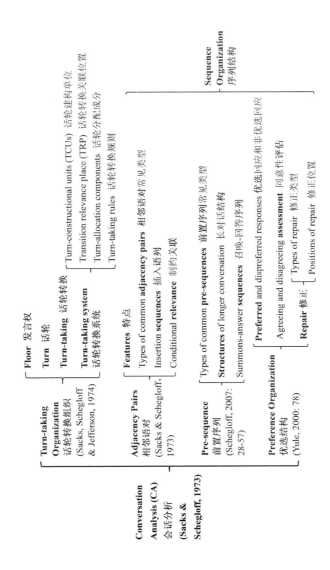

框架 2　Turn-taking Organization　话轮转换组织

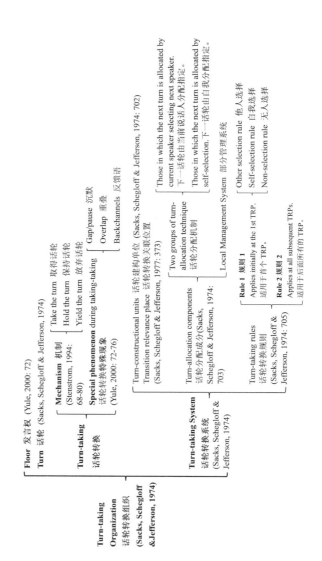

框架 3　Adjacency Pairs　相邻语对

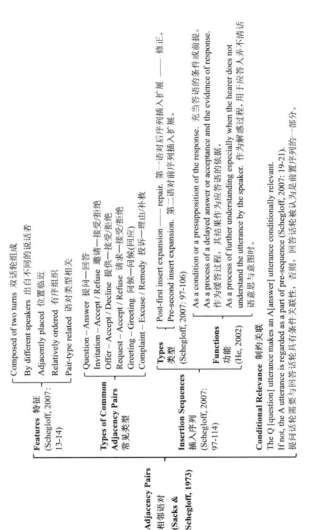

Adjacency Pairs 相邻语对 (Sacks & Schegloff, 1973)

- **Features 特征 (Schegloff, 2007: 13-14)**
  - Composed of two turns 双话轮组成
  - By different speakers 出自不同的说话者
  - Adjacently placed 位置临近
  - Relatively ordered 有序组织
  - Pair-type related 语对类型相关

- **Types of Common Adjacency Pairs 常见类型**
  - Question – Answer 提问—回答
  - Invitation – Accept / Refuse 邀请—接受/拒绝
  - Offer – Accept / Decline 提供—接受/拒绝
  - Request – Accept / Refuse 请求—接受/拒绝
  - Greeting – Greeting 问候—问候(回应)
  - Complaint – Excuse / Remedy 投诉—理由/补救

- **Insertion Sequences 插入序列 (Schegloff, 2007: 97-114)**
  - **Types 类型 (Schegloff, 2007: 97-106)**
    - Post-first insert expansion——repair. 第一语对后序列插入扩展 —— 修正。
    - Pre-second insert expansion. 第二语对前序列插入扩展。
  - **Functions 功能 (He, 2002)**
    - As a condition or a presupposition of the response. 充当答语的条件或前提。
    - As a process of a delayed answer or acceptance and the evidence of response. 作为缓答过程，其结果作为应答语的依据。
    - As a process of further understanding especially when the hearer does not understand the utterance by the speaker. 作为解惑过程，用于应答人弄不清话语意思与意图时。

- **Conditional Relevance 制约关联**
  - The Q [question] utterance makes an A[answer] utterance conditionally relevant. If not, the A utterance is regarded as a part of pre-sequence (Schegloff, 2007: 19-21). 提问话轮需要与回答话轮具有条件关联性，否则，回答话轮被认为是前置序列的一部分。

框架 4　Pre-sequence　前置序列

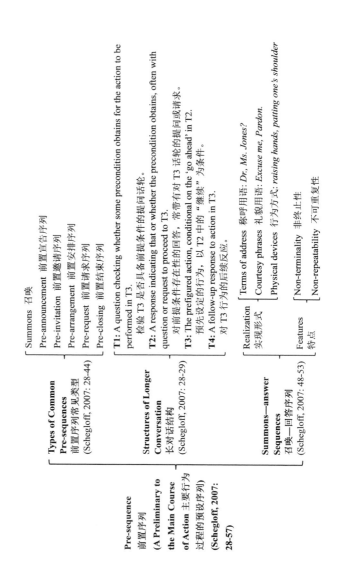

Pre-sequence
前置序列
(A Preliminary to the Main Course of Action 主要行为过程的预设序列)
(Schegloff, 2007: 28-57)

Types of Common Pre-sequences
前置序列常见类型
(Schegloff, 2007: 28-44)

- Summons 召唤
- Pre-announcement 前置宣告序列
- Pre-invitation 前置邀请序列
- Pre-arrangement 前置安排序列
- Pre-request 前置请求序列
- Pre-closing 前置结束序列

Structures of Longer Conversation
长对话结构
(Schegloff, 2007: 28-29)

- T1: A question checking whether some precondition obtains for the action to be performed in T3.
  检验 T3 是否具备前提条件的提问话轮。
- T2: A response indicating that or whether the precondition obtains, often with question or request to proceed to T3.
  对前提条件存在性的回答，常带有对 T3 话轮的提问或请求。
- T3: The prefigured action, conditional on the 'go ahead' in T2.
  预先设定的行为，以 T2 中的 "继续" 为条件。
- T4: A follow-up response to action in T3.
  对 T3 行为的后续反应。

Summons—answer Sequences
召唤—回答序列
(Schegloff, 2007: 48-53)

- Realization
  实现形式
  - Terms of address 称呼用语: Dr, Ms. Jones?
  - Courtesy phrases 礼貌用语: Excuse me, Pardon.
  - Physical devices 行为方式: raising hands, patting one's shoulder
- Features
  特点
  - Non-terminality 非终止性
  - Non-repeatability 不可重复性

框架 5　Preference Organization　优选结构

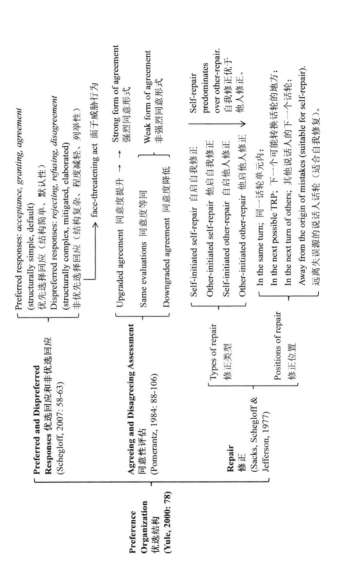

Preference Organization 优选结构 (Yule, 2000: 78)

Preferred and Dispreferred Responses 优选回应和非优选回应 (Schegloff, 2007: 58-63)

- Preferred responses: *acceptance, granting, agreement* (structurally simple, default)
  优先选择回应（结构简单，默认性）
- Dispreferred responses: *rejecting, refusing, disagreement* (structurally complex, mitigated, elaborated)
  非优先选择回应（结构复杂、程度减轻、列举性）

→ face-threatening act 面子威胁行为

Agreeing and Disagreeing Assessment 同意性评估 (Pomerantz, 1984: 88-106)

- Upgraded agreement 同意度提升 → Strong form of agreement 强烈同意形式
- Same evaluations 同意度等同
- Downgraded agreement 同意度降低 → Weak form of agreement 非强烈同意形式

Repair 修正 (Sacks, Schegloff & Jefferson, 1977)

Types of repair 修正类型
- Self-initiated self-repair 自启自我修正
- Other-initiated self-repair 他启自我修正
- Self-initiated other-repair 自启他人修正
- Other-initiated other-repair 他启他人修正

→ Self-repair predominates over other-repair. 自我修正优于他人修正。

Positions of repair 修正位置
- In the same turn; 同一话轮单元内；
- In the next possible TRP; 下一个可能转换话轮的地方；
- In the next turn of others; 其他说话人的下一个话轮；
- Away from the origin of mistakes (suitable for self-repair). 远离失误源的说话人话轮（适合自我修复）。

Organization of Repair in Conversation），集中介绍了修复的分类、功能与分析方法等。Sacks 作为会话分析的创始人之一，出版了一本专著《会话讲义》(*Lectures On Conversation*)，该专著分为一、二两卷，均于 1992 年在布莱克维尔出版社（Basil Blackwell）出版，两部著作分别是 1964—1967 年以及 1968—1972 年之间的系列课堂讲座内容，通过对讲座话语的研究，Sacks 在序列结构以及故事讲述序列等方面有了新发现。

另一位创始人 Schegloff 则对会话分析的话轮序列方面进行了总结与描述，其著作《对话中的序列组织：会话分析入门》(*Sequence Organization in Interaction*：*A Primer in Conversation Analysis*)于 2007 年由剑桥大学出版社（Cambridge University Press）出版，该著作是关于序列组织的研究与总结。

Jefferson 作为三大创始人之一，尽管没有专门的著作，但是发表了三十多篇学术论文，而后 Drew 等分别在 2015 年和 2017 年将 Jefferson 发表的论文进行选择编辑，出版了《谈话中谈论烦恼》(*Talking About Troubles in Conversation*)以及《修复谈话的破碎表面：在对话中管理口语、听力和理解问题》(*Repairing the Broken Surface of Talk*：*Managing Problems in Speaking*，*Hearing*，*and Understanding in Conversation*)两本著作，由牛津大学出版社（Oxford University Press）出版。

除三位创始人外，会话分析学派中比较有名的代表人物还有 Heritage，他与 Drew 一起于 1992 年在剑桥大学出版社出版了《工作中的谈话：机构环境中的互动》(*Talk at Work*：*Interaction in Institutional Settings*)，旨在分析机构会话中的会话规则等，此外，Heritage 还分别于 2002 年和 2006 年先后在剑桥大学出版社出版了两部著作《新闻采访：直播中的记者和公众人物》(*The*

News Interview：Journalists and Public Figures on the Air）和
《在临床护理中的沟通》（*Communication in Medical Care*），分别
聚焦于媒体会话与医患会话。还有 Have 分别于 1999 年与 2007
年先后在 Sage 出版的《会话分析》（*Doing Conversation
Analysis*）一书的第一版与第二版，该书相对来说实践性更强一
些，更加深刻地讲述了如何进行会话分析研究的方法。之后，
Couper-Kuhlen & Selting(2018)在剑桥大学出版社出版了《互动
语言学：社会互动中的语言研究》（*Interactional Linguistics：
Studying Language in Social Interaction*）一书，系统介绍了会
话分析理论，进一步丰富了会话分析的理论与方法。

1.1.4　国内外相关研究

国内外学界对会话分析的相关研究主要包括以下几个方面：

1. 会话分析理论研究和发展研究。比如 Sacks（1984，
1992a，1992b）、Sacks、Schegloff & Jefferson（1974，1977）、
Jefferson(1987)、Have(1999)、Pomerantz(1984)、Ford(2002)、
Couper-Kuhlen & Selting(2018)、刘运同（2001，2002）、于国栋
（2003，2008，2015）、于国栋等（2018，2019，2020）、姚剑鹏
（2008）、曾小荣（2014）、匡小荣（2005，2006，2007）、张廷国
（2003）、吴鹏 & 张璘（2007）、代树兰（2015）、马文（2007）等。20
世纪 60 年代至今短短半个多世纪的时间，以 Sacks 等为代表的会
话分析学者取得了不菲的研究成果。在会话分析的发展过程中，
学者们重视对自然发生语料的收集和分析，分析单位也从孤立的
句子延伸到连串的话语（曾小荣，2014）。会话分析的出现使得学
者们的研究视角发生了新的转变。Sacks 等（1974）的奠基之作
"会话话轮组织的最简分类"（A Simplest Systematic for the
Organisation of Turn-taking for Conversations)中提到基于话轮

的分配和选择是一个不断协商的过程,因此他们提出"会话中话轮转换的最简方案"。该方案包括两点:第一点是说话人明白一个话轮包括一个或多个"话轮转换单位",听话人可利用自己对话轮单位的知识推断话轮结束的节点。对话轮转换单位节点的判断需要关注话语内容、话轮转换单位等问题。话轮转换单位可以是语法结构相对完整的单位,它们相当于语法单位中的小句、句子,也可以是简单的词、词组等。与此同时,说话人的语调、音高、停顿以及眼神、手势等身体语言也可帮助会话参与者对话轮转换单位作出判断。说话人通过对话轮转换单位的识别来把握话轮转换时机。第二点是话轮转换机制,即话轮的转换是有规律的,当一个话轮结束时,说话人通过眼神、点名或提出有针对性的问题等方式选择下一个说话人;或者下一个说话人通过自选获得话语权;说话人也可选择继续进入下一个话轮(代树兰,2015)。

在国内研究中,代树兰(2015)介绍了会话分析的起源和发展,概括了会话分析的研究方法以及会话分析在我国语言学界的进展。吴亚欣 & 于国栋(2017)澄清了国内学者对会话分析的语料观及其转写、序列组织观、交际秩序观、社会行为观的某些不恰当的理解。张廷国(2003)、于国栋(2015)等人深入地阐述了话轮构成、话轮构建成分的扩充以及话轮转换,探讨了言语交际背后的社会秩序。

2. 会话分析的应用研究。

1)电视媒体会话。如 Cohen & Young(1973)、Whitaker(1981)、Heritage(1985,2002)、van Dijk(1987,1988)、Hutchby(1992,1996a,1996b,1997,1999)、Clayman(1992,2002)、Clayman & Heritage(2002)、代树兰(2008a,2008b,2008c,2009a,2009b,2010)、王翼凡(2011)、范茹歆(2011)、黄泳

（2016）、张月庆（2016）、林海洋（2016）、李云梓（2017）、唐斌（2009）、孙启迪（2016）、简文（2011）、陈锋（2013）、邱敏（2012）等。

2）课堂会话。如 Hellermann（2009）、Jia（2020）、李战子（1996）、杨连瑞（2002）、兰良平 & 韩刚（2013）、梁长岁（2012）、陈安媛（2012，2014，2017，2018）、周星 & 周韵（2002）、姚剑鹏（2015，2016）、吴勇毅 & 王玎（2016）、王文龙（2013）等。

3）医患会话。如 Fisher & Todd（1983）、Heath（1986）、Silverman（1987）、Heritage & Maynard（2006）、Goodwin（2003）、Anderson et al.（2021）、Wu（2021）、于国栋（2008，2009a，2009b）、于国栋等（2009，2022）、杨妮 & 何志成（2004）、王茜等（2010）、刘兴兵（2007，2009）、杨石乔（2011）、陈海庆 & 郭霄楠（2011）、牛利（2018，2019a，2019b）、杨辰枝子 & 傅榕赓（2017）等。

4）庭审会话。如 Atkinson & Drew（1979）、Maynard（1992）、Levi & Walker（1990）、李滨 & 杨跃（2006）、张清（2009）、张丽萍（2004）、何源（2011）、余芊（2014）、徐海环（2015）、李文举 & 陈海庆（2020）等。

随着会话分析研究方法在越来越多的机构性谈话研究中的应用，会话分析的基础研究和应用研究得到越来越多学者的认可，对会话结构特征普遍性的研究也已经展开（吴亚欣 & 于国栋，2017）。对机构会话的研究，特别是对机构话语语境、对会话参与者所代表的机构身份等得到了更多的重视（代树兰，2008a）。这些研究引发了人们对会话分析及其研究方法的再思考（曾小荣，2014）。

在国内研究中，周星等（2002）、吴勇毅等（2016）主要从会话结构、话轮转换、交际策略、修正策略等方面分析师生双方在英语和二语课堂中互动过程中的特点。梁长岁(2012)将其他国家二语学习者和我国学生在汉语课堂上的会话方式进行对比研究。兰良平等(2013)对比了两个不同的师生课堂互动,来证明课堂互动中运用不同的会话策略与教师不同身份的构建密切相关。

医患会话方面,于国栋(2009b)以产前检查为例,分析了回述现象出现的序列位置及其执行的交际功能,其研究发现回述对于医患双方获取准确信息、避免交际发生障碍、促进交际顺利进行等方面有着重要的作用。

庭审会话方面,张清(2009)通过研究法庭互动话语的对话特征,提出法庭话语是一种受制约性很强的机构性话语。张丽萍(2004)、李滨等(2006)通过研究发现,法官、律师、被告人三者对话语权的争夺很激烈,被告人会采取如模糊性回答、对抗性回答、回避型回答、沉默等言语策略来争取更多的主动权等。

3. 多模态会话分析的研究与应用研究。主要有:Goodwin(1980,1981)、Sacks & Schegloff(2002)、Deppermann(2007,2013a,2013b,2014)、张德禄(2009,2016,2018,2019)、程瑞兰 & 张德禄(2017)、冯德正(2017)、潘艳艳 & 李战子(2017)、靳晟(2017)、邓谊 & 冯德正(2021)等。目前,多模态会话分析的相关研究还处于发展阶段,有待进一步深化和完善(张德禄,2016)。可见,该领域下的会话分析模式还需要越来越多的学者进行深入探究。

尽管会话分析理论与分析方法已经在机构会话的研究中被广泛应用,但是在会话分析视阈下对英汉副关的语篇关联模式与机制方面的研究比较少,这为本项目研究提供了一个突破口和方向。

1.2 系统功能语言学理论及其相关研究

1.2.1 系统功能语言学

根据韩礼德（Halliday，1985/1994），汤普森（Thompson，1996/2004/2014）和胡壮麟、朱永生、张德禄等（2005）的研究，功能语言学［全称"系统功能语言学"（Systemic Functional Grammar）］主要由三大元功能/纯理功能构成，即语篇功能、人际功能和概念功能（概念功能又分为经验功能和逻辑功能）。语篇功能是用语言来组织信息、话语；人际功能是用语言来跟人沟通；概念功能是用语言谈论世界，用语言来表明信息或小句之间的关系。

语篇功能包括主位系统、信息系统和衔接系统；人际功能包括语气系统、情态系统、基调系统和评价系统；概念功能包括及物性系统、语态系统、归一性系统、相互依存系统和逻辑-语义系统（也称"小句复合体系统"）。

概念功能主要指在功能语言学中，小句通过及物性表述相关概念；及物性分析所含三个成分，即参与者、过程和环境。过程包括物质过程（也有称"动作过程"）、心理过程、关系过程、行为过程、言语过程和存在过程。

基于三大元功能，学者们对系统功能语言学的研究还扩展至语法隐喻（包括概念隐喻、人际隐喻和语篇隐喻），复句和词组，语域与语类，评价理论（包括态度、介入和级差）等。

Couper-Kuhlen & Selting（2018：4-5）明确指出，互动语言学的基础是功能语言学以及三个源学科——会话分析、语境化理论和人类语言学。可见，系统功能语言学在互动语言学理论体系中的地位和影响力。

1.2.2 框架体系

系统功能语言学经过四十多年的发展、修正、完善,形成了一系列完整的系统理论框架(见下页)。

1.2.3 代表性人物及其主要成果

作为功能语言学的主要创始人,韩礼德的学术思想是在以英国语言学家弗斯(Firth)为领头人的伦敦学派的基础上发展起来的,其代表作《功能语法导论》(*An Introduction to Functional Grammar*)是介绍功能语法理论的经典学术著作,自 1985 年第一版由爱德华 · 阿诺德出版社〔Edward Arnold(Publishers)Limited〕出版以来,就成为国内外许多大学讲授功能语法的基本教科书和广大功能语言学爱好者必读的参考书。该书第二版于1994 年由爱德华·阿诺德出版社出版,后由外语教学与研究出版社于 2000 年出版。第三版于 2004 年由霍德·阿诺德出版社(Hodder Arnold)出版,又由外语教学与研究出版社于 2008 年出版。本书(尤其是第二版)内容丰富,讲解深入浅出,具有较强的科学性、理论性及实用性,是国内外许多高校的经典教材。国内外不少学者是通过学习研读本书后,走上功能语言学研究之路的,并取得了丰硕成果。

1.2.4 国内外相关研究

国内外学界对功能语言学的相关研究主要包括以下几个方面:

1. 功能语言学理论的评介和发展研究。如 Halliday(1985,1994,2004,2013,2014)、Halliday & Matthiessen(2004,2013,2014)、Thompson(1996,2004,2014)、Martin & White(2005)、Fontaine(2013);胡壮麟等(2005)、胡壮麟(2000,2014,2016,2021)、朱永生(2012)、张德禄(2009)、黄国文(2001,2007,2008,

框架 1 System of Three Metafunctions 三大元功能系统

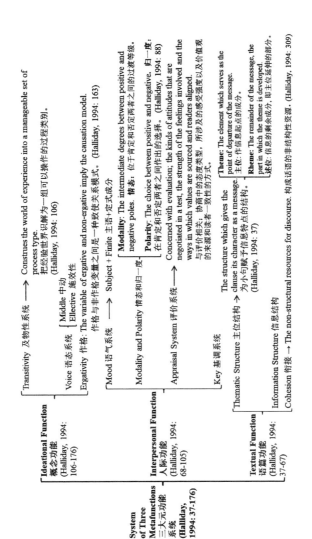

框架 2　Ideational Function　概念功能

Ideational Function
概念功能
(Halliday, 1994: 106-176)

Transitivity 及物性系统
(Halliday, 1994: 106-143)

PROCESS TYPE 　**PARTICIPANTS** 　**CIRCUMSTANCES**
过程类型 　参与者 　环境

a) Material process 物质过程 　Actor 动作者 / Goal 目标

b) Mental process 心理过程 　Senser 感知者 / Phenomenon 现象

c) Relational process 关系过程 〈Carrier 载体 / Attribute 属性
　　　　　　　　　　　　　　　Identified 被识别者 / Identifier 识别者

d) Behavioral process 行为过程 　Behaver 行为者

e) Verbal process 言语过程 　Sayer 言说者

f) Existential process 存在过程　Existent: 存在者(event/entity 事件/实体)。
Other participant functions: 1) Beneficiary 受益者; 2) Range 范围。
Types of Circumstances: 1) Extent 跨度; 2) Location 处所; 3) Manner 方式;
　　　　4) Cause 原因; 5) Contingency 或然; 6) Accompaniment 伴随;
　　　　7) Role 角色; 8) Matter 内容; 9) Angle 角度。

Voice 语态系统
(Halliday, 1994: 169)

Clause as representative
作为表征的小句
<u>+ Process 过程</u> →
+ Medium 中介

Middle 中动
(Process: active 过程: 主动)

Effective 施效性
+ Agent + 施动者
Active 主动
Passive 被动

Ergativity 作格
(Halliday, 1994: 161-176)

Ergative / Non-ergative pair. 作格/非作格对。
Agent: the main participant. 施动者。
Medium: the entity through the medium of which the process comes into existence. 中介。

Key 图例:　+x "x是待嵌入部分"
　　　　　　　a/b "a和b重合"
　　　　　　　m:n "m被进一步具体化为"

Agent / Subject 施动者 / 主语
Process active 过程: 主动
Medium / Subject 中介: 主语
Agent / Adjunct 施动者 / 附加语
Process passive 过程: 被动

The tourist *hunted*.
The tourist *hunted the lion*.

框架 3　Transitivity System　及物性系统

Transitivity System 及物性系统 (Halliday, 1994: 106-143)

PROCESS TYPE 过程类型	PARTICIPANTS 参与者	CIRCUMSTANCES 环境
a) Material Process 物质过程	Actor 动作者 / Goal 目标	
b) Mental Process 心理过程	Senser 感知者 / Phenomenon 现象	
c) Relational Process 关系过程	Carrier 载体 / Attribute 属性 Identified 被识别者 / Identifier 识别者	(Circumstances) (环境)
d) Behavioral Process 行为过程	Behaver 行为者	
e) Verbal Process 言语过程	Sayer 言说者	
f) Existential Process 存在过程	Existent: 存在者 (event / entity 事件 / 实体)	

Other participant functions: 1) Beneficiary 受益者; 2) Range 范围

Types of Circumstances: 1) Extent 跨度; 2) Location 处所; 3) Manner 方式; 4) Cause 原因; 5) Contingency 或然; 6) Accompaniment 伴随; 7) Role 角色; 8) Matter 内容; 9) Angle 角度。

框架 4　Interpersonal Function　人际功能

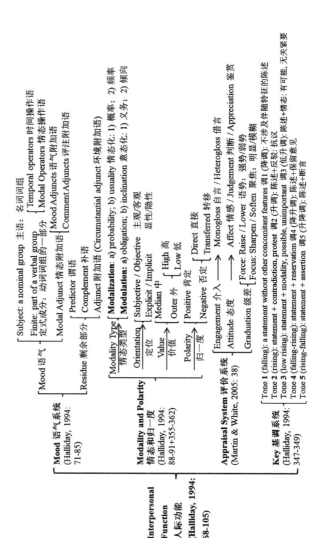

Interpersonal Function 人际功能 (Halliday, 1994: 68-105)

Mood 语气系统 (Halliday, 1994: 71-85)
- Mood 语气
  - Subject: a nominal group 主语：名词词组
  - Finite: part of a verbal group 定式成分：动词词组的一部分
    - Temporal operators 时间操作语
    - Modal Operators 情态操作语
  - Modal Adjunct 情态附加语
    - Mood Adjuncts 语气附加语
    - Comment Adjuncts 评注附加语
- Residue 剩余部分
  - Predicator 谓语
  - Complement 补语
  - Adjunct 附加语 (Circumstantial adjunct 环境附加语)

Modality and Polarity 情态利归一度 (Halliday, 1994: 88-91+355-362)
- Modality Type 情态类型
  - Modalization: a) probability; b) usuality 情态化：1) 概率；2) 频率
  - Modulation: a) obligation; b) inclination 意态化：1) 义务；2) 倾向
- Orientation 定位
  - Subjective / Objective 主观/客观
  - Explicit / Implicit 显性隐性
- Value 价值
  - Median 中
  - Outer 外
    - High 高
    - Low 低
- Polarity 归一度
  - Positive 肯定
  - Negative 否定

Appraisal System 评价系统 (Martin & White, 2005: 38)
- Engagement 介入
  - Monogloss 自言 / Heterogloss 借言
    - Direct 直接
    - Transferred 转移
- Attitude 态度
  - Affect 情感 / Judgement 判断 / Appreciation 鉴赏
- Graduation 级差
  - Force: Raise / Lower 语势：强势/弱势
  - Focus: Sharpen / Soften 聚焦：明显/模糊

Key 基调系统 (Halliday, 1994: 347-349)
- Tone 1 (falling): a statement without other concomitant features 调1（降调）：不涉及伴随特征的陈述
- Tone 2 (rising): statement + contradiction, protest 调2（升调）：陈述+反驳：抗议
- Tone 3 (low rising): statement + modality, possible, unimportant 调3（低升调）：陈述+情态：有可能, 无关紧要
- Tone 4 (falling-rising): statement + reservation 调4（降升调）：陈述+保留意见
- Tone 5 (rising-falling): statement + assertion 调5（升降调）：陈述+断言

框架 5　Modality System　情态系统

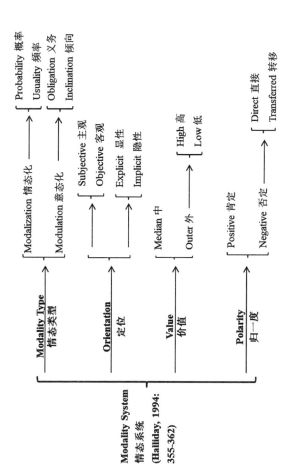

		Probability 概率
Modalization 情态化		Usuality 频率
Modulation 意态化		Obligation 义务
		Inclination 倾向

Modality Type 情态类型 → Modalization 情态化 / Modulation 意态化
→ Probability 概率 / Usuality 频率 / Obligation 义务 / Inclination 倾向

Orientation 定位 → Subjective 主观 / Objective 客观 / Explicit 显性 / Implicit 隐性

Value 价值 → Median 中 / Outer 外 → High 高 / Low 低

Polarity 归一度 → Positive 肯定 / Negative 否定 → Direct 直接 / Transferred 转移

Modality System
情态系统
(Halliday, 1994:
355-362)

框架 6　Appraisal System　评价系统

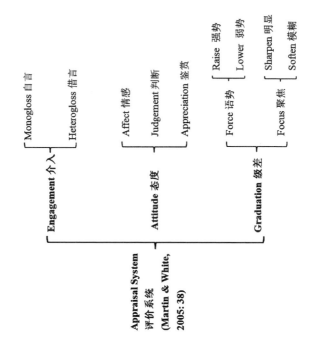

框架 7　Engagement System　介入系统

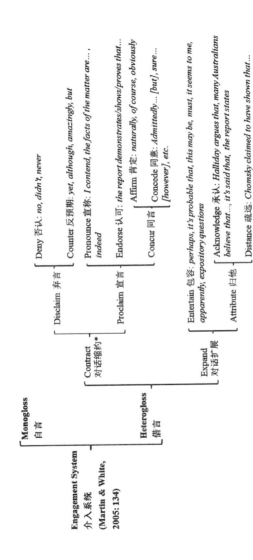

* 张德禄. 评价理论论介入系统中的语法模式研究 [J]. 外国语 (上海外国语大学学报), 2019, 42(02): 2-10.

框架 8　Textual Function　语篇功能

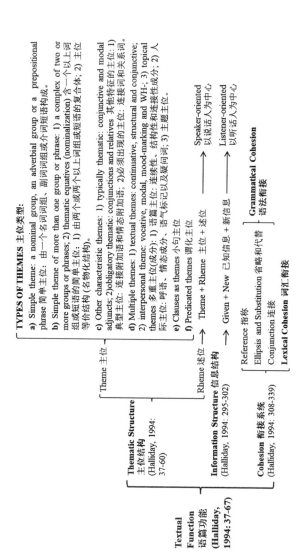

Textual Function 语篇功能 (Halliday, 1994: 37-67)

Thematic Structure 主位结构 (Halliday, 1994: 37-60)
- Theme 主位
- Rheme 述位

Information Structure 信息结构 (Halliday, 1994: 295-302)
- Theme + Rheme 主位 + 述位 → Speaker-oriented 以说话人为中心
- Given + New 已知信息 + 新信息 → Listener-oriented 以听话人为中心

Cohesion 衔接系统 (Halliday, 1994: 308-339)
- Reference 指称
- Ellipsis and Substitution 省略和代替
- Conjunction 连接　Grammatical Cohesion 语法衔接
- Lexical Cohesion 词汇衔接

TYPES OF THEMES 主位类型:

a) Simple theme: a nominal group, an adverbial group or a prepositional phrase 简单主位: 由一个名词组、副词词组或介词短语构成。

b) Simple theme of more than one group or phrase: 1) a complex of two or more groups or phrases; 2) thematic equatives (nominalization) 简单主位的简单形式: 1) 由两个或两个以上词组或短语的复合体; 2) 主位等价结构 (名物化结构)。

c) Other characteristic themes: 1) typically thematic: conjunctive and modal adjuncts; 2)obligatory thematic: conjunctions and relatives 其他特征的主位: 1) 典型主位: 连接附加语和情态附加语, 2)必须出现的主位: 连接词和关系词。

d) Multiple themes: 1) textual themes: continuative, structural and conjunctive; 2) interpersonal theme: vocative, modal, mood-marking and WH-; 3) topical themes 多重主位(成分): 1) 语篇主位: 连续性、结构性和连接性成分; 2) 人际主位: 呼语、情态成分、语气标记以及疑问词; 3) 主题主位。

e) Clauses as themes 小句主位

f) Predicated themes 谓化主位

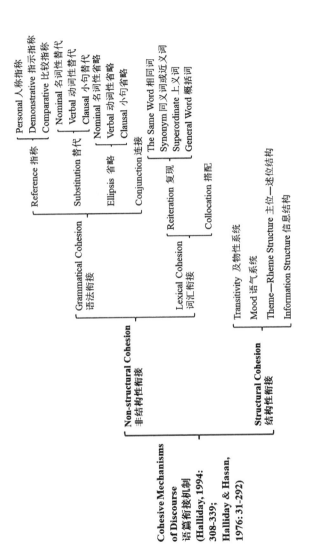

框架 9　Cohesive Mechanisms of Discourse　语篇衔接机制

框架 10　System of Clause Complex　小句复合体系统

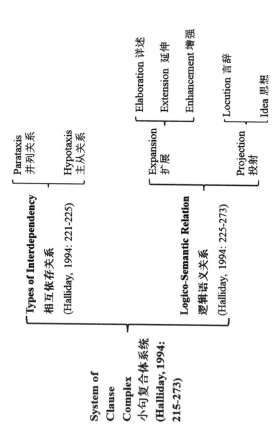

2019)、彭宣维(2013，2016)、辛志英 & 黄国文(2010)、常晨光(2004)、王振华 & 张庆彬(2013)、杨炳钧 & 罗载兵(2012)、杨信彰(2009)、刘承宇(2005)、李美霞(2007)、姜望琪(2014)、何远秀(2016)等。

功能语言学理论自出现以来，其理论发展在国内十分迅速。韩礼德(2015:1)谈道:"我是用马克思主义的语言观和方法论来研究语言的。"其学术思想无论从宏观还是微观上都受到了马克思主义语言观的影响。此外，黄国文(2019:17)还指出，韩礼德的语言学理论是在中国学习后形成的，深受中国思想文化的影响。在其学术思想中，我们经常看到王力、罗常培、高名凯、陈望道、朱自清的身影(胡壮麟，2018:43-44)。因此，韩礼德的学术思想与中国学者的学术思想高度一致，进而成为系统功能语言学在中国迅速发展的重要条件。

2. 功能语言学视角下不同领域的研究。如 Halliday & Hasan (1976，1989)、Halliday(2002)、Hasan(1995)、Matthiessen (2007)、Martin & Rose(2007)、Wegener(2016);张德禄(1999)、黄国文(2010a，2010b，2018)、彭宣维(2011)、王振华 & 张庆彬 (2013a，2013b)、王勇 & 徐杰(2011)、辛志英 & 黄国文(2013)、刘承宇(2003)、常晨光(2001)、李美霞 & 宋二春(2010)、林正军 & 杨忠(2010)、林正军 & 王克非(2012)、何伟等(2017)、何伟(2021)、杨雪燕(2012)、苗兴伟 & 雷蕾(2020)、杨曙 & 常晨光(2021)、刘飞飞 & 常晨光(2022)、李战子(2020，2021)、何中清(2021)等。

功能语言学不仅在理论发展上迅速，而且与其他学科之间也有紧密的关系。首先，Halliday(2015:17-19)指出语篇分析是语言学研究的重要部分，分析语篇是发展语言学理论的重要工作，系统功能语言学的语篇分析在揭示语篇的意识形态和价值观方面起了不可估量的作用。其次,由于语篇分析要根据情景语境、文化语境和上下文语境进行,因而,所作出的分析和解释就会对语篇所反映或隐藏在背后的意识形态进行考察,系统功能语言学的这种语篇分析方法给批评语言学也带来启示(黄国文,2018:34 - 35)。

受到批评话语分析的影响,近年来生态话语分析逐渐兴起,这是由于 Halliday 在其学术思想中强调,自然问题不只是物理学家和生物学家的责任,也是语言学家的责任,强调语言在生态保护方面的重要性,突出语言学家的社会责任,这与其马克思主义语言观是分不开的。因此,生态语言学慢慢形成的广义的应用语言学分支,主要是研究语言与生态关系的问题(黄国文,2018:35 - 37)。尽管如此,语言学者仍然认为功能语言学对新兴交叉学科的观照和对前沿领域的覆盖不够,应加强同语言类型学、生态语言学、生物语言学等学科的融会贯通,触及语言类型与语言理论适用性、语言研究与生态建构、语言演化等前沿课题(何伟 & 王连柱,2019:219)。

3. 功能语言学的应用研究,主要有:

1) 功能语言学与外语教学研究。比如方琰(1993)、王初明(1996)、张德禄(2004,2013)、王振华(2004)、杨炳钧 & 尹明(2000)、原苏荣 & 陆建非(2016)、杨雪燕等(2021)等。黄国文(2019:18)在评价功能语言学时提到,中国学者经过几十年的不懈努力,不仅对该理论研究有贡献,而且把该理论应用于我国的外语教学与研究的实践中。

2) 功能语言学与翻译研究及实践。如杨雪燕(2003)、张美芳 & 黄国文(2002)、张美芳(2005)、黄国文(2006,2015b)、黄国文 & 余娟(2015)、司显柱(2004,2005,2006,2018)、王东风(2006)、司显柱 & 程瑾涛(2018)、王烯 & 陈旸(2019)、姜斐斐

(2019)等。语言学家、著名学者,如司显柱等致力于翻译在系统功能语言学框架下的范式,为翻译研究提供了新范式,促进了翻译研究的创新。

1.3　话语–功能语法理论及其相关研究

1.3.1　话语–功能语法

根据 Butler(2006),黄国文 & 辛志英(2014),谢心阳(2016)和方梅等(2018)的研究,话语–功能语法(Discourse-functional Grammar)始于 20 世纪 70 年代末 80 年代初,是美国西海岸功能学派对乔姆斯基"句法自治"(Autonymy of Syntax)观点主导语言学研究的回应。功能学者们反对句法自治和语法天赋性假说,着眼于语言构造中的功能因素,注重自然实际的语料,重视语义语用话语的分析,将形式上的规律诉诸非形式化的外在解释。

西海岸功能语法的产生和发展很大程度上受到以布拉格学派为代表的欧洲功能语法学派的影响。同时,其初期建立者也多有美洲土著语言的田野调查经验,如博厄斯(Boas)和萨丕尔(Sapir)的研究带有明显的人类学和类型学特点,对西海岸功能语法影响深刻。

西海岸功能语法研究视角多样,将功能语法与其他学科相结合进行跨学科研究,如 Lamb(1966)结合神经认知,Chafe(1987,1980)结合认知模式,Mann 等(1987)结合计算机语言学。

就研究方法而言,美国的功能语法研究多以解释性为主,以从交际和社会角度解释语言形式的表达为主要目的。功能学者们选取自然发生的语料,体现出明显的类型学倾向,如 Li & Thompson(1976)。就研究内容而言,美国的功能学者们关注多种语言,试图描写和解释语言共性,如 Hopper & Thompson (1984)。也有学者从历时角度进行研究,如 Givón(1995,2001)。

美国西海岸的功能语法研究非常活跃,流派众多,各有特色,但没有公认的领军人物,以下我们通过框架形式对西海岸功能学派及其研究进行简要归纳:

1.3.2　框架体系

下面我们用框架形式,对话语-功能语法理论及其研究作一概括(见下页)。

1.3.3　代表性人物及其主要成果

美国语言学家、俄勒冈大学教授 Givón 自 1970 年以来,以功能主义的观点从事语言学研究,成果累累,曾出版《语法的理解》(*On Understanding Grammar*)、《思维、语码和语境:语用学论文集》(*Mind,Code and Context:Essays in Pragmatics*)、《句法:功能类型学导论》(*Syntax:an Introduction*)等书。其中《句法:功能类型学导论》是对 1979 年《语法的理解》的充实,是将功能语法与普遍语法相结合的尝试,Givón 在书中对象似性、标记性等现象进行了探讨。Givón 在 1994 年发表了对虚拟语气在跨语言中分布的研究,同时对虚拟语气表达形式的语法化过程作了历时的调查。Givón 的功能主义在很大程度上代表了美国功能主义的主要活动,具有类型学的、历时的、归纳的、折中的、语法的和章法的特征(胡壮麟,1996)。

Chafe 毕业于耶鲁大学,深受结构主义熏陶。60 年代初期至末期,在教学实践中,Chafe 逐渐认识到结构主义的局限性,从而开始探索新的方法来解释语言,于 1970 年出版《意义和语言结构》(*Meaning and Structure of Language*)一书,提出研究语言应超出句子的范围,从话语或语篇层面来研究。1980 年 Chafe 在

框架 1-1 West Coast Functionalism(1) 西海岸功能主义学派(1)

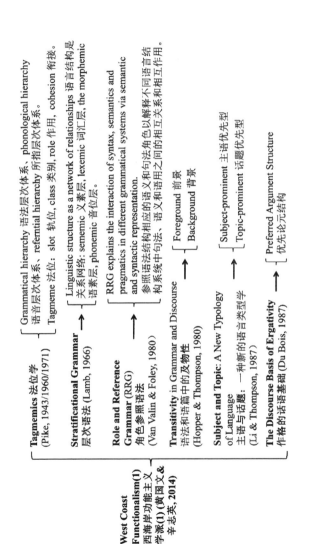

框架 1-2　West Coast Functionalism(2)　西海岸功能主义学派 (2)

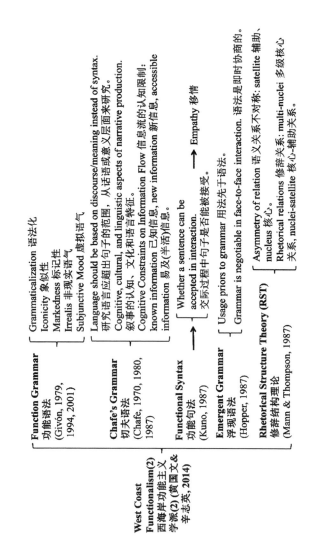

West Coast Functionalism(2) 西海岸功能主义学派(2) (黄国文&辛志英, 2014)

Function Grammar 功能语法 (Givón, 1979, 1994, 2001)
- Grammaticalization 语法化
- Iconicity 象似性
- Markedness 标记性
- Irrealis 非现实语气
- Subjunctive Mood 虚拟语气
- Language should be based on discourse/meaning instead of syntax. 研究语言应超出句子的范围，从话语或意义层面来研究。

Chafe's Grammar 切夫语法 (Chafe, 1970, 1980, 1987)
- Cognitive, cultural, and linguistic aspects of narrative production. 叙事的认知、文化和语言特征。
- Cognitive Constraints on Information Flow 信息息流的认知限制：known information 已知信息, new information 新信息, accessible information 易及(半活)信息。

Functional Syntax 功能句法 (Kuno, 1987)
- Whether a sentence can be accepted in interaction. 交际过程中句子是否能被接受。 ⟶ Empathy 移情

Emergent Grammar 浮现语法 (Hopper, 1987)
- Usage priors to grammar 用法先于语法。
- Grammar is negotiable in face-to-face interaction. 语法是即时协商的。

Rhetorical Structure Theory (RST) 修辞结构理论 (Mann & Thompson, 1987)
- Asymmetry of relation 语义关系不对称: satellite 辅助, nucleus 核心。
- Rhetorical relations 修辞关系: multi-nuclei 多级核心 关系, nuclei-satellite 核心-辅助关系。

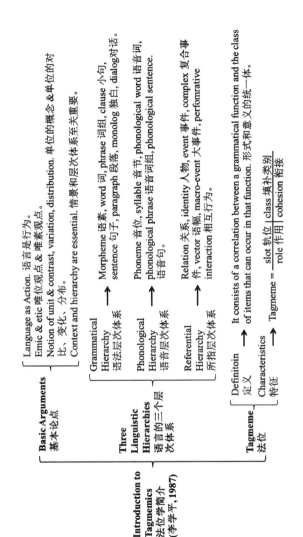

框架 2　Introduction to Tagmemics　法位学简介

框架 3　Introduction to Role and Reference Grammar　角色参照语法简介

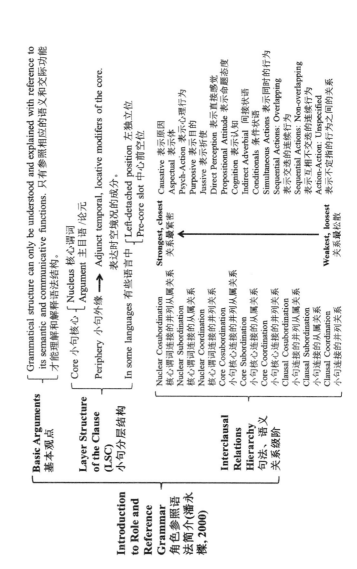

Introduction to Role and Reference Grammar 角色参照语法简介(潘永樑, 2000)

Basic Arguments 基本观点
Grammatical structure can only be understood and explained with reference to its semantic and communicative functions. 只有参照相应的语义和交际功能才能理解和解释语法结构。

Layer Structure of the Clause (LSC) 小句分层结构
Core 小句核心 [Nucleus 核心谓词 / Argument 主目语 /论元]
Periphery 小句外缘 → Adjunct temporal, locative modifiers of the core. 表达时空境况的成分。
In some languages 有些语言中 [Left-detached position 左侧立位 / Pre-core slot 中心前空位]

Interclausal Relations Hierarchy 句法、语义 关系级阶

Strongest, closest 关系最紧密
Nuclear Cosubordination 核心谓词连接的并列从属关系
Nuclear Subordination 核心谓词连接的从属关系
Nuclear Coordination 核心谓词连接的并列关系
Core Cosubordination 小句核心连接的并列从属关系
Core Subordination 小句核心连接的从属关系
Core Coordination 小句核心连接的并列关系
Clausal Cosubordination 小句连接的并列从属关系
Clausal Subordination 小句连接的从属关系
Clausal Coordination 小句连接的并列关系
Weakest, loosest 关系最松散

Causative 表示原因
Aspectual 表示体
Psych-Action 表示心理行为
Purposive 表示目的
Jussive 表示祈使
Direct Perception 表示直接感觉
Propositional Attitude 表示命题态度
Cognition 表示认知
Indirect Adverbial 间接状语
Conditionals 条件状语
Simultaneous Actions 表示同时的行为
Sequential Actions: Overlapping 表示交迭的连续行为
Sequential Actions: Non-overlapping 表示互相不交迭的连续行为
Action-Action: Unspecified 表示不定指的行为之间的关系

框架 4　Introduction to Rhetorical Structure Theory　修辞结构理论简介

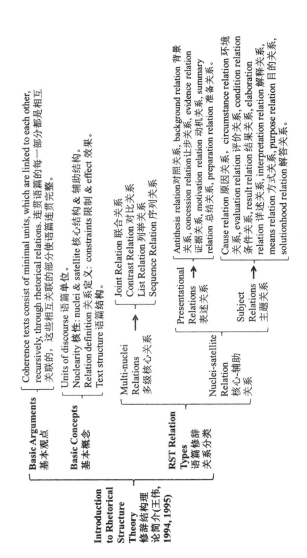

框架 5 Discourse-functional Grammar 话语-功能语法

Discourse-functional Grammar 话语-功能语法 (Couper-Kuhlen & Selting, 2001, 2018)

Interaction and Grammar 互动与语法 (Ochs et al., 1996)
- Three possible relations between interaction and grammar 三种语法观 →
  - Grammar **for** interaction 语法为互动
  - Grammar **in** interaction 语法在互动
  - Grammar **as** interaction 语法是互动

Linguistic Structures are Emergent and Context-sensitive. 语言结构即时浮现，对语境敏感。(Couper-Kuhlen & Selting, 2001: 14)
- Anaphora in conversation. 会话中的回指。(Fox, 1987/1993)
- Grammar in Interaction: Adverbial Clauses in American English Conversations. 互动中的语法：如美式英语会话中的状语从句。(Ford, 1993)

Turn-construction Units (TCU) 话轮构建单位
- Practices in the construction of turns: the "TCU" revisited. 话轮构建惯例：再谈话轮构建单位。(Ford et al., 1996)
- Interactional units in conversation: syntactic, intonational, and pragmatic resources for the management of turns. 会话中的互动单位：用于管理话轮的句法、语调和语用资源。(Ford & Thompson, 1996)

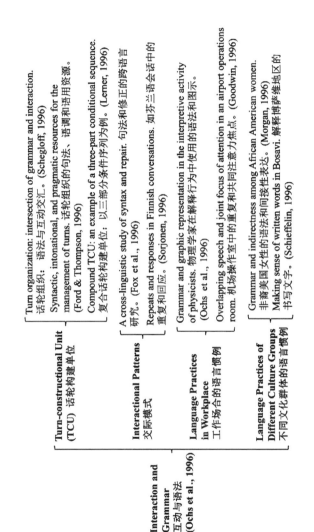

框架 6　Interaction and Grammar　互动与语法

Interaction and Grammar
互动与语法
(Ochs et al., 1996)

Turn-constructional Unit
(TCU) 话轮构建单位

Turn organization: intersection of grammar and interaction.
话轮组织：语法与互动交汇。(Schegloff, 1996)

Syntactic, intonational, and pragmatic resources for the
management of turns. 话轮组织的句法、语调和语用资源。
(Ford & Thompson, 1996)

Compound TCU: an example of a three-part conditional sequence.
复合话轮构建单位：以三部分条件序列为例。(Lerner, 1996)

Interactional Patterns
交际模式

A cross-linguistic study of syntax and repair. 句法和修正的跨语言
研究。(Fox et al., 1996)

Repeats and responses in Finnish conversations. 芬兰语会话中的
重复和回应。(Sorjonen, 1996)

Language Practices
in Workplace
工作场合的语言惯例

Grammar and graphic representation in the interpretive activity
of physicists. 物理学家在解释行为中使用的语法和图示。
(Ochs et al., 1996)

Overlapping speech and joint focus of attention in an airport operations
room. 机场操作室中的重复和共同注意力焦点。(Goodwin, 1996)

Language Practices of
Different Culture Groups
不同文化群体的语言惯例

Grammar and indirectness among African American women.
非裔美国女性的语法和间接性表达。(Morgan, 1996)

Making sense of written words in Bosavi. 解释博萨维地区的
书写文字。(Schieffelin, 1996)

框架 7　Research Topics of Discourse-functional Grammar　话语-功能语法的研究课题

Research Topics of Discourse-functional Grammar 话语-功能语法的研究课题 (方梅等, 2018)

- **Interaction and Syntax 交际行为与句法**
  - Social action format & linguistic form. 社会行为框架和语言形式。(Fox, 2000/2007)
  - Complement clause. 补足语小句。(Thompson, 2002)

- **Conversational Sequence and Syntax 会话序列与句法选择**
  - Denial and construction of conversational turns. 否认与话轮构建。(Ford, 2002)
  - Constituency and the grammar of turn increments. 成分与话轮增额。(Ford et al., 2002)
  - Responses to Wh-questions in English conversation. 英语中问答序列的回应语。(Fox & Thompson, 2010)
  - Cross-linguistic differences in the grammar of interrogation and negation. 疑问和否定处理的跨语言差异。(Thompson, 1998; Ono & Thompson, 2017)

- **On-line Grammar 在线生成语法**
  - Grammar in Interaction: Adverbial Clauses in American English Conversations. 互动中英语语法：如美式英语会话中的状语从句。(Ford, 1993)

- **Basic Unit of Talk-in Interaction 互动言谈的基本单位**
  - Increments: extension & free constituents. 增额：延伸成分与自由成分。(Ford et al., 2002)
  - Syntactic, intonational, and pragmatic resources for the management of turns. 话轮组织的句法、语调和语用资源。(Ford & Thompson, 1996; Ford et al., 1996)

- **Positionally Sensitive Grammar 位置敏感语法**
  - Subject marker has different functions in different positions of turns and sequences. 主题标记在话轮、会话序列中的不同位置具有不同的功能。(Ono et al., 2000)

《梨子的故事：叙事产出的认知、文化与语言方面》（*The Pear Stories*：*Cognitive*，*Cultural*，*and Linguistic Aspects of Narrative Production*）一书中对叙事的认知、文化和语言特征进行了探究，指出叙事受到经验特征、体验的感知及处理方式、体验形成的文化框架以及语言特性的影响。也就是说，说话人任何一种编码形式的选择都有语用动因（方梅等，2018：3）。

来自加州大学圣芭芭拉分校的语言学系教授 Du Bois 密切关注语篇与语法之间的关系，于 1987 年发表"作格的话语基础"（The Discourse Basis of Ergativity），通过跨语言研究提出了优先论元结构（Preferred Argument Structure），揭示了语篇信息流与语法形式之间的对应关系。优先论元结构比较详细地说明了某些特别的认知-语用功能如何规则地与某种句法角色相联系，试图解决世界上为何存在作格语言，或者为何某些语言里存在作格现象这些长期存在的问题（马国玉 & 程树华，2012）。

作为功能学派的代表人物，Hopper & Thompson 于 1980 年发表了"语法和语篇中的及物性"（Transitivity in Grammar and Discourse）一文，将前景（Foreground）和背景（Background）用于篇章层面的研究。1987 年 Hopper 发表了一篇题为"浮现语法"（Emergent Grammar）的文章，从此浮现语法日益受到功能学者们的重视。浮现语法打破了传统意义上对语法的认识，细致描写了语言实际运用，强调在相互交际和特定语境中看待语言的演变，寻找交际动因。

20 世纪 90 年代以后，话语-功能语言学家更多地运用会话分析（Conversation Analysis）、语境化理论和人类语言学的观察视角，尤其是借鉴了会话分析处理自然口语的理念，进而形成系统性的工作原则（方梅等，2018）。主要代表人物及其成果年份有

Fox(1993)、Ford(1993)、Ford et al.(1996)、Ochs(1996)等。

话语-功能语言学派观察实际使用中的语法,并从连贯话语产出的认知和交际需求当中寻求语言型式的理据,强调对以叙述体为代表的真实话语的细致考察。这一研究取向奠定了功能主义语言学在互动语言学产生中的根本性地位(Couper-Kuhlen & Selting,2018:5)。以下对话语-功能学派研究进行简要综述:

话语-功能语法从语言学角度专注于互动交际过程对语言编码方式的塑造。1993 年 Ford 的《互动中的语法:美式英语状语从句》(*Grammar in Interaction:Adverbial Clauses in American English Conversations*)以及 1996 年 Ochs、Schegloff 和 Thompson 主编的论文集《互动与语法》(*Interaction and Grammar*)两本书的出版标志话语-功能语言学家与会话分析学家的深度合作,标志话语-功能语言学家以会话分析理论对自然口语对话的描写框架重新审视语言结构规律,成为互动语言学的奠基之作(方梅等,2018)。

Ford(1993)关注日常对话,研究互动中的语法。在书中,Ford 主要以美式英语会话为语料,探讨了状语从句的分布及其在会话互动中起到的作用。她指出语法反映了情景语言使用的反复模式,会话者通过语法协调他们的共同语言产出。Fox(1993)出版《语篇结构与回指:书面及会话英语》(*Discourse Structure and Anaphora:Written and Conversational English*)一书,发现回指和语篇的结构有关,并提供了一个处理两者关系的模型。通过对比口语和书面语语料,论证了语体是影响回指类型的重要因素(李榕,2020)。1996 年,Ford、Fox 和 Thompson 发表了一篇题为"话轮构建惯例:再谈话轮构建单位"(Practices in the

Construction of Turns：the "TCU" Revisited)的文章，探讨 TCU 这一概念，分析其组成部分，以确定韵律、语法、语用和非言语动作各个部分的作用，并指出这些因素同句法因素一样重要，是会话参与者实现会话交际的行动组成部分。同年，Ford 和 Thompson(1996)发表"会话中的互动单位：用于管理话轮的句法、语调和语用资源"(Interactional Units in Conversation：Syntactic，Intonational，and Pragmatic Resources for the Management of Turns)一文，指出句法、语调、语用三因素共同确定话轮转换的相关位置。说话人的变化与复杂的话轮转换关联位置(Complex Transition Relevance Places，CTRPs)相关。句法、语调和语用完结点是会话参与者适应和观照(Orient to)话轮转换的依据。

　　Ochs、Schegloff 和 Thompson 1996 年主编的论文集《互动与语法》(Interaction and Grammar)涵盖了功能语言学、语言人类学和会话分析三个相关领域的研究成果，旨在探索一种处理和理解语法的不同方式，尤其是语言在日常互动和认知中的作用方式。编者们列出三种语法观：语法为互动(for Interaction)，语法在互动(in Interaction)，语法是互动(as Interaction)。

1.3.4　国内外相关研究

　　国内外学界对话语-功能语法的相关研究主要包括以下几个方面：

　　1. 话语-功能语法理论评介和发展研究。比如 Ford(1993，2004)、Ford & Thompson(1996)、Thompson(1998)、Ford et al.(1996，2013)、Ochs et al.(1996)、Ono et al.(2000)、Fox(2000，2007)、Couper-Kuhlen & Selting(2001，2018)、Ford & Fox(2012)、Couper-Kuhlen & Ford(2004)、Thompson &

Couper-Kuhlen(2005)、Ford，Thomspon & Drake(2012)、Du Bois(2014)、Thompson et al.(2015)、Ono & Thompson(2017)；陶红印(1994)、张伯江 & 方梅(1996)、林大津 & 谢朝鲜(2003)、董秀芳(2005)、刘兴兵(2015)、王寅 & 曾国才(2016)、谢心阳(2016)、乐耀(2017，2018)、方梅等（2018)、谢心阳 & 方迪(2018)、刘锋 & 张京鱼(2020)、曾国才(2022)等。

随着话语-功能语法研究的深入,学者们开始探究语音韵律与多模态等因素在交际互动中的作用。Couper-Kuhlen & Ford (2004)指出会话和韵律密不可分,韵律对于话轮有重要作用。Li (2014b，2016)借助多模态研究方法研究汉语互动现象。陶红印(1994)具体介绍了美国功能主义代表人物及其研究,并指出功能主义将言谈交际看作是制约人类语法现象的首要因素,在这个基础上统一解释了世界语言中的一致与非一致现象,为汉语提供了一个更加合理的解释依据。乐耀(2017)指出话语-功能语言学家关注语言形式和话语功能的关联,认为语言的差异来自话语语体、信息包装、交际需要等功能动因的约束,语言形式和语言的使用场景密切相关。方梅等(2018)从句法选择、形式验证、会话序列、韵律和多模态研究等方面介绍了话语-功能语法的基本研究课题及新进展,简要回顾了话语-功能语法学者的著作,并介绍了话语-功能语法观在汉语中的运用。

2. 话语-功能语法的课题研究。

1) 句法表现与语用功能研究。如 Du Bois（1987，2003a，2003b，2007，2013)、Fox(2000，2007)、Thompson(2002)、陆镜光(2000，2002，2004a，2004b)、陶红印(2003)、李先银(2016)、乐耀(2011，2016)、方梅(2017)、方梅 & 乐耀(2017)、张文贤 & 李先银(2021)、李先银 & 张文贤(2022)等。

2) 序列与交际研究。如 Fox & Thompson(2010)、Hopper(2011)、Thompson 等(2015)、沈家煊(2012)、方迪(2018)、完权(2018)、乐耀(2019)等。

3) 语音和韵律研究。如 Couper-Kuhlen & Ford(2004)、沈炯(1994)、陶红印(2003)、熊子瑜 & 林茂灿(2004)、李爱军(2005)、谢心阳 & 方梅(2016)等。

4) 多模态分析。如 Du Bois(1985)、Ford et al.(2012)、Li(2014a，2014b，2016)、陈玉东 & 马仁凤(2016)、李晓婷(2019)、谢心阳(2021)等。

富聪 & 邵滨(2021)对国内外研究成果进行可视化分析,指出话语-功能研究经历了从单层次到多层次的发展过程,从对具体语法形式的分析逐步扩展到对语用功能、话语标记、互动交际理论等的研究。研究方法从单纯的会话分析转向关注互动交际协作的交叉学科研究,实证研究和多模态研究蓬勃发展。

3. 话语-功能语法的应用研究。

1) 话语-功能语法与汉语教学研究。如徐晶凝(2016)、武和平 & 王晶(2016)、李先银(2020)、陶红印(2020)。李先银(2020)指出话语-功能语法"语言是使用"的思想与语言教学的"交际至上"目标高度契合。基于此,进一步提出对外汉语语法教学的新构想:在语法体系的编制上提出"以行为/活动为纲"的组织架构,在语法条目的解释上提出"场景化"的语法阐释,在语法教学实践上提倡"情景化"的语法教学。陶红印(2020)以分类行为为例,指出基于互动话语的研究能够提供语言学习的对象,增强学生关于语言主观性和客观性的认识,提高汉语教学质量。

2) 话语-功能语法与医患对话研究。如 Ferguson(1998)、Auer & Rönfeldt(2004)、王翰宇等(2020)、刘兴兵等(2007)、王

德亮 & 蒋元群(2022)。Auer & Rönfeldt(2004)指出流利性失语症(Fluent Aphasia)患者的杂乱语实际上是他们为了保全面子而使用的找词策略。两位学者收集了一位流利性失语症患者在康复中心的真实口语语料,总结出语音模式,解释了患者在遇到找字困难和表达障碍的情形时所采用的语言策略。话语-功能语法基于自然发生的会话研究,在医患对话中的运用能够帮助解释医生和病患的话语,揭示其功能及交际目的。

3)话语-功能语法与儿童互动话语研究。如 Tarplee(1996)、Wells & Corrin(2004)、曾国才(2022)。Tarplee(1996)研究儿童在阅读绘本这一特定交际活动时借助父母的重复(Repetition)发起自我语音修正。作者指出重复在不同序列和不同交际环境中具有功能差异。曾国才(2022)结合对话构式语法框架,认为儿童在对话中基于语言建构语言,重复是儿童在语言能力发展和人际互动中的话语建构策略等。

话语-功能语法基于自然发生的口语,探讨语法作为一种互动资源在社会交际互动中的作用,将语法研究置于社会互动之中。话语-功能语法"研究语言的使用"这一思想及其研究成果应用于描写解释各类会话,可直接用于语言教学实践等。

总之,学界对话语-功能语法的研究,不仅有话语-功能语法的理论和方法研究,还有其发展研究,以及话语-功能语法理论在教学、医患对话、儿童话语等不同领域会话的应用研究。

1.4　语境化理论及其相关研究

1.4.1　语境化理论

语境化理论(Contextualization Theory)是互动社会语言学

奠基人 Gumperz(甘柏兹)的三个代表性理论之一。其他两个包括会话策略（Discourse Strategy）和言语社区（Speech Community)理论。其中,Gumperz(2003a)认为会话策略也称为语境提示。根据 Cook-Gumperz & Gumperz（1976，1982）、Gumperz(1982，1992，2003a，2003b)等,丁信善(2000)、徐大明(1997，2002)、甘柏兹（著)& 高一虹（译)（2003)、王艳宇(2009)、王显志 & 王杰(2013)、李章苇(2017)等的研究,语境化理论指的是听者在交互过程中将言语内容与他自己的原始知识背景和经验相结合的具体语境,通过收集说话者的"语言"和"非语言"的迹象信息,形成说话者交际意图的前提。在此基础上,听者连续地处理和分析从语境产生的新信息,通过使用这种方法来证明前者的假设,并确保交际活动顺利进行。Gumperz 的语境化理论包括语境提示（Contextualization Cues)、语境推理（Contextualization Inference)和语境规约（Contextualization Conventions）。

　　Gumperz 对语境的关注和研究始于 20 世纪 50 年代。Gumperz(1968)的人类学研究方向使得他采用更具归纳性的程序并致力于研究日常话语中说话人为了确定他人的社会身份而使用语言符号。之后,Gumperz 把社会学中的"互动"概念引入社会语言学,强调互动在语言交际过程中的重要性,构建出"互动社会语言学"(Gumperz，1982；丁信善,2000)。

　　1975 年以后,Gumperz 连续发表和出版了多篇文章、专著与论文集(1976，1977，1982，1996，2003a，2003b，2015 等)阐述了自己的语境语言观,认为语境不是参与者事先给定的,而是由交际双方在交际过程中共同构建的,并把这种共同构建语境的动态过程叫作语境化(Contextualization)。

　　Gumperz 的"语境化"具有以下两个显著特点:一是强调语境

的动态多向性。二是强调语境与语篇之间的反呈关系,即语言不仅是一个由语境决定其实际用法的符号系统,该符号系统本身也关系到这个语境的可得性。在 Gumperz 看来,语境不仅是交际中的自然给定,还是交际各方共同努力构建的结果(张向阳,2005)。

语境提示(Contextualization Cues)是语境化理论的构成核心,也是语境化的物质基础。语境提示是话语信息表面特征的集合,说话人和听话人依据它们来判断活动是什么,话语语义应当如何理解,话语的每一句和前后句又是如何关联的(Gumperz,2003a:1-10)。Gumperz 认为韵律特征在这个过程中起中心作用。语境提示涵盖有助于指示语境预设的任何形式,不仅包括词汇、句法选择、表达形式选择、回话起始、结束和序次策略选择,而且还包括编码、方言和语体上的转换过程及韵律现象等(Gumperz,1982:31)。其基本功能是在交际互动中引导和指示话语和行为进行情景预测(Gumperz,2003a)。对语境提示的介绍将从以下三个方面展开,即三个沟通层面或沟通渠道、语境提示对言语行为的作用以及语境化过程。

首先,语境提示的三个沟通层面或沟通渠道包括:非语言符号(Nonverbal Signals),如凝视方向、近距离、运动节奏或身体运动和手势的时间(Gaze Direction, Proxemic Distance, Kinesic Rhythm or Timing of Body Motion and Gestures);副语言符号(Paralinguistic Signals),如声音、音调和节奏(Voice, Pitch and Rhythm);信息的语义内容(Semantic Content of Messages)(Gumperz,1982:142)。

其次,在交际活动中语境提示对言语行为所产生的作用主要体现在节律/韵律、非语言符号、语码选择以及惯用表达法/词汇形式的选择。节律或韵律包括语调、重音、音量、元音长度及言语节奏的变化;非语言符号指加强语气的非言语行为,包括面目表情、眼部和头部的运动、手势、姿势;语码选择指人们在与他人进行交际时,有目地选用一种语码,语码的选择通常视其本人及谈话对象的背景、性别、年龄、种族、教育程度而定;惯用表达法/词汇形式的选择指在记忆中是以单元形式存储的单词序列(Gumperz,1992)。值得注意的是,"语境提示"不是帮助听话人作出会话推理的唯一因素,在真实语境化的交际中,其他因素,如参与者的个性、动机、兴趣、任务、参与者之间的关系和社交内容等也在语篇理解中发挥作用(van Dijk,2008)。可见,语境化提示起到的作用是把"话语结构"(Discursive Structure)转换成为导向的活动方式(Gumperz,2003b)。

第三,关于如何对语境化过程进行描写,Gumperz(1982:170)认为语境化提示离开具体环境是无法解释的,语境化描写必须以自身数据为依据。Auer(1992)认为可通过以下两个角度描写语境化过程:一是根据语境化提示与话语间的时间关系进行描写;二是根据相关的语境格式进行描写。

语境推理是话语理解的情景化或语境化过程。其发生依赖于会话准则的暗示意义和特定的语境。通过会话推断,交际参与者评估双方的目的,并以此为基础作出相应的反应(Gumperz,1982)。语境推理过程有三个不同的阶段:感知阶段(Perceptual Level)、语用分析阶段(Pragmatic Perspective Level)和行动阶段(Activity Level)。

语境规约是语境的一种固化和稳定状态,指交际互动中习得的交际策略,能够指导交际互动的走向,特定语境下对语境提示的理解和推理总是依赖于语境规约(刘雪芹,2011)。语境规约对意义的解读有引导的作用,在交际中,说话人假定发话人必然传递了某种意义,并对其进行推理,而任何一个判断都是偶然的、待定的,需要随后的交际来确认或推翻(Gumperz,1982)。

Gumperz 的语境化理论主要遵循三个基本原则:语境原则、推理原则和交互作用原则(徐大明,2002)。**语境原则**:话语的产生,离不开特定的语境。语境包括一些具体主导因素,如话语场合、气氛、社会地位、参与者和对话意图等,所有这些因素都具有社会属性。**推理原则**:交际过程是一个推理过程,参与者提出和呈现双方交际意图的"假设",这个过程是一个积极的过程,其中存在着隐性因素,如参与者的文化背景、认知过程存储和生成的信息。**交互作用原则**:交互是语言最重要的属性,所有语音和语法的价值只存在于具体和实际的传播感情和意义的交际上。

关于"语境化"发展脉络,我们通过考察认为 20 世纪 80 年代,对静态语境的关注已经转向对动态语境化过程的关注。在语言学界,"语境化"一词早在 1957 年就由弗斯首次使用,主要是指语言学家如何描述语言。Lyons(1981:200)则将其定义为"使话语与其语境衔接、贯通的过程"。他认为,语境化既可以被看作说话人说出与语境相宜的话语,也可以被看作语言学家描述某一特定语言的过程。

Gumperz(1992:229-230)重提语境化,认为"说话人和听话人利用语言和非语言信号在某时某地所言的内容跟他们从过往经验中所获得的知识联系起来,找到所需的预设,从而保持会话介入度,确定话语本意"。

Sperber & Wilson(1995)认为交际参与者在交际的过程中,随着信息的交流,认知语境不断地发生动态变化,交际的目的就是要改变对方的认知。因此,真正对交际产生作用的不是物化的语境,而是内化、认知化了的语境。交际双方在新信息与旧信息、新假设与原有假设不断地相互作用之下动态地构建认知语境,他们将其称为"语境化"的过程。

1.4.2 框架体系

下面我们用框架形式,对语境化理论及其研究作一简要归纳(见下页)。

1.4.3 代表性人物及其主要成果

语境化理论代表人物及其研究成果对学界深化语境化理论和方法研究,以及该理论应用于不同学科的实践研究起了相当大的作用,如 Cook-Gumperz & Gumperz(1976)在《语言与语境论集》(*Papers on Language and Context*)一书中提出"使语言语境化"的概念。他们认为,社会交际的过程在某种意义上就是交际参与者不断构建、利用和破译语境的过程。交际参与者利用自身对语法、词汇的知识和语境化规约(Contextualization Conventions),以及对交际场合和交际对象的认识来确定自己要实施什么样的话语任务,并且利用这些知识来预示即将发生的交际活动。

《会话策略》(*Discourse Strategies*)于 1982 年由剑桥大学出版社出版,标志着互动社会语言学的正式创立。在《会话策略》中,Gumperz 提出了他的互动社会语言学的基本思想,并且演示了他对会话动态过程多层面的分析方法。书中囊括了数十例关于语言交际事件的个案分析,涉及师生对话、课堂交流、乡镇闲谈、街头交易、电视广告、就业辅导、政论演说等交际模式和交际场合(徐大明,2002)。在此书中他提出了"语境化"理论和最具有建设性的概念——"语境提示"。Gumperz 的语境化理论创新之处在于他对语言的研究既着眼于宏观(整个社会背景),又把它放在微观(人际交流)活动中去实现它的交际功能,二者不可分割,共同构成"语境提示"。

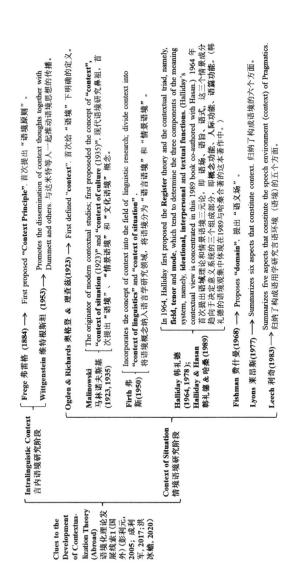

框架 1　Clues to the Development of Contextualization Theory（Abroad 1）　语境化理论发展线索 1（国外）

框架2 Clues to the Development of Contextualization Theory(Abroad 2) 语境化理论发展线索2(国外)

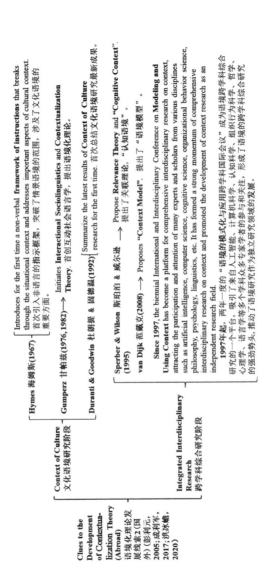

Clues to the Development of Contextualization Theory (Abroad) 语境化理论发展线索2(国外)(彭利元，2005;成利军，2017;洪汶鳞，2020)

Context of Culture 文化语境研究阶段

Hymes 海姆斯(1967) → Introduces for the first time a non-verbal **framework of instructions** that breaks through the situational context and addresses important aspects of cultural context. 首次引入非语言的指示框架，突破了情景语境的范围，涉及了文化语境的重要方面。

Gumperz 甘柏兹(1976,1982) → Initiates **Interactional Sociolinguistics and Contextualization Theory.** 首创互动社会语言学，提出语境化理论。

Duranti & Goodwin 杜朗提 & 固德温(1992) → Summarize the latest results of **Context of Culture** research for the first time. 首次总结文化语境研究最新成果。

Integrated Interdisciplinary Research 跨学科综合研究阶段

Sperber & Wilson 斯帕珀 & 威尔逊(1995) → Propose **Relevance Theory** and **"Cognitive Context".** 提出了关联理论，提出了"认知语境"。

van Dijk 范戴克(2008) → Proposes **"Context Model".** 提出了"语境模型"。

Since 1997, the biennial International and Interdisciplinary Conference on **Modeling and Using Context** has become a platform for comprehensive interdisciplinary research on context, attracting the participation and attention of many experts and scholars from various disciplines such as artificial intelligence, computer science, cognitive science, organizational behavior science, philosophy, psychology, linguistics, etc. It has formed a strong momentum of comprehensive interdisciplinary research on context and promoted the development of context research as an independent research field. 1997年起，两年一度的"语境的模式化与应用跨学科国际会议"成为语境跨学科综合研究的一个平台，吸引了来自人工智能、计算机科学、认知科学、组织行为科学、哲学、心理学、语言学等多个学科众多专家学者的参与和关注，形成了语境的跨学科综合研究的强劲势头，推动了语境研究作为独立研究领域的发展。

框架 3　Clues to the Development of Contextualization Theory(at Home)　语境化理论发展线索 3（国内）

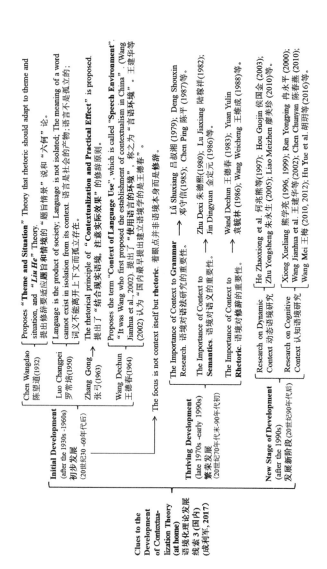

Clues to the Development of Contextualization Theory (at home) 语境化理论发展线索 3（国内）(成利军，2017)

Initial Development (after the 1930s-1960s) 初步发展 (20世纪30-60年代后)

- Chen Wangdao 陈望道(1932): Proposes **"Theme and Situation"** Theory that rhetoric should adapt to theme and situation, and **"Liu He"** Theory. 提出修辞要适应题旨和情境的"题旨情景"说和"六何"论。
- Luo Changpei 罗常培(1950): Language is the product of society; Language is not isolated; The meaning of a word cannot exist in isolation from its context. 语言是社会的产物; 语言不是孤立的; 词义不能离开上下文而孤立存在。
- Zhang Gong 张弓(1963): The rhetorical principle of **"Contextualization and Practical Effect"** is proposed. 提出了"结合现实语境，注意实际效果"的修辞原则。
- Wang Dechun 王德春(1964): Proposes the term **"Context of Language Use"**, which is called **"Speech Environment"**. "It was Wang who first proposed the establishment of contextualism in China". (Wang Jianhua et al., 2002) 提出了"使用语言的环境"，称之为"言语环境"。王建华(2002)认为"国内最早提出建立语境学的是王德春"。
- → The focus is not context itself but rhetoric. 着眼点并非语境本身而是修辞。

Thriving Development (late 1970s -early 1990s) 繁荣发展 (20世纪70年代末-90年代初)

- The Importance of Context to Grammar Research. 语境对语法研究的重要性。 → Lü Shuxiang 吕叔湘 (1979); Deng Shouxin 邓守信 (1985); Chen Ping 陈平(1987)等。
- The Importance of Context to Semantics. 语境对语义的重要性。 → Zhu Dexi 朱德熙(1980); Lu Jiaxiang 陆稼祥(1982); Jin Dingyuan 金定元(1986)等。
- The Importance of Context to Rhetoric. 语境对修辞的重要性。 → Wand Dechun 王德春 (1983); Yuan Yulin 袁毓林 (1986); Wang Weicheng 王维成(1988)等。

New Stage of Development (after the 1990s) 发展新阶段 (20世纪90年代后)

- Research on Dynamic Context 动态语境研究: He Zhaoxiong et al. 何兆熊等(1997); Hou Guojin 侯国金(2003); Zhu Yongsheng 朱永生(2005); Liao Meizhen 廖美珍 (2010)等。
- Research on Cognitive Context 认知语境研究: Xiong Xueliang 熊学亮 (1996, 1999); Ran Yongping 冉永平 (2000); Wang Jianhua et al. 王建华等(2002); Chen Chunyan 陈春燕 (2010); Wang Mei 王梅 (2010, 2012); Hu Yue et al. 胡玥等(2016)等。

框架 4　Contextualization Theory　语境化理论

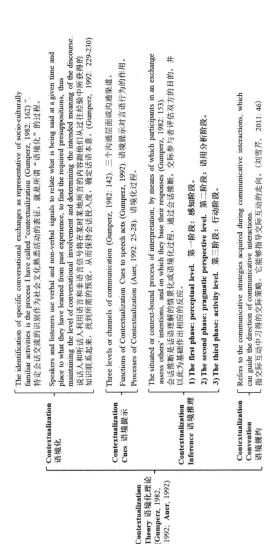

Contextualization Theory 语境化理论 (Gumperz, 1982, 1992; Auer, 1992)

Contextualization 语境化

The identification of specific conversational exchanges as representative of socio-culturally familiar activities is the process I have called "contextualization (Gumperz, 1982: 162)."
特定会话交流的识别作为社会文化熟悉活动的表征，就是所谓"语境化"的过程。

Speakers and listeners use verbal and non-verbal signals to relate what is being said at a given time and place to what they have learned from past experience, to find the required presuppositions, thus maintaining the level of conversational involvement and determining the intended meaning of the discourse. (Gumperz, 1992: 229-230)
说话人和听话人利用语言和非语言信号将在某时某地所言的内容跟他们从过往经验中所获得的知识联系起来。找到所需的预设，从而保持会话投入度，确定话语本意。(Gumperz, 1992: 229-230)

Contextualization Cues 语境提示

Three levels or channels of communication (Gumperz, 1982: 142). 三个沟通层面或沟通渠道。
Functions of Contextualization Cues to speech acts (Gumperz, 1992). 语境提示对言语行为的作用。
Processes of Contextualization (Auer, 1992: 25-28). 语境化过程。

Contextualization Inference 语境推理

The situated or context-bound process of interpretation, by means of which participants in an exchange assess others' intentions, and on which they base their responses (Gumperz, 1982: 153).
会话推断是话语理解的情景化的情景化过程，通过会话推断，交际参与者评估双方的目的，并以此为基础作出相应的反应。

1) **The first phase: perceptual level.** 第一阶段：感知阶段。
2) **The second phase: pragmatic perspective level.** 第二阶段：语用分析阶段。
3) **The third phase: activity level.** 第三阶段：行动阶段。

Contextualization Convention 语境规约

Refers to the communicative strategies acquired during communicative interactions, which can guide the direction of communicative interactions.
指交际互动中习得的交际策略，它能够指导交际互动的走向。(刘雪芹，2011: 46)

框架 5 Contextualization Cues 语境提示

Contextualization Cues 语境提示 (Gumperz, 1982, 1992)

"Contextualization Cues: That is, constellations of surface features of message form are the means by which speakers signal and listeners interpret what the activity is, how semantic content is to be understood and how each sentence relates to what precedes or follows (Gumperz, 1982: 132)."
语境提示是话语信息表面特征的集合，说话人和听话人依据它们来判断活动是什么，话语语义应当如何理解，话语的每一句和前后句又是如何关联的。

Three Levels or Channels of Communication (Gumperz, 1982: 142).
三个沟通层面或沟通渠道

1) Nonverbal signals, such as gaze direction, proxemic distance, kinesic rhythm or timing of body motion and gestures.
非语言符号，如凝视方向、近距离、运动节奏或身体运动和手势的时间。

2) Paralinguistic signals - voice, pitch and rhythm.
副语言符号 - 声音、音调和节奏。

3) Semantic content of messages.
信息的语义内容。

Functions of Contextualization Cues to Speech Acts (Gumperz, 1992). 语境提示对言语行为的作用。

Processes of Contextualization (Auer, 1992: 25-28)
语境化过程

Based on the temporal relationship between cue and utterance.
基于语境化提示与话语间的时间关系。
Based on the context schema involved.
基于相关的语境格式。

框架 6　Functions of Contextualization Cues to Speech Acts　语境提示对言语行为的作用

Functions of it to Speech Acts 语境提示对言语行为的作用(Gumperz, 1992)

1. **Prosody 韵律/节律**

   Mainly includes intonation, pitch, stress, length of vowels, sense group, and the change of speech rhythms.
   主要包括语调、音量、重音、元音长度及音节节奏的变化。

2. **Paralinguistic Signs 副语言符号**

   Mainly includes non-linguistic acts used to strengthen mood, such as facial expressions, head and eyes movement, gestures, postures and so on.
   主要包括用来加强语气的非言语行为,如面部表情、头部和眼部的运动、手势、姿势等。

3. **Code Choice 语码选择**

   When people communicate with others, they choose codes intentatively, the code they choose usually depends on the speaker himself/herself and the listener's race, background, age, educational degree and soon. Gumperz holds that code can be chosen in the level of phonetics, phonology, or morphology and grammar level.
   人们在与他人进行交际时,有目的地选用一种语码,所选择的语码通常视其本人及该话语对象的种族、背景、性别、年龄、教育程度而定。甘柏兹认为语码可以从语音、音位、形态和语法层面进行选择。

4. **Formulaic Expressions or Choice of Lexical Forms 惯用表达法/词汇形式的选择**

   Formulaic expressions are word sequence stored in the form of unit in one's memory. When used, they are extracted from memory also in the form of unit, not simply depend on grammatical rule. Such as *Long time no see; At your service.*
   惯用表达法在记忆中是以单位形式存储的单词序列,在使用时也以单位形式从记忆中提取,而不是单纯依赖于语法规则临时生成。如"好久不见";"随时为您服务"。

框架 7　Processes of Contextualization　语境化过程

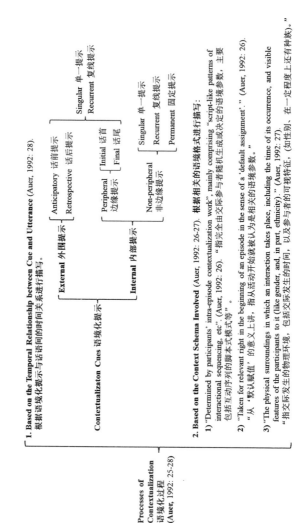

Processes of
Contextualization
语境化过程
(Auer, 1992: 25-28)

1. Based on the Temporal Relationship between Cue and Utterance (Auer, 1992: 28).
根据语境化提示与话语间的时间关系进行描写。

Contextualizaton Cues 语境化提示

External 外围提示 ──┬── Anticipatory 话前提示
　　　　　　　　　　└── Retrospective 话后提示

Peripheral 边缘提示 ──┬── Initial 话首
　　　　　　　　　　　└── Final 话尾

Singular 单一提示
Recurrent 复线提示

Internal 内部提示 ── Non-peripheral 非边缘提示 ──┬── Singular 单一提示
　　　　　　　　　　　　　　　　　　　　　　├── Recurrent 复线提示
　　　　　　　　　　　　　　　　　　　　　　└── Permanent 固定提示

2. Based on the Context Schema Involved (Auer, 1992: 26-27). 根据相关的语境格式进行描写。

1) "Determined by participants' intra-episode contextualization work", mainly comprising "script-like patterns of interactional sequencing, etc". (Auer, 1992: 26). "指完全由交际参与者随机生成或成决定的语境参数，主要包括互动序列的脚本式模式等"。

2) "Taken for relevant right in the beginning of an episode in the sense of a 'default assignment'." (Auer, 1992: 26). "从'默认赋值'的意义上讲，指从活动开始就被认为是相关的语境参数。"

3) "The physical surroundings in which an interaction takes place, including the time of its occurrence, and visible features of the participants to it (like gender, and, in part, ethnicity)." (Auer, 1992: 27). "指交际发生的物理环境，包括交际发生的时间，以及参与者的可视特征，(如性别、在一定程度上还有种族)。"

框架 8　Contextualization Inference　语境推理

Contextualization Inference 语境推理 (Gumperz, 1982)

"**Contextualization Inference:** The situated or context-bound process of interpretation, by means of which participants in an exchange assess others' intentions, and on which they base their responses." (Gumperz, 1982: 153).

"语境推理是话语理解的情景化或语境化过程。通过语境推理，交际参与者评估双方的目的，并以此为基础作出相应的反应"。

1. The First Phase: Perceptual Level　第一阶段：感知阶段

In this phase, participants receive auditory and visual communicative signal, and classify them one by one; this phase can be summarized as "construct information units" phase, and also can be called as "conversational management" phase, the main task in this phase is to form hypothesis on speaker's conversational intention.

在这一阶段，会话者接收听觉和视觉的交际信号，并把它们逐一分类；这一阶段可以概括为"信息单元的建构阶段"或"会话管理阶段"。这个阶段的主要任务是对说话人的会话意图形成假设。

2. The Second Phase: Pragmatic Perspective Level　第二阶段：语用分析阶段

Listener infers and testifies speaker's communicative intention and aims by using direct inference and indirect or metaphoric inference, this phase can be summarized as validate the hypothesis inference.

在这一阶段，听话者利用直接推理和间接或隐喻推理来推断说话者的交际目的和意图。这一阶段可以概括为"验证假设"阶段。

3. The Third Phase: Activity Level　第三阶段：行动阶段

According to continuously emerging new information and cues to solve possibly existing ambiguous and misunderstanding phenomenon, aiming to achieve participant's communicative intention.

在这一阶段，会话双方根据会话过程中不断出现的新的信息和线索来解决可能存在的歧义和误解现象，从而达到双方的会话目的。

《语言的语境化》(*The Contextulization of Language*)是 Auer & di Luzio(1992)基于 Cook-Gumperz 和 Gumperz 的研究编写的论文合集。该书第一部分 Auer 对他们的研究进行了介绍,指出语境化包括参与者的所有活动,这些活动使语境的任何方面变得相关、维持、修改、取消,反过来又负责在其特定的发生地点解释话语(强调原创)。书中后两部分介绍了在语言的微语境中起作用的手势、可视化行为以及关于韵律的研究。

1.4.4 国内外相关研究

国内外对语境化理论的相关研究主要包括以下几个方面:

1. 语境化理论的评介和发展研究

1) 语境化理论的评介研究。比如 Firth(1957)、Blom & Gumperz(1972)、Lyons(1981)、Gumperz(1977,1982,1992,1996,2003a,2003b,2015)、Wilson(1994)、Sperber & Wilson(1995)、Verschueren(2007)、Fox(2001)、Croft & Cruse(2004)、Stivers & Sidnell(2005)、Archakis & Papazachariou(2008)、Streeck et al.(2011)、Couper-Kuhlen & Selting(2018);丁信善(2000)、徐大明(2002)、甘柏兹 & 高一虹(2003)、王显志 & 王杰(2013)、张向阳(2005)、张林玲(2012)等。语境化理论产生以来,语境提示一直是学者关注的重点,语言资源、韵律、多模态和可视化行为也是研究的中心。丁信善(2000)、张林玲(2012)对语境化理论及语境提示的主要内容进行了介绍。Fox(2001)对多模态互动的研究表明,除了语言和声音资源,我们还必须关注话语的可视化行为。Croft & Cruse(2004)在研究语境化的动态时指出,意义与其结构关系并不是在词典中列举的,而是在使用的实际场景中在线构建的。Stivers & Sidnell(2005)、Streeck et al.(2011)认为学者对多模态和可视化行为的关注,丰

富了语境化理论的研究。

2) 语境化理论的发展研究。继国外学界对语境化理论的发展研究,国内学界对语境化理论发展研究演变及其特点都有不少研究,各有特色。

a. 国外语境理论发展研究。纵观西方语境论的发展线索,主要包括四个发展阶段:言内语境研究阶段、情境语境研究阶段、文化语境研究阶段以及跨学科综合研究阶段(彭利元,2005)。

在言内语境研究阶段,德国哲学家弗雷格最早提出了"语境原则",Wittgenstein(1953)等人的研究推动了语境思想的传播。在情境语境研究阶段,Ogden & Richards(1923)在《意义的意义》(*The Meaning of Meaning*)一书中首次给"语境"下明确的定义。20 世纪,现代语境研究鼻祖,人类学家 Malinowski 首次提出"情景语境"(1923)和"文化语境"(1935)。Firth(1950,1957)对"语境"作了比较详细的阐述,将语境的关注范围扩展到社会层面,认为语言活动是一种社会行为,要解读语言意义,就必须对社会环境有所认识和了解。

韩礼德(1964)首次提出"语域"理论和情景语境三元论,即语场、语旨、语式,这三个情景成分趋向于决定意义系统的三个组成部分,即概念功能、人际功能、语篇功能。美国社会语言学家Fishman(1968)提出语义场(Domain),指出语境就是"谁何时何地对何人说什么话",是受社会规约的社会情境。英国语言学家Lyons(1977)归纳了构成语境的六个方面。1983 年 Leech 在《语用学原则》(*Principles of Pragmatics*)著作中归纳了构成语用学研究的言语环境(语境)的五个方面。Levinson(1983)则指出研究语境不仅要研究交际的客观因素,也要研究交际主体的知识结构、信仰等主观因素。韩礼德等人则在分析情景语境构成的基础上,进一步科学地分析了情景语境和语篇元功能的关系,构建了影响力很大的系统功能语法,形成了语境研究的情景学派(彭利元,2005)。Martin(1980,1985,1992,1999)试图折中韩礼德与Gregory(1967)两种理论,发展了韩礼德的语境观。而美国人类学家、社会学家对语境的关注推动了语境研究、文化人类学派的形成。

在文化语境研究阶段,Hymes(1967)首次引入非语言的指示框架,突破了情景语境的范围,涉及了文化语境的重要方面。20世纪80年代开始,许多人类语言学家和社会语言学家从不同角度探讨了语言使用与文化的关系。Gumperz(1982)首创互动社会语言学,提出了语境化理论。Duranti & Goodwin(1992)首次总结了文化语境研究的最新成果。

此后,语境的研究经历了由外而内的发展,即从对外部社会环境的关注转移到对心理的关注。Sperber & Wilson(1995)提出了关联理论和"认知语境";van Dijk(2008)提出了"语境模型"。1997年起,两年一度的"语境的模式化与应用跨学科国际会议"成为语境跨学科综合研究的一个平台,吸引了来自语言学、心理学、哲学、计算机科学、认知科学、人工智能等多个学科众多专家学者的参与和关注,形成了语境的跨学科综合研究的强劲势头,推动了语境研究作为独立研究领域的发展(彭利元,2005)。语境研究形成了由狭隘到宽泛、由单一到综合的发展轨迹,呈现出从小语境到大语境,从言内语境(言内语境内部又从句子语境扩展到段落和语篇语境)到情景语境,再到文化语境并集中落实到人类的认知作用上,体现了意义的创造和理解的人本回归。

b. 国内语境理论发展研究。语境理论研究在国内经历了初步发展阶段(20 世纪 30—60 年代)、繁荣发展阶段(70 年代末—90 年代初)以及发展新阶段(20 世纪 90 年代后)。

初步发展阶段,陈望道(1932)提出了修辞要适应题旨和情境的"题旨情景"说和"六何"论,认为语境可分为:何时、何地、何人、何事、何故、何如。20 世纪 50 年代,尤其是 60 年代以后,国内语言学界对语境的研究逐渐重视起来。罗常培(1950)提出的关于语境的观点可以概括为以下几点:语言是社会的产物;语言不是孤立的;语言材料可以帮助考证文化因素的年代;词义不能离开上下文而孤立存在。张弓(1963)指出"修辞是为了有效地表达意旨,交流思想而适应现实语境,利用民族语言各因素以美化语言……要因时因地制宜",并提出了"结合现实语境,注意实际效果"的修辞原则。王德春(1964)提出了"使用语言的环境"这一概念,称之为"言语环境",他认为"分析言语环境是建立修辞学的基础"。综上,他们的着眼点并非语境本身而是修辞,语境的研究是为修辞服务的。

繁荣发展阶段,吕叔湘(1979)、陈平(1987)、邓守信(1985)等研究了语境对语法研究的重要性;朱德熙(1980)、徐思益(1985)等研究了语境对语义的重要性;袁毓林(1986)、王德春(1983)和王维成(1988)等研究了语境对修辞学的重要性。

发展新阶段,20 世纪 90 年代后,语境理论发展到了新阶段。一方面,学者王德春等(1989)、何兆熊 & 蒋艳梅(1997)、侯国金(2003)、朱永生(2005)、廖美珍(2010)等进行了动态语境研究。另一方面,学者熊学亮(1996,1999)、冉永平(2000)、何兆熊(2000)、彭建武(2000)、刘森林(2000)、王建华等(2002)、陈春燕(2010)、王梅(2010,2012)、胡玥 & 万正方(2016)等对认知语境进行了研究。

总之,语境的研究中,语境正式成为语言学研究领域课题,学者们详细探讨了语境的概念、分类和构成以及语境在交际中起的重要作用。

2. 语境化理论的应用研究

1) 语境化理论与翻译研究及实践。如彭利元(2005)、曾利沙(2007)、刘雪芹(2011)、谷文静(2012)、王传英 & 石丹丹(2013)、袁洪(2014)、张道振(2015)、朱亚光(2015)、李会明(2015)、杨婕(2015)、周金龙(2016)、陈梦娇(2019)、赵蕾(2020)、黄迎(2021)、马甜甜(2022)等。

彭利元(2005)采取宏观研究方法,通过历史回顾和辩证思考,对翻译语境问题进行哲学思辨和实证分析。曾利沙(2007)将语篇语言学与认知语言学结合起来,探讨词汇概念在语篇翻译过程中语境化意义生成的认知机制。刘雪芹(2011)从《论语》译本的辅文本视角,探讨了《论语》英译所涉及的各种语境化。张道振(2015)指出"假定翻译"对研究对象的语境化建构促成了功能、过程和产品三个参数之间的相互依赖性。陈梦娇(2019)指出语境对翻译有制约作用并影响着翻译的效果,因此翻译教学应打破传统的教学模式,充分利用语境,培养学生的语境运用意识。文章从语场、语旨、语式三个方面对翻译教学的教学目标、教学内容及教学方法进行理论指导,从而为翻译教学带来新的启示。赵蕾(2020)着重介绍了语境化的概念,并将其引入到翻译教学领域,还进一步阐释在语境化理念影响下,回译对于翻译训练的影响。

2) 语境化理论与外语教学研究。比如任绍曾(2003)、王艳宇等(2008)、王艳宇(2009)、朱晓申 & 余樟亚(2010)、杨敏(2010)、安萍(2010)、邱凤兰(2012)、刘珠存(2015)、盛云岚(2015)、陈安媛(2016)、杨欣(2017)、李章苧(2017)、栾凯丽(2021)、邵克金 &

徐林祥(2021)等。

任绍曾(2003)研究了运用词汇语境化提示来激活心理图式，经过推理，理解单句书面语篇，提出词汇语境化提示可以解决歧义、搭配不当和新词的意义等问题，也有助于外语教学。王艳宇(2009)探讨了语境化理论在高中英语听力教学中的应用，对我国的外语教学富有应用价值和启示意义。朱晓申 & 余樟亚(2010)从系统功能语言学、二语习得等理论角度分析语境对语言学习的作用，建构了大学英语语境化教学模型，提出以语篇教学为切入点在语境中学习词汇语法。邱凤兰(2012)提出教学过程的语境化并不是一个简单依附于语境的过程，而是一个带有规约性与认知性的语境化过程。教学过程既是规约的，也是认知与意向的。盛云岚(2015)提出了学术英语的语境化教学，以顺应学习者需求和认知水平，注重语言技能的可移植性，推动学术英语转化为学术交际能力。陈安媛(2016)认为口语课堂教学的语境化策略能够提高学生的英语口语交际能力。

语境化理论有助于我们深化对话语结构和言语行为过程的认识。Gumperz 的语境化理论创新之处在于他对语言的研究既着眼于微观语境，又把它放在宏观的社会文化背景之中，使得微观视角与宏观背景相结合，共同构建语境化理论的完整性。该理论对我们的语言学研究，尤其是互动语言学研究、跨学科研究、翻译与英语教学等具有非常大的指导作用。

1.5　人类语言学理论及其相关研究

1.5.1　人类语言学

根据 Sapir(1929)、Boas(1938)、Malinowski(1923，1935，

1944)、Whorf(1956)、Lévi-Strauss(1963)等人的研究,人类语言学(Anthropological Linguistics),又称语言人类学(Linguistic Anthropology),始于 20 世纪初期,是语言学的一个分支,是综合运用语言学和文化人类学的理论和方法,研究语言结构、语言变化和社会文化结构关系的学科。

人类语言学是随着西方文化人类学的发展而产生的。西方人类学与西方殖民主义侵略活动相联系,以欧美中心主义为其支配观念(朱文俊,2000)。它直接来源于对美国土著人——印第安人语言和文化的研究。到了 19 世纪,一部分学者开始收集材料,对其进行研究并发表了一些研究成果。但是,真正意义上的研究是 1879 年史密森学会人种学专业委员会成立后才开始的。

1911 年人类学家 Boas 编辑出版的《美国印第安语言手册》(*Handbook of American Indian Languages*)第一卷成为现代人类语言学的第一里程碑。人类语言学和体质人类学、社会文化人类学、考古学一起构成了人类学的四个部分。作为一门跨学科研究,人类语言学研究领域广泛,包括:

1. 民族词语与其他领域之间的关系。

2. 语言模式对一个民族基本观念的认识。

3. 评价各种语言的异同(特别是外国语与本族语)。

4. 介入人与人之间相互作用的话语规范。

5. 戏剧和艺术动机如何以言语表现。

6. 言语层次间或变体间的关系,社区各种类型及其界限。

7. 语言间类同点的归纳和界定方式(特别是历史内容)。

Hymes(1964)认为人类语言学家研究的主要内容是"人类学环境中的言语或语言",它不同于对语言的纯理论研究,也不同于人类学家的研究内容,它与文化语言学和社会语言学具有很大的相似性。

国内学者也对人类语言学的概念给出了不同的定义。例如，李如龙(1985)率先对人类语言学的定义进行了界定，他认为"人类语言学就是从人类学的角度来研究语言，用语言材料来研究人类，它是语言学和人类学相互为用的边缘学科"。周庆生(2009)认为人类语言学是运用语言学和人类学的理论方法来研究社会民族文化的一个学科，其中语言学的理论主要包括描写语言学、功能主义、结构主义理论等。这一学科的研究对象包括语言起源、语言与思维、语言与民族、语言与社会文化等。马京(2000)将人类语言学定义为一门综合运用语言学和社会文化人类学的理论方法，研究人类群体的语言结构、语言变化和社会历史文化现象的关系，揭示人类语言与其社会历史文化现象变化发展规律的交叉学科。纳日碧力戈(2002)认为人类语言学是"把语言看作社会像符，是文化资源，它反映群体和个人的分类方式和思维特征，反映他们的情感价值观，也反映他们的行为和生活方式。更重要的是，语言人类学所研究的语言是社会构造的一部分，也是人们能动作用的一部分"的交叉学科。史灿方(2005)在综合了一些学者对语言人类学的界定基础上，提出了自己对语言人类学的定义：语言人类学是研究语言和社会文化之间的关系，以阐释人类变化发展规律的一门边缘学科。

人类语言学不仅涉及当前的一些重要人文学科，例如语言学、文化学、心理学、生理学、社会学、跨文化交际学、外语教学等，而且也将语言的起源与发展、语言习得、语言的比较、语言的描述与分析、方言学、语族学、词语分类学等一些语言学重大领域集于一身。

特别要指出的是，它摆脱了纯语言形式研究模式的束缚，把语言置于其赖以生存的人类文化之中加以探讨,这无疑使语言研究有了更广阔的天地和更肥沃的土壤(朱文俊,2000)。

1.5.2　框架体系

下面我们以框架形式,对人类语言学理论探索及其研究作一概括(见下页)。

1.5.3　代表性人物及其主要成果

作为研究人类语言学的经典之作,美国学者 Foley(1997)的《人类语言学入门》(*Anthropological Linguistics：An Introduction*)一书全面、系统、深入地介绍了人类语言学。这本教程不仅阐释了语言和文化的互动,也说明了灵长属中人与其他同类的关联。作者很好地把握了语言学方法和实地考察,立足于文化的研究角度来探讨人类语言学。其中涉及大量的人类语言学的论题,例如语言的进化、语言的普遍性、结构主义、认知人类学、亲属称谓和颜色词。

由加州大学洛杉矶分校教授 Duranti(1997)编著的《语言人类学》(*Linguistic Anthropology*)一书是另一部人类语言学经典教材。Duranti 基于 20 世纪早期的"挽救人类学",即考证研究人类语言学的早期历史,把现代人类语言学描述成 20 世纪 60 年代两个新的研究日程,即传递民族志和城市社会语言学发展的结果。他写道:"调查对象不再是当地语言的语法,而是在言语社会中交流的事件和语境变化(Duranti, 2004:89)。"作者认为语言人类学是言语行为的民族志,很大程度上属于社会语言学的视野。

20 世纪中叶以来,人类语言学作为一门学科日臻完善。这一阶段出现了大量的人类语言学成果,尤以 Philipson、Salzmann 等人为代表,Philipson(1992)从人类语言学视角对英语进行了个案研究。他在《语言帝国主义》(*Linguistic Imperialism*)一书中指

框架 1　Anthropology　人类学

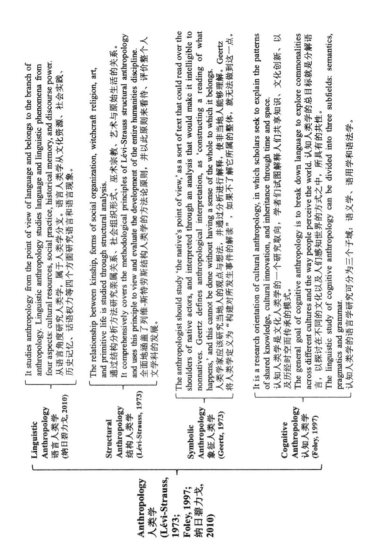

Anthropology 人类学 (Lévi-Strauss, 1973; Foley, 1997; 纳日碧力戈, 2010)

Linguistic Anthropology 语言人类学 (纳日碧力戈, 2010)

It studies anthropology from the point of view of language and belongs to the branch of anthropology. Linguistic anthropology studies language and linguistic phenomena from four aspects: cultural resources, social practice, historical memory, and discourse power.

从语言角度研究人类学，属于人类学分支。语言人类学从文化资源、社会实践、历史记忆、话语权力等四个方面研究语言和语言现象。

Structural Anthropology 结构人类学 (Lévi-Strauss, 1973)

The relationship between kinship, forms of social organization, witchcraft religion, art, and primitive life is studied through structural analysis. It comprehensively covers the methodological principles of Lévi-Strauss structural anthropology and uses this principle to view and evaluate the development of the entire humanities discipline.

通过结构分析方法研究亲属关系、社会组织形式、巫术宗教、艺术与原始生活的关系。全面地涵盖了列维-斯特劳斯结构人类学的方法论原则，并以此原则来看待、评价整个人文学科的发展。

Symbolic Anthropology 象征人类学 (Geertz, 1973)

The anthropologist should study 'the native's point of view,' as a sort of text that could read over the shoulders of native actors, and interpreted through an analysis that would make it intelligible to nonnatives. Geertz defines anthropological interpretation, as 'constructing a reading of what happens,' and this cannot be done without having a sense of the whole to which it belongs.

人类学家应该研究当地人的观点与想法，并通过分析进行解释，使非当地人能够理解。Geertz 将人类学定义为"构建对所发生事件的解读"，如果不了解它所属的整体，就无法做到这一点。

Cognitive Anthropology 认知人类学 (Foley, 1997)

It is a research orientation of cultural anthropology, in which scholars seek to explain the patterns of shared knowledge, cultural innovation, and inheritance through time and space.

认知人类学是文化人类学的一个研究取向，学者们试图解释人们对共享知识、文化创新、以及历经时空而传承的模式。

The general goal of cognitive anthropology is to break down language to explore commonalities across different cultures and the way people perceive the world.

认知人类学的总目标就是分解语言，以探讨在不同的文化以及人们感知世界的方式之中，所具有的共性。

The linguistic study of cognitive anthropology can be divided into three subfields: semantics, pragmatics and grammar.

认知人类学的语言学研究可分为三个子域：语义学、语用学和语法学。

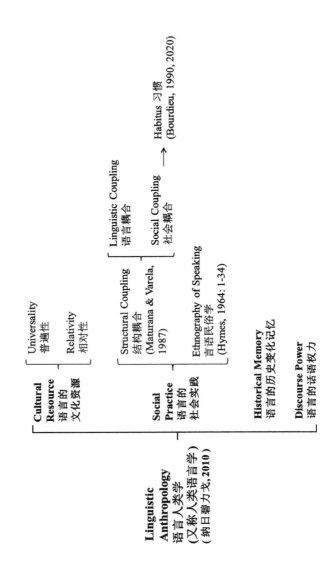

框架 2　Linguistic Anthropology　语言人类学（又称人类语言学）

框架 3　Cognitive Anthropology　认知人类学

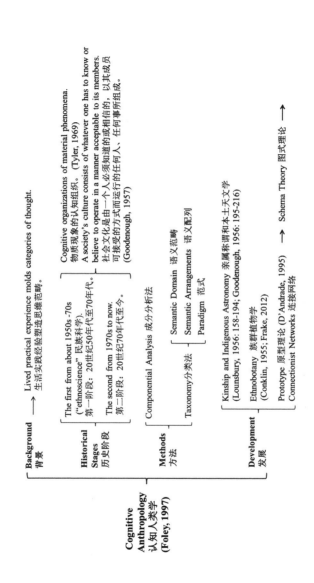

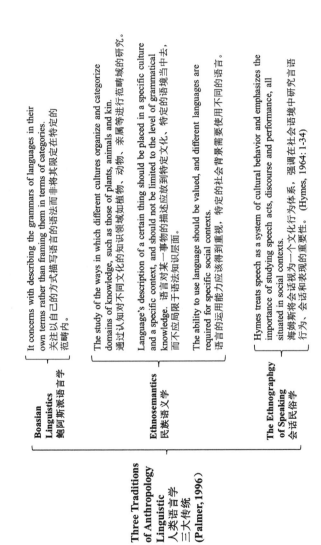

框架 4　Three Traditions　人类语言学三大传统

Three Traditions of Anthropology Linguistic
人类语言学三大传统 **(Palmer, 1996)**

Boasian Linguistics
鲍阿斯派语言学

It concerns with describing the grammars of languages in their own terms rather than framing them in terms of categories.
关注以自己的方式描写语言的语法而非将其限定在特定的范畴内。

Ethnosemantics
民族语义学

The study of the ways in which different cultures organize and categorize domains of knowledge, such as those of plants, animals and kin.
通过认知对不同文化的知识领域如植物、动物、亲属等进行范畴域的研究。

Language's description of a certain thing should be placed in a specific culture and a specific context, and should not be limited to the level of grammatical knowledge. 语言对某一事物的描述应应放到特定文化、特定的语境当中去，而不应局限于语法知识层面。

The ability to use language should be valued, and different languages are required for specific social contexts.
语言的运用能力应该得到重视，特定的社会背景需要使用不同的语言。

The Ethnographgy of Speaking
会话民俗学

Hymes treats speech as a system of cultural behavior and emphasizes the importance of studying speech acts, discourse and performance, all situated in social contexts.
海姆斯将会话视为一个文化行为体系，强调在社会语境中研究言语行为、会话和表现的重要性。（Hymes, 1964:1-34）

框架 5　Anthropology Linguistic Schools　人类语言学学派

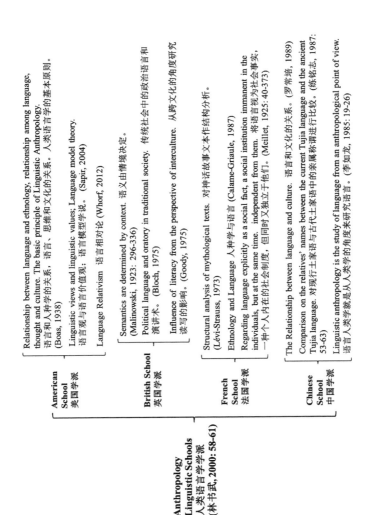

Anthropology Linguistic Schools
人类语言学学派
(林韦武, 2000: 58-61)

American School 美国学派

Relationship between language and ethnology, relationship among language, thought and culture. The basic principle of Linguistic Anthropology. 语言和人种学的关系，语言、思维和文化的关系。人类语言学的基本原则。(Boas, 1938)

Linguistic views and linguistic values; Language model theory. 语言观与语言价值观；语言模型学说。(Sapir, 2004)

Language Relativism　语言相对论 (Whorf, 2012)

British School 英国学派

Semantics are determined by context. 语义由情境决定。(Malinowski, 1923: 296-336)

Political language and oratory in traditional society. 传统社会中的政治语言和演讲术。(Bloch, 1975)

Influence of literacy from the perspective of interculture. 从跨文化的角度研究读写的影响。(Goody, 1975)

French School 法国学派

Structural analysis of mythological texts. 对神话故事文本作结构分析。(Lévi-Strauss, 1973)

Ethnology and Language 人种学与语言 (Calame-Griaule, 1987)

Regarding language explicitly as a social fact, a social institution immanent in the individuals, but at the same time. independent from them. 将语言视为社会事实，一种个人内在的社会制度，但同时又独立于他们。(Meillet, 1925: 40-373)

Chinese School 中国学派

The Relationship between language and culture. 语言和文化的关系。(罗常培, 1989)

Comparison on the relatives' names between the current Tujia language and the ancient Tujia language. 对现行土家语与古代土家语中的亲属称谓进行比较。(练铭志, 1987: 53-63)

Linguistic anthropology is the study of language from an anthropological point of view. 语言人类学就是从人类学的角度来研究语言。(李如龙, 1985: 19-26)

框架 6 Anthropology Linguistic Paradigm 人类语言学研究范式

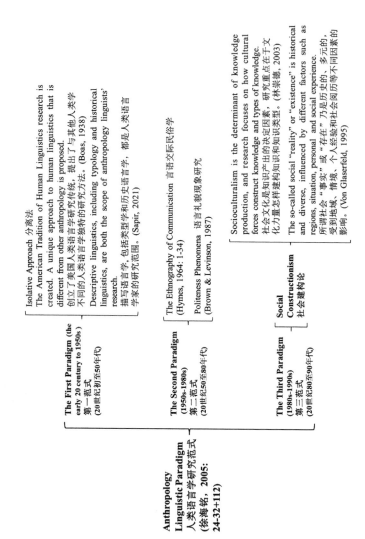

框架 7　Research Topics　人类语言学研究课题

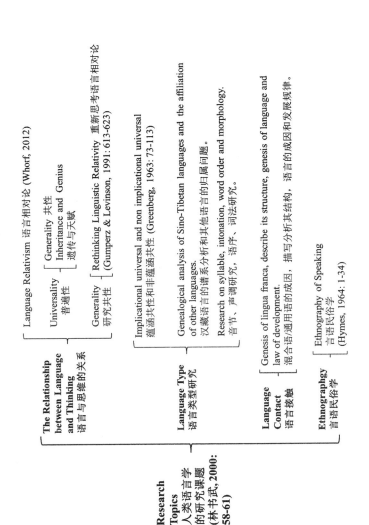

The Relationship between Language and Thinking
语言与思维的关系

Language Relativism 语言相对论 (Whorf, 2012)

Universality 普遍性
　Generality 共性
　Inheritance and Genius 遗传与天赋

Generality 研究共性
　Rethinking Linguistic Relativity 重新思考语言相对论 (Gumperz & Levinson, 1991: 613-623)

Language Type
语言类型研究

Implicational universal and non implicational universal 蕴涵共性和非蕴涵共性 (Greenberg, 1963: 73-113)

Genealogical analysis of Sino-Tibetan languages and the affiliation of other languages.
汉藏语言的谱系分析和其他语言的归属问题。

Research on syllable, intonation, word order and morphology.
音节、声调研究、语序、词法研究。

Language Contact
语言接触

Genesis of lingua franca, describe its structure, genesis of language and law of development.
混合语/通用语的成因，描写分析其结构，语言的成因和发展规律。

Ethnographgy
言语民俗学

Ethnography of Speaking 言语民俗学 (Hymes, 1964: 1-34)

Research Topics
人类语言学的研究课题
(林书武, 2000: 58-61)

出，由于文化上的不平衡，英语的支配地位造成了英语帝国主义，实际上是间接反映了一种盎格鲁文化中心观。Salzmann(1993)同样从人类语言学的视角对语言、文化和社会的相互关系进行了论述，他在《语言、文化与社会》(*Language Socialization across Cultures*)一书中指出，不同的语言结构与其所反映的思维方式具有协同性；同时还对当今的人类语言学"实用性"展开了论述，在一定程度上推动了人类语言学学科理论与方法的发展。

1.5.4 国内外相关研究

国内外对人类语言学的相关研究主要包括以下几个方面：

1. 人类语言学理论的评介发展研究。比如 Sapir(1929)、Malinovski(1935)、Boas(1938)、Whorf(1956)、Lévi-Strauss(1963)、Duranti(1997，2002，2004)、Foley(1997)、Gumperz & Hymes(1972，1986)、何叶耳 & 余学迟(1963)、何俊芳(2005)、李如龙(1985)、罗常培(1989)、陈保亚(1993)、邓晓华(1993)、戴庆厦(1994)、杨启光(1995)、张公瑾(1996)、林书武(2000)、伍铁平 & 潘绍典(2000)、周庆生(2000)、纳日碧力戈(1998，2002，2010)、马京(2000，2003)、徐海铭(2005)、谭志满(2006)、张爽(2007)、赛音乌其拉图(2013)、赵泽琳(2015)、冯军(2015)等。

人类语言学自出现以来，其理论发展十分迅速。人类学家 Malinovski 主张建立一种人类文化语言学理论，该理论旨在引导人们在原住民中开展语言调查和研究，并把这种调研与人种志研究结合起来，强化了语言研究对了解和揭示人类文化的重要意义(何俊芳，2005)。他在《文化论》(*A Scientific Theory of Culture*)中，指出了"语言知识的成熟就等于他在社会中及文化中地位的成熟"。语言是文化整体的一部分，但是它并不是一个工具的体系，而是一套发音的风俗及精神文化的一部分(Malinovski，

1935)。法国人类学家 Lévi-Strauss(1963)建立了结构主义理论，受布拉格学派的学者 Jakobson 影响，他认为可以把音位结构分析法运用到人类学的亲属制度研究中，在"语言学与人类学中的结构分析"(Structural Analysis in Linguistics and in Anthropology)一文中提出了这个观点，从此，便开始了用结构主义方法进行人类学和民族学研究的新阶段。

在中国，人类语言学发展可以追溯到罗常培(1989)先生的《语言与文化》。他在书中借助语义分析族群心理和文化内涵，希望为语言学和人类学的研究架设一座桥梁。邓晓华(1993)综合运用语言学和文化人类学的理论和方法，对语言人类学的对象、范畴、理论和方法进行了界定。提出了语言人类学的特点在于强调语言的文化价值以及强调语言与社会、文化的双向互动研究。

人类语言学的重要任务就是要在语言与文化的内部联系上，从民族语言的结构等方面把握民族深层文化的特点。陈保亚(1993)提出语言决定思维轨迹的观点，认为"思维轨迹是思维能力在语言系统中的实现。思维轨迹的差异是语言系统决定的，语言浇筑了思维轨迹"。张公瑾(1996)把混沌理论引入语言研究，在很大程度上开阔了语言和文化研究的视野，同时也为人类语言学的方法注入了活力。伍铁平等(2000)认为人的思维方式并不是受制于语言，而是受制于人所生活的社会。周庆生(2000)基于古今文献资料以及第一手田野调查材料，建立了一套属于自己的理论框架，对语言交际与传播、语言与文化、语言政策与语言规划等多个方面的关系进行了阐述。国内学者从宏观角度对语言与人类、语言与文化进行了理论上的阐释，为人类语言学在中国的进一步发展奠定了坚实的理论基础。

2. 人类语言学的研究方向和领域。比如 Morgan(1877)、

Tylor(1871)、Boas(1911)、傅懋勣(1980)、马学良 & 戴庆夏(1981)、练铭志(1987)、罗美珍(1992)、周庆生(1998)、纳日碧力戈(2000)、史灿方(2005)、吴东海(2005)、尹铁超 & 王晋新(2008)、李铁(2009)、王晏(2009)、黄文英(2010)、吴晓燕(2010)、冯宇玲(2010)、王旸(2012)、丁启红(2013)、刘冰 & 钟守满(2014)、杨文星(2016)、王智强 & 宋歌(2018)等。史灿方(2005)认为人类语言学的主要研究目的是从语言的层面揭示人类的发展变化,所以人类语言学研究对象范围主要包括以下几个方面:

1) 语言功能论。如美国著名的进化论学派主要代表人之一的民族学家摩尔根(Morgan,1877)在其著作《古代社会》(*Ancient Society*)中全面地描述了他的进化论思想,采用比较研究的方法对印第安人和世界其他地区的部落及希腊、罗马等古代史进行研究,阐述了人类社会从蒙昧时代经过野蛮时代到文明时代的语言发展历程和功能。周庆生(1998)从"结构—功能"的视角,分析了公元 15 世纪至 20 世纪中叶,西双版纳地区傣族不同社会等级使用的较为典型的人名系统,着重分析了该系统的乳名,从佛名、俗名和官名的结构形式,文化内涵和社会功能,揭示出傣族社会等级制度对人名的制约作用。

2) 语言思维论。语言人类学要探索各民族的民族语言心理特征和语言思维模式,研究他们在特定语言结构下的生活观念、行为理念和情感价值观。何俊芳(2005)在《语言人类学教程》中讨论了语言和思维二者之间的关系,主要介绍了学界对语言和思维关系的不同认识;而后又讨论了中西思维方式的特征,并从文字看中西思维方式的差异,发现汉族思维方式具有具象性、模糊性和灵活性的特点;与之相反,西方民族的思维方式具有抽象性、精确性和形式主义的特点。

3）语言和社会文化的特质论。语言是一种社会现象也是一种文化现象，从语言入手研究一个民族的社会文化情况，有助于了解语言对社会和文化的影响和作用。语言只有结构上的差别，而没有"发达"和"原始"之分。英国的文化人类学创始人之一Tylor（1871）在《原始文化》（*Primitive Culture*）一书中，从人类学的视角分析了语言与文化的关系。罗美珍（1992）从语言角度阐述了傣、泰民族的发展脉络及其文化上的渊源关系。周庆生（1998）根据傣族亲属称谓以及人名构建傣族社会历史和社会结构，力求把语言和文化结合起来进行研究。纳日碧力戈（2000）运用结构主义理论分析了蓝靛瑶亲属称谓的一些特点，在一定程度上再现了人类学与语言学之间的对话特质。

4）语言与民族的关系论。人类是民族的集合体，语言是民族的构成要素。人类语言学必须着力考察世界上各民族各地区语言文化差异，探究语言在民族文化（主要是民风、民俗）形成中的作用。如美国著名人类学家 Morgan 于 1871 年出版了《人类家族的血亲和姻亲制度》（*Systems of Consanguinity and Affinity of the Human Family*）一书，从语言学的角度讨论了印第安人的亲属称谓以及种族起源的一系列问题。再如，傅懋勣（1980）运用永宁纳西族的亲属称谓来探究母系家族中的婚姻家庭制度。练铭志（1987）运用田野调查材料，对现行土家语与古代土家语中的亲属称谓进行比较后，总结了古老亲属制的特点：父系和母系的亲属称谓区分不明显，从亲属称谓大体可以区分出性别和辈分，亲属称谓是类分式和专门称谓相结合。马学良 & 戴庆厦（1981）从语言界限同民族界限的关系、语言在民族诸特征中的地位等方面论述了语言与民族的关系，指出从语言特点可以映射出民族特点。

5）语言文字与人类考古论。语言和文字记载着人类文化,通过方言考释、字形字义分析和历史文献印证,我们可以复原各民族地区人类群体和物质生活活动、精神生活方式的面貌和社会结构形态,较准确地勾画出当时的社会图景。如吴东海(2005)运用傣族谚语、诗歌等语言材料阐释傣族的水文化特征和面貌。

3.人类语言学的应用研究。主要有:1)周洁茹 & 苗玲(2006)的人类语言学在临床康复中的应用研究;2)刘晶(2009)的人类语言学与颜色词语研究;3)李如龙(1985)、桂林(2011)、雷茜(2011)、张红丽(2013)、呼和塔拉(2017)等的人类语言学与外语教学研究。

具体讲,李如龙(1985)是国内界定人类语言学的第一人,他认为人类语言学就是从人类学的角度来研究语言,用语言材料来研究人类,它是语言学与人类学相互为用的边缘学科。周洁茹 & 苗玲(2006)的人类语言学在临床康复中的应用研究,重点研究大脑半球的语言功能区在活动时可以在功能磁共振成像上表现出来,故而指出功能磁共振成像在揭示人类语言及其他人脑的高级认知功能活动规律上有着重要的作用。刘晶(2009)通过介绍人类语言学家 Berlin & Kay 对颜色词语系统的研究成果以及其他语言学家对其研究结果的反应,独立研究颜色词语。桂林(2011)用 Yngve 的人类语言学理论分析二语习得中输出研究所存在的问题,提出国外输出研究者将语言研究置于逻辑域而不是物理域。呼和塔拉(2017)在追溯语言人类学学科渊源的基础上,梳理了语言人类学学科的发展脉络及主要代表人物和研究成果,同时对该学科进行了客观的评述。从语言人类学的研究内容和方法等方面探讨了语言人类学对民族教育研究和教学的启示。

人类语言学研究视野广阔,研究成果丰硕多样,在对原始土著语、少数民族语言研究的基础上,涉及语言起源和进化、语言教学、语言、民族与文化等内容,主要任务是探索人类群体的语言变化、语言结构和社会历史文化现象等的关系,揭示人类语言与其社会历史文化现象变化发展的规律。提倡语言学和社会文化人类学相结合,从语言人类学的视野关注人类现实社会、历史文化发展并作出诠释(马京,2000)。因此具有广泛的学术价值和社会价值,对社会科学的发展起到了全面推动的作用。

1.6　在线句法理论及其相关研究

1.6.1　在线句法

互动语言学强调言语交际是动态(Dynamic)的、在线(Online)生成的过程(方梅等,2018)。关于"在线"这一概念,Goodwin(1979:97 - 98)首次提出将句子放在实时对话中来考察这一观点。

在线生成的句法特点是指自然口语中的句子在真实时间内成分的逐步递加(Increment-by-Increment)。而从在线视角研究语料,意味着将结构看作即时浮现的、通过互动达成的(Emergent in Real Time and as Interactional Achievements)。具体来说,一个小句或句子的产出,都是说话人和受话人在实时协调他们各自的行为而形成的结构(方梅等,2018:6)。

Schegloff(1982:89)强调关注对话的真实感和偶然性,指出语言结构是在持续互动对话中构建的(The Product of Ongoing Talk in Interaction)。Couper-Kuhlen & Selting(2018:61)认为"在线"是指会话参与者之间对话的实时产出和处理过程。

在线句法(Online Syntax)理论发展的主要贡献者,德国语言学家 Auer(2000)指出口语的时间性特征将语法和互动在会话中联系起来,这种处理语言结构的新方法,称为在线句法。在线句法是一种强调实时句法模式的投射、出现和终止的分析方法(Auer,2004:37)。

在线句法与传统语法不同,主要关注口语的时间性特征(Temporality),核心观点是结构潜藏(Structural Latency);基本术语包括投射(Projection)、撤回(Retraction)和扩展(Expansions)。其中,投射和撤回相互作用形成典型结构,如混合(Contaminations)、中枢结构(Pivot/Mirror Construction)和自我修复(Self-repair)。

1.6.2　框架体系

根据文献考察,我们把在线句法的核心问题以框架形式归纳如下(见下页):

1.6.3　代表性人物及其主要成果

权威专家在其代表性论著中,针对在线句法核心问题,如"在线口语特征""基本术语""典型结构""结构潜藏"进行了阐释和研究。

1. 在线口语特征

在线句法用来描述口语的三个最基本特征,主要关注口语的时间性特征,这个特征可以从互动上理解,也可以从认知上理解(Auer,2007a:96)。在线句法与传统语法有三点不同(Auer,2009:1-13):一是在线句法认为语法基于用法,并在此过程中不断被更新,语法是言谈互动的产出物;二是在线句法与传统语法在句子处理上是不同的,在线句法处理的是即时、实时产生的句子,而传统语法关注的则是已经完成且处理过的句子,所以在这一点上可以将在线句法与传统语法的区别理解为"口语"和"书面

框架 1　Online Syntax　在线句法

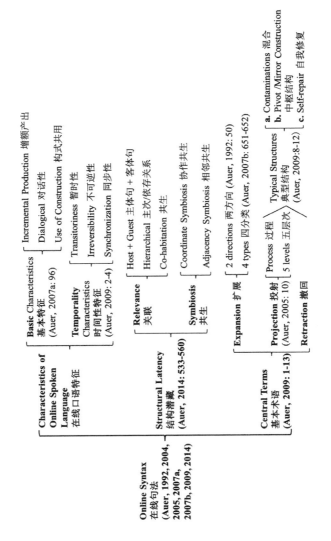

框架 2　Characteristics of Online Spoken Language　在线口语特征

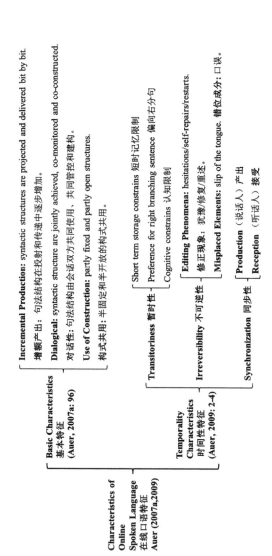

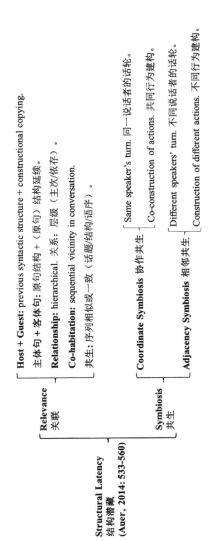

框架 3　Structural Latency　结构潜藏

Structural Latency
结构潜藏
(Auer, 2014: 533-560)

Relevance
关联

Host + Guest: previous syntactic structure + constructional copying.
主体句 + 客体句: 原句结构 + (原句) 结构延续。
Relationship: hierarchical. 关系: 层级 (主次/依存) 。
Co-habitation: sequential vicinity in conversation.
共生: 序列相似或一致 (话题/结构/语序) 。

Symbiosis
共生

Coordinate Symbiosis 协作共生

Same speaker's turn. 同一说话者的话轮。
Co-construction of actions. 共同行为建构。

Adjacency Symbiosis 相邻共生

Different speakers' turn. 不同说话者的话轮。
Construction of different actions. 不同行为建构。

框架 4　Central Terms　基本术语

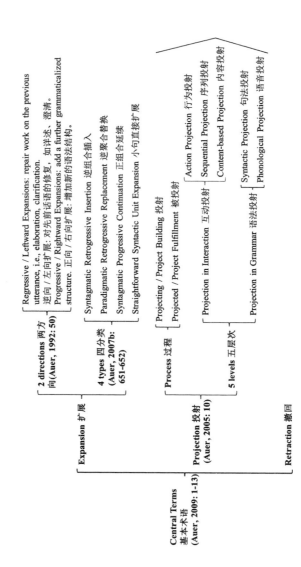

Central Terms
基本术语
(Auer, 2009: 1-13)

Expansion 扩展

2 directions 两方向 (Auer, 1992: 50)
Regressive / Leftward Expansions: repair work on the previous utterance, i.e., elaboration, clarification. 逆向 / 左向扩展: 对先前话语的修复, 如详述、澄清。
Progressive / Rightward Expansions: add a further grammaticalized structure. 正向 / 右向扩展: 增加新的语法结构。

4 types 四分类 (Auer, 2007b: 651-652)
Syntagmatic Retrogressive Insertion 逆组合插入
Paradigmatic Retrogressive Replacement 逆聚合替换
Syntactic Progressive Continuation 正组合延续
Straightforward Syntactic Unit Expansion 小句直接扩展

Projection 投射 (Auer, 2005: 10)

Process 过程
Projecting / Project Building 投射
Projected / Project Fulfillment 被投射

5 levels 五层次
Projection in Interaction 互动投射
Action Projection 行为投射
Sequential Projection 序列投射
Content-based Projection 内容投射

Projection in Grammar 语法投射
Syntactic Projection 句法投射
Phonological Projection 语音投射

Retraction 撤回

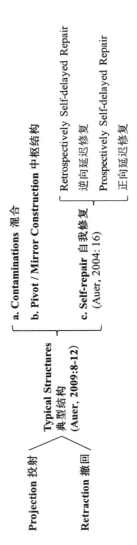

框架 5　Typical Structures　典型结构

语"的区别;三是理论基础的不同,传统语法的理论基础多是结构主义和生成语法,而在线句法的理论基础是皮尔斯(Peirce)的符号学(1960:66):"在某些方面或某种能力上相对于某人而代表某物的东西"。

与传统语言学对句子的产生和处理的理解不同,处在互动过程中的结构潜藏认为,心理激活提前于句子产生过程和接受过程,它徘徊在会话完成前,以便于随时被接下来的句子利用。句子结构的潜藏使用不需要消耗多余的处理过程,它是无标记的(Unmarked),因此也可以说是省略的。通常是这种较早话段和它提供的潜藏结构有助于投射在在线句法中的快速确立(Auer,2015:15 - 18)。

2. 基本术语

在线句法是用来描述口语互动过程中句法结构的实时传递,特别是关于扩展(Expansion)、投射(Projection)和撤回(Retraction)的过程,口语互动中的任何句子在任何节点都可以被分类归入到其中的某一过程中(Auer,2000;Auer,2007a;Auer,2009)。

1)扩展。对听话者而言,扩展是对原话语可理解、可预测的延续(Auer,2007b)。Auer(2007b)指出了 Schegloff 的"Increment"和 Ford 的"Extensions"对"扩展"这一概念定义的不合理之处,认为扩展不应只关注句法层面,还应考虑到韵律、语义、语用、行为和非语言上的差异。因此 Auer(2007b:651 - 652)第一次系统地对"扩展"进行了分类,包括逆组合插入(Syntagmatic Retrogressive Insertion)、逆聚合替换(Paradigmatic Retrogressive Replacement)、正组合延续(Syntagmatic Progressive Continuation)和小句直接扩展(Straightforward Syntactic Unit Expansion)。以

上四类都是针对德语语法结构来分类的,在英文中属于"无标记的"语法在德语中恰好相反。如德语例句翻译成英语意为"*We're going to eat properly today*","today"作为时间状语无论在英语口语,还是在英语书面语中,放在句末是完全没有问题的,但在德语中它却应该出现在"eat"之前,因此是"有标记的"。所以 Auer认为不同语言有不同形式的扩展,这跟语言结构有关,如句子是SOV 还是 SVO 语序,是否有句末助词/语气词,是构型语言还是非构型语言,跟属于左分句还是右分句等因素有关(Auer,2007b:650)。

Auer(1992:50)提到句子和话轮之间是平行关系,句子可能结束的点(PSCPs:Possible Sentence Completion Points)就是话轮可能结束的点(PTCPs:Possible Turn Completion Points),话轮结束的标志包括语义上、语用上、韵律上及句法上,在这些结束标志处进行合乎组合关系和语法规则的扩展就是右向扩展;而对先前话语的修正、解释、详述就是左向扩展。话语风格导致的句子复杂程度和话轮转换之间有密切的联系,如在闲聊中句子较短,话轮转换较多;正式会话中句子较长,因此话轮转换较少。会话双方的共同合作导致了扩展,双方的互动形式决定了左向扩展或是右向扩展,同时也是双方对谈话量大小的选择。

2) 投射。投射是上义的、尚未完成的、正在产生的句子,在结构和语义上是可预测的(Auer,2004)。投射与语言层次结构密切相关,因为在所有语言的结构中,上义的、尚未完成的、正在产生的句子使得一段谈话在结构和语义上是可预测的。从在线句法分析的视角来识别投射,不能依赖于平面语言,相反,我们需要丰富的支配关系和层次结构(句法、语义、韵律)来解释投射。Auer 认为投射在互动语言学中居于核心地位。互动来源于投射,而语法为投射的形成提供了方式方法。

Auer 对投射进行了不同层次的划分,主要是互动投射(Projection in Interaction)和语法投射(Projection in Grammar)。前者基于互动知识,后者基于句法知识,形态信息沿着句法树的层次扩散,句法结构越深,投射就越多,说话者投射的语音延伸时间就越长(Auer,2005:10)。互动投射和句法投射相互交织,形成了二者间的同源机制(Homologous Mechanism of Projection in Interaction and in Grammar):(1)投射力度有强有弱;(2)浮现格式塔(Emerging Gestalts)可以通过弱投射来完成;(3)投射可以中断;(4)完整的格式塔(Full Gestalts)可以扩展;(5)投射可以终止。

3)撤回。撤回指的是重新激活或改变已经存在的句法结构(Auer,2009:7)。在语义层面,"撤回"可以被理解为"详述"(Elaboration),因为它是对先前话语的补充说明。在句法层面,"撤回"可以被理解为"修复"(Repair),因为它可以改变先前句子结构,但不添加新的句子结构(Auer,2009:7)。"撤回"这一部分与"投射"和"扩展"相比,它没有得到 Auer 的分类和新的文章的完善。因此"撤回"像是一个工具和过程,一个对互动中话语的修正工具,一个对"投射"和"扩展"的修正过程。

3. 典型结构

当"投射"和"撤回"在互动中相互作用时,就会造成以下三个典型结构:混合(Contaminations)、中枢结构(Pivot/Mirror Construction)和自我修复(Self-repair)。

1)混合。混合指的是某些句子成分出现在不当的语法位置上(Auer,2009:9),尤其是德语阴性、阳性、中性名词、有生命动词、无生命动词等词出现位置错乱。

2)中枢结构。中枢结构指的是某个句子成分,如主语、谓语、在口语互动中改变位置,重复出现而形成中枢结构的现象。典型的中枢结构指的是一个从句成分前有两个限定动词,这导致一个句子看起来像是两个小句的融合,如"*That's what I'd like to is a fresh one*","*what I'd like to*"既是第一个小句的一部分,也是第二小句的一部分(Lindström,2013:57)。在 Auer 的研究中它指的是某个句子成分,如主语、谓语,在口语互动中改变位置重复出现,从而形成的中枢结构现象(Auer,2009:10)。

3)自我修复。自我修复能将信息从复杂的分层结构变成简单的顺序线性序列(Auer,2009:9-12),"撤回"在其中起到了重要作用。

4. 结构潜藏

结构潜藏论证的是较早和稍候话段之间背后的共同语法特征,结构潜藏与在线句法具有核心相关性(Auer,2014:533-560)。结构潜藏是在 Du Bios(2003b)的"Resonance"和 Bock(1986)的"Priming"的理论基础上完善而提出的。其中,前者指的是对不相邻的较早话段中的会话结构的重新利用,后者则是心理语言学领域术语,认为说话人无意中使用前面会话中已被激活的句子结构的概率比使用语义相同但结构不同的概率更大,从而实现上下衔接效果。

在这二者基础之上,Auer 认为"结构潜藏"指的是相邻或准相邻的结构相互照应,较早话段成为新投射的稍候话段的一部分,"结构潜藏"使得较早话段和浮现会话之间呈现一种特殊关系,这种关系通常被称为"省略"(Ellipsis)或者"承前省略"(Analepsis)(Auer,2015:14)。"省略"的产生原因,源于主句的句法结构在其产生之后仍然处于激活状态,从而为共生的客体句套用这一句法结构成为可能。换言之,先出现的句法单位所激活的句法模式,在一定时间内,对于后句而言仍可使用。"结构潜藏"在自然口语中十分常见,可以发生在同一说话人的言谈中,也可以跨越话轮存在;虽然所处的互动语境不同,但是其实现方式都是相同的,这也是语法独立于用法存在的证明(谢心阳,2016:349 - 350)。

1.6.4 国内外相关研究

国内外对在线句法的相关研究主要包括以下几个方面:

1. 在线句法理论的评介和发展研究。如 Goodwin(1979,1981)、Schegloff(1982)、Couper-Kuhlen & Selting(2018)、Auer(1992,2000,2004,2005,2007a,2007b,2009,2014,2015)、Bock(1986)、Scheutz(2005)、Du Bios(2014)、Deppermann & Günthner(2015)。国内学者方梅等人(2018)认为对在线生成语法的研究最早可以追溯到 Chao(1968)的倒装句和追补句,后来有张伯江 & 方梅(1996)的易位和复位现象,Zhang(1998)的修补,陆镜光(2002,2004a,2004b)的延伸句,沈家煊(2012)的引发语和应答语,以及李先银(2016)的话语叠连等。此外还包括谢心阳(2016)对互动语言学和在线句法的系统介绍,关越 & 方梅(2020)的句法合作共建现象,以及张惟 & 彭欣(2020)对投射和预期完成的介绍与研究等。其现存的主要问题是,由于在线句法是互动语言学领域的新理论,对其完整系统介绍的文献较少,理论衔接较为零散,部分理论有重合模糊之处。

2. 在线句法视角下不同领域的研究。在线句法和一些语法理论有交叉融合,也有一些本质的区别。如 Du Bois(2014)在认知-功能语言学领域下的对话句法(Dialogical Syntax)、Kempson(2001)的动态句法(Dynamic Syntax)、Hopper(1998)的浮现语法(Emergent Grammar)研究。他们观点相似,认为语言结构都是在线生成,语法基于用法,都是对传统句法,如结构主义和生成语法线性分析模式的挑战。在线句法研究为心理语言学、类型学、多模态等实证研究提供了验证和支持(Bock,1986；Auer,2007a/2007b/2015；Deppermann & Günthner,2015)。

3. 在线句法的应用研究。在线句法理论强调关注自然口语和日常言谈互动。因此对其的应用研究集中在口语会话当中,包括:

1)在线句法与机构性会话研究。如医患会话(Goodwin,2003)。

2)在线句法与跨语言对比研究。如 Lindström(2013)、Norén & Linell(2013)、Hennoste(2013)、Norén(2013)、Betz(2013)、Horlacher & Doehler(2014)对爱沙尼亚语、芬兰语、法语、德语和英语的研究。

3)在线句法与多模态研究。如 Lerner(2002)、Li(2014b)的研究。

4)在线句法与国际汉语教学相结合的研究。如方梅(2018：11)提出构建互动的"基于用法"的教学模式。

总之,国内外对在线句法的研究,尤其是在线句法理论指导下的互动语言学研究,涉及许多方面,而且产出了不少研究成果。我们相信在线句法理论及其相关研究成果会越来越多。

1.7　浮现语法理论及其相关研究

1.7.1　浮现语法

"浮现语法(Emergent Grammar)"又可译为"动态浮现语法"(沈家煊,2004)、"发生语法学"(陶红印,2001),"浮现"主要是跟

"句法自足"相区别。"浮现"（Emergence）是复杂性科学（Complexity Science）中的重要概念。

20世纪80年代末，复杂性科学逐渐兴起，它以复杂性系统为研究对象，以揭示和解释其运行规律为宗旨，带有鲜明的"学科互动"（Interdisciplinary）特征（蔡淑美，2020）。MacWhinney（1999）指出所谓复杂性系统，是指那些无法还原或拆解为简单个体的组合并依此得到解释的整体系统。从细胞里呈现出来的生命迹象到人脑的形状、人体免疫系统，从飞鸟的聚集成群到蚁群的王国、蜂窝的形状和虎背上的斑纹，从股票市场的涨落、金融风暴到战争的兴起、文化的兴衰等，无一不是复杂性系统的体现。

作为一种新兴的研究领域，复杂性科学得到了前所未有的关注。由于所体现的层次性和差异性复杂多样，复杂性系统带有鲜明的非线性、不确定性、自组织性、浮现性等特征（Holland，1998；黄欣荣，2012等）。而"浮现"作为重要特征之一，指的是"不能由系统已经存在的部分及其相互作用充分解释的新的形态、结构与特征"（Holland，1998：14）。语言也是一个复杂性系统，且被认为是比一般的复杂性系统更为复杂的系统，自然在多层面、多角度具有浮现特征。目前国内外语言学界对浮现及其相关的现象都作了不少研究，在本体和应用领域都取得了丰硕成果。

1987年，功能语法的代表人物Hopper发表了一篇题为"浮现语法"（Emergent Grammar）的文章，明确区分了"语法先于用法"和"用法先于语法"这两种语法观。"用法先于语法"指的是语法不是先于经验的固定规则，而是在动态的使用过程中逐渐形成的，这种语法观主张任何一种语言的语法都具有不确定性，语法系统从来就不是最优化的，而是永远处于演化状态（方梅，2018）。这一主张与话语-功能语言学家的观点一脉相承，而与形式学派尤其是生成语法学派的先验观是针锋相对的。生成语法认为,语法是先验的、纯自主的固定编码,语法在逻辑上先于话语,并不受话语因素的影响。而浮现语法认为语言结构是在线、即时生成的,先有互动交际,然后才有语法结构,语法结构是互动交际的副产品(Hopper,1998/2011等)。值得注意的是,在浮现语法观中,语法结构或意义是浮现的结果而不是原因,且结构或意义是处在不断变化中的。

浮现语法理论受到功能主义语言学家的普遍接受,在这个理论思想的影响下,功能主义语言学家们进一步探究语言事实、解释语言现象,也使浮现语法的理论得以扩充和发展。陶红印(2000)通过动词"吃"不仅可以带受事宾语(如:固体食物、液体食物)也可以带"伪受事"宾语(如:抽象工具、处所、生活依赖的对象等)这一用法,提出了"动态论元结构假说",并主张用动态的眼光看待论元结构。该假说认为:

1. 动词是否能够带受事宾语是受多种话语因素约束的。

2. 动词的论元结构是可以变化的。

3. 假定语言成分从原则上来说是缺乏范畴性的。

4. 对于具有动词倾向的词类成分,无范畴和不及物性可以看成它们的自动值(Default)(赵晶,2012)。

此外,将"浮现"的概念运用到语义,特别是词义的研究中,于是有了"浮现语义学"的提法。陶红印(2001)在探讨"出现、产生、发生"三个"出现"类动词的差异时,明确提出了"动态语义学"的观点,动态语义学的应用范围不仅体现在传统上所说的个别词因时间推移而产生的语义变化(语义的缩小、扩大或转移等),同时也包括词项的组合在使用中产生的语义,也就是说,认为词语可以从语境中吸收意义(赵晶,2012)。

　　浮现语法理论认为语法是在语言使用中逐渐浮现出来的,而不是预先就存在的,所以语法总是不断变化的,即没有完整不变的语法。浮现语法的理论打破了传统意义上对语法的看法,其进步性主要体现在以下几点(赵晶,2012):

　　1. 有助于对语言事实的细致描写。

　　2. 有助于解释语言演变。

　　3. 有助于解释更多的语言现象、语言运用和语言演变所存在的一定规律。

　　但是,浮现语法对语法、语言的很多理解,也难以得到广泛的认同,如:

　　1)从语法的流动性与稳定性来看,浮现语法观认为,无论是语言还是语法都具有流动性,使用频率越高的语言形式,其流动性越大(赵晶,2012)。这种流动性的变化使得不同的语言使用者任意使用不同的语言,这样的话,交际则无法顺利进行。

　　2)在语法的组合关系与聚合关系方面,浮现语法认为语言是组合关系的,但如果只有组合而没有聚合,那么语法会变得杂乱无章。

　　3)从语言形式的使用频率与语言的内部机制看,浮现语法观重视语言运用,强调语言形式的使用频率是导致其发生演变的重要因素,而非唯一因素。比如介宾结构在句法结构中的位置变化是由于介词结构的内部因素影响了语序的发展变化,而与使用频率无关(张赪,2002)。

　　4)浮现语法理论强调语言使用的沉淀,但并不是所有语言运用最后都能沉淀成真正意义上的语法。有些在语言使用中浮现出来的规则、形式、意义等,仅仅是某种语境下的临时用法或只存在于少数人当中,不会演变成真正意义上的句法规则。所以并不是从语言使用中浮现出来的都是语法,否则一种语言的语法规则将无限多。

总之,浮现语法理论认为语法是在运用中逐渐成型、不断变化的,功能需求塑造了语法。从历时的角度看,严谨的"语法"往往是从不那么严谨的"用法"起步,不断沉淀固化而来的。从章法到句法是一个渐进的过程,这个演变是逐渐从语用模式到句法模式、从不合语法到合乎语法的过程(赵晶,2012)。句法是在不断变化和运用中逐渐成型的,最终形成了自己的理论框架。

1.7.2　框架体系

下面我们用框架形式,对浮现语法理论及其研究作一简要归纳(见下页)。

1.7.3　代表性人物及其主要成果

作为浮现语法的提出者,Hopper(1987)最早在文章"浮现语法"(Emergent Grammar)中提出浮现语法的概念,紧接着在1993年出版著作《语法化》(*Grammaticalization*),系统地介绍了语法化的含义、发生机制、动因等,并从小句内的形态变化、小句间的形态变化等方面举例说明语法化的类型、来源、功能等。

浮现语法作为互动语言学的基础理论之一,在国内也有学者从浮现语法的角度对汉语的口语和书面语中出现的语法化现象进行研究与归纳,其中,以方梅的《浮现语法:基于汉语口语和书面语的研究》为代表。该著作出版于2018年,作者在书中从六个方面对浮现语法进行论述:(1)背景信息的句法表现;(2)主句述谓语的去范畴化;(3)指称功能扩展与去指称化;(4)词类的活用与转类;(5)句法成分的语用化;(6)语体特征与语法特征。陶红印评价该研究涉及多种介词、连词、表认证义和言说义的动词等,

框架 1　Emergent Grammar　浮现语法

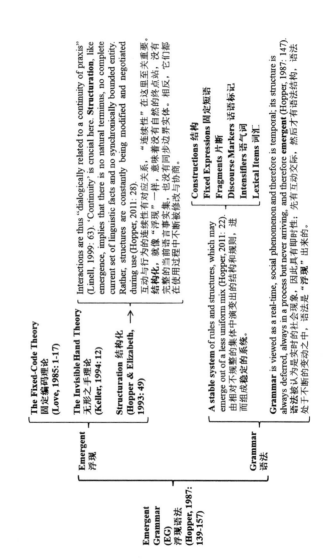

Emergent Grammar (EG)
浮现语法
(Hopper, 1987: 139-157)

Emergent
浮现

　The Fixed-Code Theory
　固定编码理论
　(Love, 1985:1-17)

　The Invisible Hand Theory
　无形之手理论
　(Keller, 1994: 12)

　Structuration 结构化
　(Hopper & Elizabeth,
　1993: 49) →

Interactions are thus "dialogically related to a continuity of praxis" (Linell, 1999: 63). 'Continuity' is crucial here. **Structuration**, like emergence, implies that there is no natural terminus, no complete current set of linguistic facts and no synchronically bounded entity. Rather, structures are constantly being modified and negotiated during use (Hopper, 2011: 28).

互动与行为的连续性有对应关系，"连续性"在这里至关重要。结构化，就像"浮现"一样，意味着没有自然的终点站，没有完整的当前语言事实集，也没有同步边界实体。相反，它们都在使用过程中不断被修改与协商。

Grammar
语法

　Constructions 结构
　Fixed Expressions 固定短语
　Fragments 片断
　Discourse Markers 话语标记
　Intensifiers 语气词
　Lexical Items 词汇

　A stable system of rules and structures, which may emerge out of a less uniform mix (Hopper, 2011: 22).
　由相对不规整的集体中演变出的结构和规则，进而组成稳定的系统。

Grammar is viewed as a real-time, social phenomenon and therefore is always deferred, always in a process but never arriving, and therefore **emergent** (Hopper, 1987: 147); its structure is temporal: its structure is always deferred, always in a process but never arriving, and therefore **emergent** (Hopper, 1987: 147). 语法被认为是实时的社会现象，因此具有即时性；先有互动交际，然后才有语法结构。语法处于不断的变动之中，语法是"浮现"出来的。

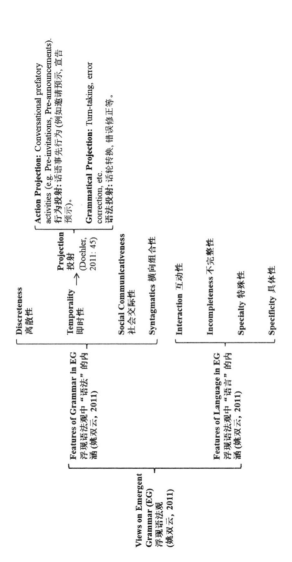

框架 2　Views on Emergent Grammar　浮现语法观

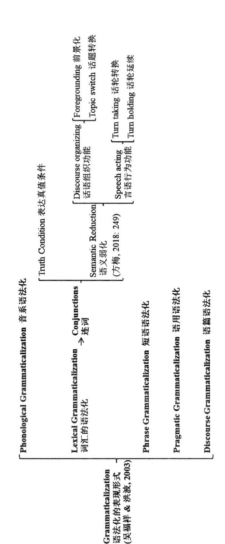

框架 3　Grammaticalization　语法化的表现形式

框架 4　Practical Purposes of Emergent Grammar　浮现语法的实用目的

Practical Purposes of Emergent Grammar 浮现语法的实用目的 (Pawley & Syder, 2000: 199; Auer, 2005: 32, 36; Hopper, 2011: 44)

Fluency 流畅性 → The ability to rapidly assemble and deliver coherent utterances. 快速收集和表达连贯话语的能力。(Pawley & Syder, 2000: 199)

Irreversibility 不可逆性 → The temporal unidirectionality of the stream of speech. 言语的即时性、单一流动性。(Auer, 2005: 32)

Ellipsis 省略 → The ability to accurately recover omitted or incompletely heard words and phrases, and the related ability. 准确复原被省略的、未听清的词语的能力。(Hopper, 2011: 44)

Redundancy 冗余 → The ability to understand incomplete messages. 准确理解不完整信息的能力。(Hopper, 2011: 44)

The 'Darmok' Effect Darmok 效应 → 'Understanding the words' but unable to interpret the message. 知言但无法解读信息的现象。(Hopper, 2011: 44)

Synchronicity 同步性 → The mutual timing of utterances in harmony with interlocutors. 交际双方对时间节点的共同认知。(Auer, 2005: 36)

考察范围广泛，且善于利用综合手段解释语言现象，并对这些现象具有独到的见解和深入的解释，是国内汉语功能语言学最新也是最具代表性的成果之一。

1.7.4 国内外相关研究

国内外对浮现语法的相关研究主要包括以下几个方面：

1. 浮现语法理论研究和发展研究。比如 Hopper（1987，1988，1998，2011）、Hopper & Traugott（1993）、Bybee（2007）、MacWhinneyed（1999）、陶红印（2000，2001，2007）、张伯江（2005）、沈家煊（2004）、李美霞（2009）、姚双云（2011）、周倩（2013）、蔡淑美（2020）等。综观国内外浮现语法的理论研究，可以总结出以下三个特点：

第一，在研究语料和方法上，浮现语法特别注重搜集和分析实际的、自然产出的口语语料或会话语料，擅长从不同语体（文体）中提取语言的规律和特点。

第二，在语法如何形成的方式上，浮现语法走即时、在线、动态的研究路径，并从功能角度（如话语功能、语义功能、语用功能）出发寻求语言结构的生成动因。

第三，在语法从何而来的语言观上，浮现语法特别强调用法先于语法，语法是在用法中形成的（蔡淑美，2020）。

2. 浮现语法的多视阈研究。比如 MacWhinney（1999）、Pawley & Syder（1983）、Auer（2005）、Hopper（2011）、陶红印（2000，2001，2007）、张伯江（2002）、沈家煊（2006）、方梅（2007，2008，2012，2018）、陈清 & 曹志希（2011）、姚双云 & 姚小鹏（2012）、乐耀（2015）、朱军 & 李丽君（2015）、李先银（2015，2017）、王晓辉（2018）、蔡淑美（2020）等。自"浮现语法"这一概念提出后，国内外学者从不同的角度对语法的浮现进行研究考察，

其中,国内的考察主要包含三个方面:

第一,对特定句式及其句式义浮现的考察。以沈家煊(2006)等对特定句式的生成和意义浮现的分析为代表。

第二,对论元结构动态浮现性的考察。如陶红印(2000)、张伯江(2002)的研究揭示了论元角色、论元结构和句法结构的开放性与动态性,展示了交际需要、语言使用及相关因素对语法表达的影响。

第三,对从句法范畴到语用范畴的动态变化、话语标记的浮现考察。以姚双云 & 姚小鹏(2012)、乐耀(2015)等为代表。在浮现理论的"探照灯"下,研究者密切关注汉语各个层级语言现象的用法、变异及背后的句法—语义条件和功能动因,对浮现的复杂性和互动性有了更深的认识(蔡淑美,2020)。此外,还有学者从浮现语法的角度对隐喻进行了新的阐释(陈清 & 曹志希,2011),为浮现语法的研究提供了新的思路。

可见,浮现语法视阈下英汉副词性关联词语研究十分有限,相信该理论会为我们探究英汉副关的语篇关联模式与机制的共性和差异、特点和规律及其原因提供理论和方法上的借鉴与启示。

1.8　社会行为结构理论及其相关研究

1.8.1　社会行为结构

构式语法虽然是基于用法的,但是却几乎不关注自然会话的语料。因而,互动语言学研究者便提出了"会话构式"(Construction in Conversation)的概念。社会行为结构这一概念,是 Fox(2007:304)最先引入的,用以描述英语口语中的"NP looks / is(really)

ADJ"结构,这一结构在序列上相对固定,功能上用于称赞。简单而言,社会行为结构就是会话中反复使用的语言形式,因交际需求而出现,固化于日常交际中社会行为的完成。

社会行为结构(Social Action Format)既包括言语形式,也包括非言语形式,因而更加接近真实日常互动。Couper-Kuhlen (2014:645)认为社会行为结构与构式语法中的构式有一定的相似之处,不过,前者用于互动中某种特定社会行为,因为社会行为结构对于互动中的行为是一种更为适合的概念框架。

1.8.2　框架体系

社会行为结构及其多模态分析研究框架,可概括为(见下页):

1.8.3　代表性人物及其主要成果

"社会行为结构"研究的权威专家在其论著中对于互动语言学研究,关注互动参与者在互动中完成了何种社会行为? 什么是社会行为结构及其特点等? 都作出了清晰阐释。Couper-Kuhlen & Selting(2018:213)指出"行为"是指一个人在与他人的交流中希望达成的事情,是话轮的任务之所在。与言语行为(Speech Act)的区别在于,社会行为是基于即时言谈序列环境的经验观察得出的,只有那些在自然会话中实际发生的行为才会被看作是社会行为;而言语行为研究是从言者的意图出发,并不强调该行为是否可以被观察。与言语行为不同,社会行为并非必须要通过语言手段实施,交际参与者也可以通过注视、体态等实施。

同一类社会行为往往有不同的表达方式。比如英语发出请求有三种句法格式:(a) Could you …;(b) I wonder if you could …;(c) I wanna …。研究发现,说话人选用哪种编码方式取决于两个外部因素,一是不可预见性(或偶发性,Contingency),二是权势性(Entitlement)(方梅,2018:4)。

框架 1 Social Action Format 社会行为结构/框架

Social Action Format 社会行为结构/框架 (Fox, 2000; Couper-Kuhlen, 2014)

Definition 定义 (Fox, 2000; Couper-Kuhlen, 2014)

Fox has referred to this feature (recurrent linguistic forms) of grammatical organization as Micro-syntax, and the formats as Social Action Formats (Fox, 2000: 305).
Fox 将语法组织的这一特征(反复出现的语言形式)称为微观句法,将其框架称为社会行为结构/框架。

The Social Action Formats identified in this study are in many ways like the constructions of Construction Grammar (CxG). However, social action formats are used for specific kinds of social action in interaction (Couper-Kuhlen, 2014: 645).
Couper-Kuhlen 认为社会行为结构/框架与构式语法中的构式有一定的相似之处,不过,是用于互动中某种特定社会行为的。

Classification 分类 (Manes & Wolfson, 1981; Curl, 2006; Couper-Kuhlen, 2014)

Compliments (Manes & Wolfson, 1981: 241) —— NP looks / is (really) ADJ.
称赞类行为

Offers in conversational English (Curl, 2006: 1258) ⎡ Do you want (me) to X?
⎣ Would you like (me) to X?
提供类行为

Initiating actions in conversation bringing future actions (Couper-Kuhlen, 2014: 624). 对话中能引发将来行为的发起类行为。

Requests 请求 —— Don't (you) X?
Proposals 提议 —— I / we can /could X.
Suggestions 建议 —— Why don't you X?
Offers 提供 —— Do you need /want X?

Characteristics 特点 (Fillmore, 1988; Fillmore & Kay, 1988; Levinson, 2013; Couper-Kuhlen, 2014)

The Social Action Formats should be described in the level of construction, in the sense of Construction Grammar (Fillmore, 1988: 35; Fillmore & Kay, 1988: 501), being used to implement social actions (Levinson, 2013: 103), associated with each action type (Couper-Kuhlen, 2014: 638). 社会行为结构/框架应从构式层面,构式语法的意义上描述;用于实施社会行为;各类社会行为与对应的社会行为结构/框架相结合。

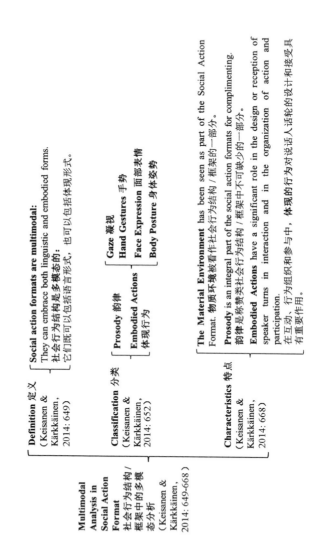

框架 2 Multimodal Analysis in Social Action Format 社会行为结构/框架中的多模态分析

Multimodal Analysis in Social Action Format 社会行为结构/框架中的多模态分析 (Keisanen & Kärkkäinen, 2014: 649-668)

Definition 定义 (Keisanen & Kärkkäinen, 2014: 649)

Social action formats are multimodal:
They can embrace both linguistic and embodied forms.
社会行为结构是多模态的：
它们既可以包括语言形式，也可以包括体现形式。

Classification 分类 (Keisanen & Kärkkäinen, 2014: 652)

Prosody 韵律
Embodied Actions 体现行为
- Gaze 凝视
- Hand Gestures 手势
- Face Expression 面部表情
- Body Posture 身体姿势

Characteristics 特点 (Keisanen & Kärkkäinen, 2014: 668)

The Material Environment has been seen as part of the Social Action Format. 物质环境被看作社会行为结构/框架的一部分。
Prosody is an integral part of the social action formats for complimenting. 韵律是称赞类社会行为结构/框架中不可缺少的一部分。
Embodied Actions have a significant role in the design or reception of speaker turns in interaction and in the organization of action and participation. 在互动、行为组织和参与中，体现的行为对说话人话轮的设计和接受具有重要作用。

社会行为结构的提出要从语法是如何塑造这一点说起。Fox（2007:304）提到语法是由于按顺序出现而形成的。谈话总是在话轮中进行的，而话轮总是位于序列中的某个位置。并且，正如Schegloff(1996b:52-133)所说,话轮发生在序列中的哪个位置，以及在该序列中完成了什么样的动作,都塑造了该话轮可用的语法实践。然而,在Schegloff(1996a:3-38)所称的"位置敏感"语法中,语法实际上是由特定的、顺序位置组织的（Ford et al.，2003:128),即先前的语境塑造了特定从句的语法,这更进一步表明语法实际上是由 Schegloff(1996a:3-38)所称的"位置敏感"语法中的特定顺序位置组织的。

这进一步验证了:顺序特定的动作可能存在语法格式。例如,关于恭维这一行为的早期研究（Manes & Wolfson，1981:241)发现,在英语会话中,称赞行为表现出高度重复的语法模式,85%的用法可以用三个简单的语法模式来描述,并且超过一半的情况(54%)发生格式如下:

$$NP \quad \begin{Bmatrix} is \\ looks \end{Bmatrix} \quad (really)\ ADJ$$

图1　称赞类社会行为结构(Manes & Wolfson，1981:241)

这种语法模式就是社会行为结构,而这一研究也正是社会行为结构提出的研究基础之一。另一研究基础是 Curl(2006:1258)有关"提供"这一行为的研究,他发现在不同的序列环境中,"提供"这一行为会呈现出不一样的语法结构。Fox(2007:305)将语法组织的这一特征称为"微观语法",将这一格式称为"社会行为结构"。同时她也指出,这也是语法被序列塑造的最基本的方式(Fox，2007:305)。

除了 Fox，Couper-Kuhlen 也是有关社会行为结构研究的重要学者之一。社会行为结构属于互动语言学的范畴，是互动语言学研究者们常用的语法理论之一。而互动语言学这一概念最早由 Couper-Kuhlen & Selting 在 2001 年主编的论文集《互动语言学研究》(*Studies in Interactional Linguistics*)中明确提出。互动语言学研究者的一个重要共识是，互动言谈中的话轮、行为、序列都是通过语言资源的系统性使用才为互动参与者所识解的。因此，社会行为结构的研究特点是关注自然发生的会话，并且结合某一社会行为，对常用的格式进行分类研究(谢心阳，2016：342)。

Couper-Kuhlen(2014：624)关于社会行为结构的研究也是从语法出发的，主要研究了发起行为，包括提议、请求、建议等。她认为，不同的动作类型，总是和一系列反复出现的语言形式相结合，这种语言形式也就是我们说的社会行为结构。这样，说话人才可以将已形成的话轮作为实施某类动作的途径，而说话人也可以辨认出它们，并作出相应的回答。

社会行为结构这一概念，一开始是用来描述会话中反复出现的语言形式(Goodwin，1992；Fox，2000/2007)，但也被证明与描述反复的行为有关(Couper-Kuhlen，2014：645)。研究中的社会行为结构在很多方面也和构式语法中的构式相似。然而，社会行为结构更多的是被用来形容互动中具体种类的社会行为(Couper-Kuhlen，2014：638)。

社会行为结构的特点可以概括为：应从构式的层面、构式语法的角度去描述(Fillmore，1988：35；Fillmore & Kay，1988：501)；社会行为结构主要是用来实施社会行为的(Levinson，2013：103)；社会行为结构和对应的社会行为紧密相连(Couper-

Kuhlen，2014：638）；每种行为下，最优选构式很少重叠（Couper-Kuhlen，2014：640）。

此外，社会行为结构还包括多模态形式（Keisanen & Kärkkäinen，2014：649 - 672）。互动交际本质上是一个多模态的展现。互动交际过程，除了语言形式以外，面部表情、身体动作等手段都是互动交际可以调动的资源，独立或协同完成互动交际。在对话交际中，听话人并不只是被动地听人在说，而是通过多种方式参与到对话的进程当中去（方梅，2018：8）。

1.8.4　国内外相关研究

目前国内外对社会行为结构进行了相关研究，主要包括：

1. 相关理论及其应用研究。主要有：Fox（2007）、Couper-Kuhlen（2014）、Curl（2006）、Sorjonen & Raevaara（2014）、Routarinne & Tainio（2018）、Hoey（2020）、Doehler & Balaman（2021）、姚双云 & 田蜜（2022）等。

Fox（2007）的研究聚焦于社会行为框架（Social Action Format）与语言形式的关系，提出了若干语言框架（Linguistic Format），即日常互动中反复使用以完成某一种社会行为的语言形式。通过建立一个语言形式和社会行为的对应关系，进一步说明某一种语言形式的使用频率和条件。也正是在这篇文章中，Fox 结合 Manes & Wolfson（1981：241）和 Curl（2006：1258）对恭维行为和提供行为的研究，再次强调了社会行为结构的定义：她将这种在互动中反复出现，完成某类行为的语法组织称为微观语法，把这种结构称为社会行为结构。Fox 是社会行为结构这一概念的提出者。

Couper-Kuhlen（2014：624）的研究则着重探讨了提议、请求、建议一类祈愿式表达的社会行为框架，并归纳了几类行为对应的高频语言表达形式。研究表明,在实施某一类指定行为时,通常都是使用一系列固定的结构,特定的结构也与某种行为关联;不同类型的动作,其首选的结构几乎没有重叠;语言形式和指令性行为之间的频率关系对于行动描述有着很大的帮助。

Curl(2006:1257)研究的是提供行为在不同序列环境中的语言形式。提供行为的产生伴随着多种多样的语法形式,这些话语之所以被认为是提供行为,和它们所处的序列位置以及实施行为的目的有关。研究以录制好的电话音频作为语料库,分析其中产生的提供行为,一般是说话人提出帮助或是满足听话人的需要。研究中描述了语料中产生的三种有关帮助或补救的提供行为,这一研究在后来也被 Fox 所提及,并且进一步提出了社会行为结构这一概念。

Hoey(2020:1-24)通过重点分析第一人称祈使句"Let me / Lemme X"在一系列自然发生的互动中出现的情况,对祈使行为的格式进行了会话分析研究。根据 Fox(2007:305)提出的定义,作者将这一格式定义为社会行为结构的一种,且提出观点:通过使用"Lemme X"这一社会行为结构,说话人能在取代某一相关行为的同时,自主授权某些行为,提高自身的利益和主动性。使用"Lemme X"可以显示发言者对其特定提名活动的代理分配的理解。作为让某人做某事的一种方法,"Lemme X"通常是抑制而不是诱导听话人行动,而说话人则单方面地从事他们的活动。因此这一结构往往会削弱听话人的参与度从而提高说话人的主动地位。

Doehler & Balaman(2021:183)则对视频为媒介的互动中的语法常规化(也就是社会行为结构)作了纵向研究。在这篇文章中,作者提供了纵向证据,证明了在高度专业化的活动环境中用于社会协调目的的语法结构正逐步常规化。该实验对象为一名从未接触过视频互动的二语学习者，通过四年的研究，发现实验对象在协调互动和查看屏幕时，一开始会使用一些和"To check"相关的动词去过渡，而这一形式逐渐固定为"Let me check"这一社会行为结构。研究这一变化有助于我们理解视频媒介互动中的社会协调，以及参与者如何在适应新情况、语言或媒体时重新校准他们的互动语法。

姚双云 & 田蜜（2022）则从位置敏感语法来研究社会行为结构"像 ＋ NP"，是国内为数不多的对社会行为结构进行分析的研究。以往国内的研究多偏向于对该理论的介绍，而不包括应用研究，如方梅（2018）、谢心阳（2016）。通常我们将 Social Action Format 称为"社会行为结构"或"社会行为框架"，在该文章中，作者将其称为"社会行为格式"。文章首先讨论"像 ＋ NP"中固定成分"像"的词性演变，归纳出三种相应的话语模式；然后考察其序列环境中的倾向性位置分布；最后结合交际双方认识状态的差异，从序列特定和位置敏感的角度探析"像 ＋ NP"格式的互动功能。

2. 多模态研究。主要有：Keisanen & Kärkkäinen（2014）、Couper-Kuhlen & Selting（2018）、Goodwin（1980）、Haddington（2006）、Grumperz（1982）、Stivers & Rossano（2010）、Ford et al.（2012）、Ogden（2013）、Li（2013，2014a，2014b，2016）等。

社会行为结构既包括语言形式，还包括多模态形式（Keisanen & Kärkkäinen，2014：649 - 672）。Kärkkäinen & Keisanen（2012：587 - 611）着重研究了"提供"行为下的语言和行为结构，特别是具体的提供行为。研究关注在当前的环境下，能为听话人提供具体指示物或物质的提供行为。文章表明，这种行为可被概念化,并包含两个互相连接的行为,一个用于识别指示物,另一个用于解释提供行为。文章在此基础上进一步探讨了随着时间的推移,不断完成这一类行为对于提供行为下社会行为结构的出现提供了帮助。在完成社会行为时,语言和身体行为都很重要,有时语言甚至不是必需的。

Keisanen & Kärkkäinen(2014:649－672)还研究了日常英语互动中的恭维序列,对于描述互动中反复出现的、常规化的会话模式有很大贡献。互动交际本质上是一个多模态的展现,来源于参与者双方的互动需求。虽然我们把语法看作是从互动中产生的类似结构的模式,但由于在社会行为模式的分析中包含了身体行为,使得这一观点更为复杂且多样化(Keisanen & Kärkkäinen,2014:650)。除了语言,其他身体动作,如手势、凝视或身体姿势,已经被证明在互动中对说话人话轮的设计或接收有重要作用。

Grumperz(1982:131)在研究中提到了副语言形式。副语言形式作为"语境化线索",为话语的解读提供指引。当语言形式和韵律或副语言形式不匹配时,后者在听话人理解话语的真正意义时比前者更为重要(Couper-Kuhlen & Selting,2018:9)。比如说"他这个人是个好人"同时伴随眨眼可能示意反讽解读。

Haddington(2006:284)讨论了凝视(Gaze)作为评价行为在立场表达中的独立作用。Stivers & Rossano(2010:3－31)对互动中一方如何从另一方那里获得回应进行了研究,他们的研究结论中就将多模态手段(主要是凝视)、韵律手段、形态句法手段、认知因素放在同等重要的地位,认为这四种手段在获取回应中的作用都很重要。Ford et al.(2012:192－212)讨论了话题延续中互动参与者所体现的身体动作。有学者关注非语言互动元素,如

Ogden(2013:299 - 320)发现,英语自然口语中咂嘴声(Click)在立场表达、序列组织和话轮间的时间把握等方面都有其特殊贡献。

Li(2013:343 - 375,2014a:34 - 60,2014b:71 - 239)运用多模态研究方法对汉语自然口语中的互动现象进行了分析,主要关注互动中的插入式问句和话轮转接。研究发现,倾斜身体与听话人插入的问答序列组织有关。某些词语用于不同的互动环境中,不仅实现的话语功能不同,而且会体现出不同的韵律特征和多模态特点(Li,2016:51 - 78)。

简言之,互动语言学者在对于互动现象、互动单位、句法范畴和社会行为的研究中都会考察多模态特征,以便更全面地说明互动参与者在互动中都"做"了什么。

社会行为结构这一理论概念在互动语言学的研究中也有着重要的研究意义。社会行为结构的概念最初是用来描述对话中反复出现的评估类语言形式,但在研究中,它也被发现和要求、提供、请求和建议等行为的描述有关(Couper-Kuhlen,2014:624)。社会行为结构从某种程度上和构式语法相像,但社会行为结构的分析多聚焦于更为细致的社会场景中。这也就意味着,这一概念更为人们所接受,且对于研究对话中行为的实施非常具有启发性。

语法研究和互动也息息相关,在对话中语法常常预示着说话人下一步的行为,为听话人提供预测的可能。在过去的研究中,学者们往往把注意力都放在研究书面语上,而互动语言学的特点使得研究更为关注真实发生的语料,这一点为语法、会话分析等研究提供了新思路。

同时,社会行为结构的研究也可以和多模态相结合。Fox

(2007:312)表明,语法的特点使得它能够作为行为的公共体现,这说明适用于特定社会行为的语法格式是存在的。此外,具体的动作和声音韵律对听话人来说,总是视觉上或听觉上可用的,并且是任何话语产生的一个不可分割的部分。这就说明了,无论是进行话语分析,还是互动行为的分析,都离不开多模态。多模态使得研究的视野更立体、更全面。

因为关于社会行为结构的研究还不多,且目前所有的文献主要集中在某一类社会行为结构在具体语料中的分析,所以关于社会行为结构在翻译、教学等方面的应用研究还比较缺乏,但这也为日后研究社会行为结构提供了一个方向和突破口。相信如果将互动语言学的理论和方法与汉语用法研究的传统相结合,将会带来很多研究课题,也会带来更多的新知(方梅,2018:11)。

第二章　英汉副词性关联词语对比模式与机制

2.1　引　言

近年来,国内外学界从互动语言学视角,对副关的研究比较少,对于戏剧作品中的副关研究更是少之又少。本研究以互动语言学下的会话分析为理论依据,以经典戏剧作品为语料,探究英汉副关在戏剧作品中的互动性模式与机制。对比研究发现其模式机制有:(1)副关在戏剧作品中的话轮位置及其话轮转换模式与机制;(2)副关在戏剧作品中的会话序列位置及其会话序列模式与机制;(3)副关在戏剧作品中的互动搭配模式与机制。

美国现代作家尤金·奥尼尔的戏剧是表现主义的奠基之作。他的戏剧不仅对美国戏剧产生了很大影响,也对其他国家的戏剧产生了深远的影响(杨清宇,2016:114)。故本研究将从言语互动的角度,探究英汉副关在尤金·奥尼尔戏剧作品中的互动性模式与机制,包括副关在该经典戏剧作品中的话轮位置及其话轮转换模式与机制、会话序列位置及其会话序列模式与机制和互动搭配模式与机制。希望给从事戏剧作品翻译的译者、欣赏戏剧作品的读者和其他领域的副关互动模式与机制研究者以借鉴和启示。

2.2　会话位置及其模式与机制

Schegloff & Sacks(1973)、Schegloff(2007)指出互动语言学下的"会话分析"理论主要探讨话轮转换组织（Turn-taking Organization）、相邻语对（Adjacency Pairs）、序列结构（Sequential Structure）和优选结构（Preference Organization）。根据田咪 & 姚双云(2020:46)的观点，研究语法形式的互动必须考察其在话轮序列中的位置。分析语法形式的会话位置有两个基本的路径：横向观测其在话轮内的位置；纵向观测其在会话序列中的位置。会话分析中，研究会话位置既研究话轮位置也研究序列位置(Couper-Kuhlen & Selting，2018:544)。因此，我们要想全面地探究副关的互动性机制，不仅要从横向考察副关的话轮位置，还要从纵向考察其在会话序列中的位置。通过探究副关的会话位置包括话轮位置和序列位置，可以认识和掌握英汉副关的话轮转换模式与机制和会话序列模式与机制。

本研究所使用的研究语料为尤金•奥尼尔曾获得过普利策奖的四部戏剧：*Beyond the Horizon*，*Anna Christie*，*Strange Interlude*，*Long Day's Journey into Night* 及其汉译本《天边外》《安娜•克里斯蒂》《奇异的插曲》《进入黑夜的漫长旅程》，共八部。由于中英文语料相互对照，故英文版本和汉语版本的话轮数目是一致的。研究语料所用的英语戏剧中的单词总数约为170 413，汉语戏剧中的汉字总数为315 794。中文和英文语料字词数的比例接近 9∶5[符合 McEnery、Xiao 和 Mo(2003:364 - 365)的比例/折算标准]。因此，当我们统计英文和中文副关的频率时，本研究也将遵循此比例。

通过借助统计工具 Text Statistics Analyzer 和文档的查找功能,本研究将语料中存在的所有副关进行统计和标注,英汉八部主要作品中副关的数量统计结果见下表1。

表1　奥尼尔戏剧作品中英汉副关的数量

戏剧　　　　　数量	总字/词数	副关数量	每5 000个词中的副关数/每9 000个字中的副关数
Beyond the Horizon	34 874	232	33.26
《天边外》	53 942	344	57.40
Anna Christie	29 498	242	41.02
《安娜·克里斯蒂》	48 815	669	123.35
Strange Interlude	62 091	614	49.44
《奇异的插曲》	125 445	1 335	93.63
Long Day's Journey into Night	43 950	409	46.53
《进入黑夜漫长的旅程》	87 592	1 019	104.70
英文总数	**170 413**	**1 497**	**43.92**
中文总数	**315 794**	**3 367**	**95.96**

从表1可以看出,在这(英汉)八部作品中,英语和汉语副关在数量上有较大差异。英语语料中共有1 497个副关,每5 000个单词中约有44个副关。汉语语料中有3 367个副关,每9 000个字中约有96个副关。中文语料中副关的数量要远大于英文语料中副关的数量。差异大的原因之一就是英语多用长而完整的句子,汉语则常用没有主语—谓语形式,多数是动词性词语或名词性词语,Yuan-ren Chao(1968:41)称其为零句。

　　根据 Csomay(2002)的观点,互动型文本的互动程度基于对话中存在的话轮数量及其话轮位置。副关所处的话轮位置可以分为三类:话轮首、话轮中和话轮尾。从统计数据显示,英汉副关在每个话轮位置中的数量有所不同,参看表 2。

表 2　位于不同话轮位置的副关数量

副关所处话轮位置 戏剧名称	话轮首	话轮中	话轮尾
Beyond the Horizon	8	203	21
《天边外》	5	339	0
Anna Christie	14	203	25
《安娜·克里斯蒂》	15	653	1
Strange Interlude	28	551	35
《奇异的插曲》	8	1 297	0
Long Day's Journey into Night	13	383	13
《进入黑夜漫长的旅程》	15	1 004	0

　　从表 2 可以看出,英汉副关在所处的话轮位置的数量有很大的不同。1)在英语文本中,处于话轮尾的副关比在话轮首的副关多一点。而在中文文本中,处于话轮尾的副关远少于位于话轮首的副关,只有 1 例。2)无论是英文还是中文,处于话轮中的副关都远远多于处于话轮首和话轮尾的副关。3)中文中极少存在位于话轮尾的副关,而英文中则占比相对较多。

　　副关在戏剧作品中大量存在,在不同的话轮位置,有不同的功能,具有不同的戏剧话语互动功能和话轮转换模式与机制,这些功能与机制使戏剧情节表现得更生动、感染力更强、传情达意更准确。

2.2.1　话轮位置和话轮转换模式与机制

黄衍(1987:16)认为话轮可以由不同的语言单位构成,词、短语、从句、句子、句子组合等都可以充当话轮,若话轮中出现沉默或者另一方的谈话,通常标志着一个话轮的终止。刘虹(1992:17)则指出有时一个人所说的话不止一个话轮,此外话轮中有些话语也并不属于话轮。她认为"话轮是指在会话过程中,说话者在任意时间内连续说出的具有和发挥了某种交际功能的一番话,其结尾以说话者和听话者的角色互换或各方的沉默等放弃话轮信号为标志"。基于对话轮定义的全面性,本研究将依据刘虹提出的话轮定义和区分标准,来判定副关的话轮位置。根据考察,我们发现副关在戏剧作品中的话轮位置及其话轮转换模式与机制(参见图1所示),下面我们一一进行分析。

图1　副关话轮位置和话轮转换模式与机制

2.2.1.1　话轮之首(开启话轮和抢占话轮)

基于前人[如 Selting & Couper-Kuhlen(2001)、姚双云(2015)、Couper-Kuhlen & Selting(2018)等]的研究,当一个副关位于话轮的最前面时,我们判定其话轮位置为话轮之首。姚双云(2015:17)认为,位于话轮首的连词有两大基本功能:开启话轮和抢占话轮。开启话轮是在话轮转换位置到来的时候正常地打开话轮,而抢占话轮是在话轮转换位置到来之前非正常地抢占他人的话轮(2015:332)。副关作为一种特殊类型的连词(原苏荣,2013:5),当其位于尤金·奥尼尔戏剧作品中的话轮首位置时,也有"开启话轮"和"抢占话轮"两大功能。

(1) ROBERT：... I wouldn't take a voyage across the road for the best opportunity in the world of the kind Pa thinks of. Excuse me, Ruth, for getting worked up over it; but Andy gave me an overdose of the practical considerations.

RUTH：Well, *then*, if it isn't—Oh, Rob, why do you want to go?

(*Beyond the Horizon*)

(2) 梅约太太：罗伯特说需要怎么做，我就怎么做。

艾特金太太：(举起双手)哼，真是傻得出奇！——哼，那是你的农庄，又不是我的，我也就再没有什么话可说了。

梅约太太：也许罗伯特会支持下去，直到安德鲁回来料理家务的那一天。反正不会太久了。

(《进入黑夜的漫长旅程》)

例(1)中，"then"位于话轮之首，前面有一个没有实际意义的话语标记"well"。此时的"then"承接前一个话轮的内容，延续前面的话题，然后开启一个新的话轮。上个话轮中罗伯特向露斯陈述他并非为了各种各样的上进机会而离开。在下一个话轮中，露斯用了一个副关"then"来开启话轮，表达她想要询问罗伯特离开的原因。例(2)中，说话者使用表示隐性断言功能的副关"也许"连接小句，来陈述一种可能性。"也许"位于话轮之首，起到开启话轮、转换话题的作用。在该例的前一个话轮中，艾特金太太表示她不想再管梅约太太和罗伯特的事情。后一个话轮中，梅约太太自顾自地陈述自己的态度和观点，开启了一个新的话轮。

由上面的例子可见，位于话轮之首的副关，不仅可以衔接前后话轮的会话内容,还具有开启话轮的功能。此外,位于话轮之首的副关还可以被说话者用来抢占话轮。见下例(3)、例(4)。

(3) EVANS: Mr. Marsden, I — there's something I ought to tell you, I think. You see, Nina's talked a lot about you. I know how much she thinks of you. And now her old man — I mean, her father's dead — I know it's hardly the proper time ... ▼

MARSDEN: ▲*Perhaps* I can anticipate. You want to tell me you're in love with Nina?

(Strange Interlude)

(4) 安德鲁:罗伯特,振作起来。牛奶泼了,哭又有什么用。让我们希望,将来一切都会大吉大利。生米煮成了熟饭,还有什么办法呢?

罗伯特:(发狂地)可是那不是实话,安德鲁,不是实话……▼

安德鲁:▲当然不是实话。你知道我也知道,——可是只应该我们两个知道。

(《天边外》)

在例(3)中,戏剧会话表演的是 EVANS 在犹豫的过程中,MARSDEN 便抓住时机抢占了话轮和说话权力。这里位于话轮之首的"perhaps"充当了打断别人话语的工具,在话轮转换位置尚未到达之前,EVANS 和 MARSDEN 的会话角色发生了转变,实现了话轮之间的交换。在例(4)中,当罗伯特思绪混乱、话语还没有结束时,后者(安德鲁)就直接打断了前者(罗伯特)的话语,事先抢占了说话的机会。因此,这两例中的"perhaps"和"当然"用于抢占话轮获得说话的机会,在话轮构建过程中,起到了抢占话轮的功能。

2.2.1.2　话轮之中(延续话轮)

张廷国(2003:26)指出发话人会利用发话技巧延续自己的发话进行持续发话。在实际会话过程中,倘若说话人缺乏足够的准备,在开始发话后可能会出现停顿或不知如何继续说下去的现象,从而使听话人误解成话轮转换的信号。所以,为了持续发话,发话人不得不采用一些发话技巧使得话轮持续进行下去。副关作为一种特殊类型的连词,不论是在非互动性文本还是在互动性文本中都被广泛用来衔接小句、句段或语篇。从互动语言学角度来看,位于话轮之中的副关,一般被发话者用来延续自己的话语从而进行持续发话,起到延续话轮的功能。请看以下几个例子。

(5) ANDREW: You should have gone back to college last fall, like I know you wanted to. You're fitted for that sort of thing — just as I ain't.

ROBERT: You know why I didn't go back, Andy. Pa didn't like the idea, even if he didn't say so; and I know he wanted the money to use improving the farm. And *besides*, I'm not keen on being a student, just because you see me reading books all the time. ...

(*Beyond the Horizon*)

(6) 玛丽:……你父亲就不该让你买这些书。你自己写的一些诗那就更糟糕了!看上去你简直不想活下去!像你这样年纪的孩子正是前途无量!好在这不过是你读了这些书装模作样罢了!实际上你才没有病呢!

蒂龙:玛丽!住嘴!

(《进入黑夜的漫长旅程》)

例(5)中,"besides"作为一个表示后重性功能的副关(原苏荣,2013:109;2019:432),其后面所要表达的内容相比较前面提及的内容更加重要。当 ANDREW 听到这个特殊类词语的时候,就会明白说话者的话还没有完结,并且后面的内容比前面的内容要更加重要。所以,副关"besides"位于第二个话轮的中间,并且位于分句的句首,作为 ROBERT 想要持续发话的标志,具有延续话轮的作用。例(6)中,表示有利条件功能的副关"好在"和表否定转折功能的副关"实际上"均位于话轮之中,并且位于分句之首。玛丽用一个"好在"表达其内心的庆幸,并用"实际上"来否定自己前面的观点。这两个副关都起到了延续话轮的作用。

正如张廷国(2003:26)的观点,说话者可以借助其他可引导分句的词语使得接近完成的发话变为未完成,而这些词在会话分析中就被称为未完成标记(Incomplete Marker)。所以,例(5)中的"besides"和例(6)中的"好在"和"实际上"都是一种未完成标记,起到让话轮延续下去的作用。

2.2.1.3 话轮之尾(转换话轮)

位于话轮之尾的语言成分,在使用过程中与具体的语境密切相关,同一个标记在不同的语境中发挥的作用并非相同,通常有话轮主动转换(终端提示)和话轮被动转换(非终端提示)两类(姚双云,2015:334)。话轮主动转换意为说话者自动放弃话轮或施予话轮。说话者自动放弃话轮的标志可能是沉默、不再延续自己的话轮,然后听话者根据自己的需求去开启一个新的话轮。说话者施予话轮的情况一般是指,说话人在结束自己的话轮之前,自主选择下一位说话者,或者通过一定的非语言手段,例如眼神交流、微笑等等,给予听话者一个暗示。而话轮被动转换,跟前面提到的抢占话轮相关,当说话者的话还未结束之前,话轮便被听话者抢占了,所以,插话和抢话是话轮被动转换的主要方法和手段。姚双云(2015:335)指出由于作为话语标记的连词自身的特征(表程序性意义、常伴随着语音停顿等),所以作为话语标记的连词最易成为抢夺话轮的切入点。因此,副关作为一种特殊类型的连词位于话轮尾,也成为抢夺话轮的标记。如例(7)、例(8):

(7) FAWCETT:[Raising his hand as if to command silence.] I am afraid my diagnosis of your brother's condition forces me to the same conclusion as Mrs. Mayo's.

ANDREW:[Groaning.] But, Doctor, *surely* — ▼

FAWCETT:[Calmly.] ▲ Your brother hasn't long to live—perhaps a few days, perhaps only a few hours. It's a marvel that he's alive at this moment. My examination revealed that both of his lungs are terribly affected.

(*Beyond the Horizon*)

(8)罗伯特:告诉我,你在那里做什么? 是和那个朋友一起做粮食生意吗?

安德鲁:是的。两年前,我也参与了其中,去年卖完了。(他极不情愿地回答着罗伯特的问题)

罗伯特:那随后? ▼

安德鲁:▲我自己干。

(《天边外》)

例(7)中,表确认功能的副关"surely"虽然处于话语刚开始的位置,但是由于被听话人抢占了话轮,便位于了话轮之尾。说话者和听话者的角色也被迫开始了转换,因此话轮也进行了被动转换。在例(7)中,安德鲁不能相信自己的弟弟(罗伯特)已经进入了病入膏肓的地步,因此,当他听到医生确认弟弟病情的时候,说话都变得是嘟哝不清楚的。所以,听话者福赛特医生直接打断了安德鲁的话语,抢占了发话的机会,更加清楚地陈述了弟弟的病情。而例(8)中,表时顺功能的副关"随后"位于话轮之尾。罗伯特采取询问的形式,主动放弃说话的权利,将话轮转换给听话者,以获取他想知道的信息。

可见,副关在戏剧作品中可以位于话轮之首、话轮之中、话轮之尾;具有开启话轮与抢占话轮、延续话轮和转换话轮的功能和内在联系;形成了话轮之首开启话轮与抢占话轮、话轮之中延续话轮和话轮之尾转换话轮的话轮转换模式与机制。本研究结论与 Stenstrom(1994:68 - 80)的研究结果不谋而合,也印证了Stenstrom 的话轮转换机制。

2.2.2　序列位置和会话序列模式与机制

Schegloff(2007:14)在其 *Sequence Organization in Interaction: A Primer in Conversation Analysis (Volum I)* 一书中提到会话序列是由一个核心的"相邻对"(The Adjacency Pair)组织而成,它包括相邻对前件(First Pair Parts)和相邻对后件(Second Pair Parts)。常见的相邻对包括"问候—回答""提问—回答""给予—接受/拒绝"等。经过我们对所有英汉副关的序列位置的考察分析,我们发现英汉副关在奥尼尔的戏剧作品中的话轮序列上一般既可以位于提问序列,也可以位于回应序列,形成其独特的会话序列模式与机制(见图 2)。例如:

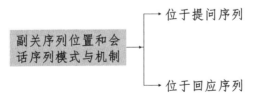

图 2　副关序列位置和会话序列模式与机制

（9）ROBBERT：*Then* I'm going to start learning right away，and you'll teach me，won't you?

MAYO：Of course I will，boy，and be glad to，*only* you'd best go easy *at first*.

(Beyond the Horizon)

例子(9)中共有两个话轮,每一个说话者所说的话便是一个话轮。这对相邻对属于提问和问答的模式。第一个话轮和第二个话轮构成了一个反问和回答的会话序列。在该例子当中,相邻对中提问序列和回答序列均包含一定的副关,如第一个话轮中ROBBERT使用的副关"then",和第二个话轮中MAYO使用的副关"only"和"at first"。

汉语副关所处的序列位置也不固定,它们既可以位于提问序列也可以位于回答序列。但是不论位于相邻对的哪一个序列当中,副关的功能都是相似的,都具有一定的修饰小句、句段和衔接小句、句段的功能。

（10）蒂龙：……也许你不放心我一个人留在家里吧?

埃德蒙:(痛苦地)不是这样!请别再这样说了!我看您还是去小睡一会儿。

（11）蒂龙:(声音沉闷)埃德蒙,她手里拿着什么?

埃德蒙:(呆呆地)大概是她的结婚礼服。

（《进入黑夜的漫长旅程》）

在例(10)和(11)中,副关"也许"和"大概"都具有推测性的功能,表达一种可能性。但是二者所处的序列位置却不尽相同,例(10)中蒂龙使用的副关"也许"位于提问序列中,表达说话者提供的一种可能性推测。例(11)中埃德蒙使用的副关"大概"位于回答序列的开头,说话者(埃德蒙)对前一个询问话轮给予一个非肯定性的答复,"大概"此时也表达了一种可能性推测。因此,第一个话轮和第二个话轮构成了一个提问和答复的会话序列。

综上所述,我们可以得出结论,副关在戏剧作品中的序列位置,即位于提问序列和位于回应序列是一个重要的会话序列模式与机制。

2.3　互动搭配模式与机制

位于不同的文本当中,副关的使用模式也不尽相同。戏剧作品,既具有口语言语间的互动搭配特征,也兼具文学作品相对规范性的语言模式。戏剧作品中的副关搭配有助于将人物的情感特征和戏剧中的人物冲突凸显出来,使剧情表演既到位又流畅,吸引观众更好地欣赏戏剧作品。

通过对尤金·奥尼尔所有戏剧作品中副关的统计和分类,我们发现在戏剧作品会话序列中英汉副关一般会跟三类词语搭配使用,形成互动搭配模式与机制:1)与其自身搭配;2)与其他副关搭配;3)与连词搭配。见图3所示。

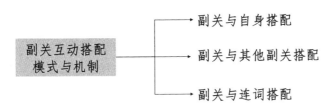

图3　副关互动搭配模式与机制

2.3.1　与其自身搭配

副关与其自身搭配,也就是说某个副关被说话者重复使用。胡壮麟 & 王宗炎(1994:115)曾指出,词汇衔接中最直接的方式是具有同样语义同一形式的词汇在同一语篇中反复出现。副关作为具有篇章衔接功能的一类词语，重复使用的情况也比较普遍。如例(12)、例(13)。

(12) ANNA：... I'd been waiting here all alone for two days, thinking *maybe* you'd come back — thinking *maybe* you'd think over all I'd said — and *maybe* — oh, I don't know what I was hoping! ...

(Anna Christie)

(13) 伯克：我不知道怎样理解你才好，一会儿这样说，一会儿又那样说。

(《安娜·克里斯蒂》)

例(12)中，说话人 ANNA 重复使用了副关"maybe"三次；例(13)中，伯克重复使用了副关"一会儿"两次。这样的表达使戏剧情节表现得节奏明快、生动活泼。

奥尼尔戏剧作品中，英汉副关重复使用的例子很多。所以，副关与其自身搭配使用的概率比较高。而副关的连用现象也具有一定的语用意义。胡壮麟 & 王宗炎(1994：116)也认为，词汇不仅可以表达语篇衔接的意义，而且能表达一定的情感意义。如下例(14)和(15)。

(14) ANNA：*And then* what?

BURKE：*And then* —〔Hesitatingly.〕*And then* I said — I said I was sure — I told him I thought you have a bit of love for me, too. Say you do, Anna! Let you not destroy me entirely, for the love of God!

(Anna Christie)

(15) 艾特金太太：……他们认为我是疯癫的、古怪的老婆子，已经死了一半啦,越是早进坟墓,越是不妨碍他们,越称他们的心。

　　　　梅约太太:莎拉,不要那么说,他们并没有坏到那种程度。你还有好多年好活哩。

(《天边外》)

　　正如例句(14),BURKE 正处于情绪激动的状态下,因此,"then"被连用了两次。也正是由于他情绪不稳定,导致中间一时语塞,而采用了词汇重复的现象来抒发情感。例(15)也是如此,第一个说话者艾特金太太虽苦口婆心劝慰自己的女儿和女婿好好打理庄园,却被他们忽视,所以在跟别人陈述的过程中,她的情绪也极其激动,连续使用了三个"越"来表达对他们二人的不满和自己的气愤。

2.3.2　与其他副关搭配

　　副关与其他副关搭配的情况可以分为两种,一种是与其自身同一类别的副关搭配使用,一种是与其他类别的副关搭配使用。下面我们从这两个类别来具体分析。

　　同一类别的副关搭配情况较普遍的是表时顺功能的副关,该类副关常用来表示事件发生的先后顺序。请看下面几个例子。

　　(16) ANDREW:Rob! That isn't so!

　　　　ROBERT:... — Ruth's and mine — so it came hard *at first* — the realization. *Then* when the doctor examined me, I knew — although he tried to lie about it.

(*Beyond the Horizon*)

　　(17)蒂龙:我们玩我们的牌,只装没有注意,她一会儿就会上去的。

　　　　埃德蒙:我没看见她下来。她可能起先下楼来,接着又上去了。

(《进入黑夜的漫长旅程》)

从例(16)可见,ROBERT 在表演中,选择可搭配使用且表时顺功能的副关的"at first"和"then"。表时间顺序功能的副关 "at first"和"then"可以同时出现在一个人的话语中。当说话者描述一系列事件时,经常使用表时间顺序功能的副关。因此,说话者在开始时,使用"at first",表示事件首先发生,在中间使用"then",则表明事件稍后发生。汉语的表时顺的副关也通常可以搭配使用,在例(17)中,埃德蒙使用的"起先"和"接着"也都是表达时间顺序的副关,会话中常常搭配使用。连续使用表时间顺序的副关,不仅可以使事件的呈现具有顺序性,以便听者可以更好地理解,而且还可以使说话者自己的话语更加连贯和清晰。从以上两个例子来看,说话者都在陈述过去的事件。几个表示时间顺序的副关的使用使说话者的整个叙述在逻辑上是连贯的,并且听者还可以更好地理解和欣赏戏剧作品。

不同类别的副关搭配使用的情况有以下互动性特征。经过对语料的考察,我们发现,英语中表达后时功能的英语副关"then"和表达并列功能的副关"again"通常搭配使用。汉语副关"接着"和"又"也常常搭配使用,出现频率也相对较高。

(18) NINA：... Or else you'll get lonely in your lie a little before I do and come back *again* of your own desire! *Then* we'll kiss and cry and love each other *again*!

DARRELL：... (with an ironical grimace) Or I might cheat myself into believing I'd fallen in love with some nice girl and get myself engaged to be married *again* as I did once before! *Then* you'd be jealous *again* and have to find some way of getting me to break it off!

(*Strange Interlude*)

（19）埃德蒙：……他一开口就大叫大喊，……说如果公道还在的话，他早就是爱尔兰的王族了；又说对他来说，下贱的人总是下贱的人，不管他从穷人身上搜刮了多少钱财。

玛丽：啊，老天爷！

埃德蒙：接着，他又责怪哈克故意让他的工头把篱笆弄破，招引那些猪到冰池里去，好把它们宰掉。

（《进入黑夜的漫长旅程》）

吕叔湘（1999：633）认为，"又"的用法大致可分为三个部分：第一，它是指动作或状态的继承，与时间有关；其次，它意味着行动或状态的积累，与时间无关。第三，它表示某种语气。在例（18）和（19）中，NINA 和 DARRELL 使用的"again"与埃德蒙和玛丽使用的"又"是指第一类。它们表示一个动作或状态重复发生，或者两个动作或状态一个接一个地发生或重复交替。此外，由于"then"和"接着"通常用于表示后续事件的发生，而"again"和"又"表加合的副关用于表示事件的再次发生，因此当说话者描述一个事件和相应的事件时，同时使用"then"和"again"或"接着"和"又"，能够表明所描述事件之间的时间顺序，使整个句子的意义更连贯和内容更容易理解，情节表现得自然流畅。

2.3.3　与连词搭配

我们从语料考察发现英汉副关与连词搭配使用的情况也相对较高。副关与连词搭配使用的情况也可以分为两种，一种是连续搭配（英语常用），一种是间隔搭配（汉语常见）。连续搭配是副关与连词紧挨着搭配使用。间隔搭配是副关与连词分开搭配使用。

英语副关与连词连续搭配使用较常见的是副关"just"与连词"because"搭配使用,连词 and 与副关 then 的搭配使用。例如:

(20) MARY：... I don't understand why you should suddenly say such things. What put it in your mind this morning?

EDMUND：Nothing. *Just because* I feel rotten and blue，I suppose.

(*Long Day's Journey into Night*)

(21) ROBBERT：When the doctor examined me, I knew — although he tried to lie about it. *And then* to make sure I listened at the door to what he told you. ...

(*Beyond the Horizon*)

在例(20),表例外加合功能的副关"just"与连词"because"一起使用。"just"和"because"的组合可以表达这样一种想法,即说话者只想向听话者陈述这一个理由。在例(20)中,EDMUND 低落的情绪是导致他突然说沮丧的话的唯一原因。因此,副关"just"可以修饰由"because"连接的从句,这意味着只有一个原因可以解释。此外,"just"和"because"彼此相邻使用,并在其后跟随一个小句。

例(21)和例(14)中的"and then"都是说话者 ROBBERT 和 BURKE 在描述事件时,恰当地将"and"与"then"搭配使用,使戏剧会话衔接得更连贯,前后顺序呈现得更准确,口语表达得更流畅自然。

汉语副关与连词间隔搭配使用的情况也十分常见。一般情况下是连词跟副关"就""也""才"等搭配使用的情况。

(22)潘恩:早上我赶车运牛奶的时候,他们全都笑话我,拿我开心……

　　罗伯特：<u>因为</u>怕人家笑话，你<u>就</u>干脆离开我，你这个理由真怪。你替蒂姆士做工，他们不同样笑话你吗？

（《天边外》）

　　（23）安娜：就在这儿，现在就说清楚。马特，<u>既然</u>他不想说，你<u>就</u>告诉我吧。

　　伯克：整个的事情只要几句话就说清楚了。

（《安娜·克里斯蒂》）

　　（24）戈登：我知道爹爹想要我做什么，我必须得这么做。我必须得公正，爹爹一生中对所有的人都一直是公正的。

　　玛德琳：亲爱的，你呀！<u>即使</u>你想那样，你<u>也</u>不可能对什么人不公正。……

（《奇异的插曲》）

　　在例（22）和例（23）中，小句之间存在因果关系。因果关系也可以分为解释性因果关系和推论性因果关系。解释性因果关系是指在没有主观性的情况下，基于实际现象获得因果。推论性因果关系在于主观性高的推理。具有解释性因果关系的搭配通常包括"因为……就……""因为……才……"等。具有推论性因果关系的搭配主要包括"既然……就……""既然……也……"等。在例（22）中，罗伯特用"因为……就……"表示因果关系。用"因为"连接的小句说明原因，以"就"开头的小句解释结果。在此例中，"怕别人笑话"是原因，"干脆离开我"是结果。在例（23）中，"既然……就……"表推论性因果关系。"既然……就……"所连接的成分具有很高的主观性，说话者可以根据自己的推论得出结果。因此，例（23）中安娜使用"既然"来提出已成为现实或肯定的前提，"就"连接的小句则在此前提下得出结论。

　　例（24）中，小句之间是让步关系。"即使"表让步关系，不仅可以表达一种假设和让步,而且可以描述一种极端情况。因此,让步功能可以进一步分为虚拟让步和实际让步。若"即使"之后的成分是一种假设,其功能是虚拟让步;若"即使"之后的小句在描述一个极端条件时,它的作用是实际让步。在例(24)中,玛德琳将"即使"与"也"搭配使用,"即使"之后的小句是一个假定条件,而"也"之后的小句表示不受此条件影响的结果或结论。所以,此例中"即使"之后的小句是"不对所有人公正"的假设,而"也"之后的小句是"不可能对他人不公正"的结论。

可见,英汉副关在戏剧作品中的意义、情感特征、功能类型,特别是形成其互动模式与机制具有不少共同特点和共性规律。

总之,在探究英汉副关在戏剧作品中的互动性过程中,虽然英汉语言符号使用不同、不同语言的共性也存在多种表现,但表达功能类型和意义却基本相同。因此,"我们进行跨语言对比应遵循'大同小异,求同存异'的原则,去探索研究语言间的共同特点,共性规律,以达到对不同语言的进一步认识"(原苏荣,2008:72)。

2.4　小　结

本研究基于互动会话分析理论和真实戏剧语料,聚焦副关在戏剧作品中的互动性模式与机制,分别从会话位置、话轮转换模式与机制和互动搭配模式与机制几个方面进行探究。研究发现:1)从会话位置角度看,英汉副关横向可以位于话轮首、话轮中和话轮尾,纵向可以位于序列位置中的提问序列,也可以位于回答序列。2)从话轮转换模式与机制来看,英汉副关可以用于开启话轮、抢占话轮、延续话轮和转换话轮。3)从序列位置和会话序列模式与机制看,英汉副关在奥尼尔的戏剧作品中的话轮序列上既可以位于提问序列,也可以位于回应序列。4)从互动搭配模式与机制看,英语和汉语副关不仅可以与其自身搭配使用,还可以与其他的副关和连词搭配使用。我们也发现英汉副关在戏剧作品中的互动性遵循语言共性的原则。英汉副关的语言符号不同,但表达其语言文化的形式和意义的共性及其规律很多。正如不同文化的共性是由多方面表现的一样,不同语言的共性也存在多种表现。因为受人类文化普遍共性的制约,不同民族的文化及表达、承载这些文化的不同语言符号也必然有着相似、相通之处(魏志成,2006:192)。语言的文化性同时也使得语言具有了如同文化一样的普遍共性原则(萧立明,2001:8)。需要指出的是,本研究中还有不少问题有待进一步探讨,如从互动功能角度来看,副关具有衔接话题、强化信息、表达认同、提供反馈和反驳信息的功能,我们将在以后专论。再如,关于英汉副关的互动搭配机制中的关联度及其内在关系,根据 Levin(2001)和陆丙甫(2010)的"语义靠近动因"观点,副关与自身搭配语义关联度最紧密,与其他副关搭配次之,与连词搭配较紧密,其原由和理据,我们也将在以后的研究中专门讨论。

本研究不仅从言语互动的角度探究了副关,也为读者们欣赏戏剧提供了一种新的视角,证明了用互动语言学下的会话分析理论来分析研究戏剧话语的可行性。我们希望本研究能够给之后的研究者,尤其是戏剧作品的翻译者提供一些参考。期待有更多学者对戏剧作品中副关的互动性模式与机制作更深入的分析和探究。

第三章 英汉副词性关联词语搭配标记对比模式

3.1 引 言

自 20 世纪 60 年代以来,会话分析方法的出现使语言学家们的研究从书面语逐渐转向口语会话,而会话分析方法的出现也为互动语言学的发展奠定了理论基础。近年来,语言学家们对机构会话的研究变得频繁,其原因在于机构为话语研究提供了一个明确的、具有操作性的语境(孙永梅、徐浩,2013)。作为典型的机构会话,电视访谈话语是指发生在电视从业人员与具有新闻事件或被认为具有其他传播价值的、由电视台指定的嘉宾之间的交流,是职业背景下的大众传播和话语互动(代树兰,2007:17)。电视访谈话语以主持人的提问和嘉宾的回答为主要话语特征,在荧屏上再现自然环境中的交谈。由于"谈"的性质,电视访谈话语具有随意交谈的话语特征,趋近于人们日常使用的交流方式;主持人与嘉宾的互动、合作与配合又实现了电视"访谈"的话语功能和社会功能。因此,作为最受大众喜爱的节目之一,电视访谈不仅和人们日常的会话相近,而且在关注度上也相对较高。国内外以访谈节目为语料进行会话分析的研究最早可以追溯到 20 世纪 80 年代,Greatbatch(1988)对英国的新闻访谈和日常对话进行了比较研究,发现新闻访谈和日常对话之间在话轮运作方面存在大量的系统性差异。自此,会话分析学派的研究者们更加关注到诸如访谈会话一类的电视会话中说话者对话轮的构建、分配等的语言规律。国内外的访谈会话研究,如 Heritage(1985)、van Dijk(1987,1988)、Clayman(1992,2002)、Hutchby(1992,1996a,1996b,1997,1999)、代树兰(2008a,2008b,2008c,2009a,2009b,2010)、唐斌(2009)、王翼凡(2011)、范茹歆(2011)、黄泳(2016)、张月庆(2016)、林海洋(2016)、李云梓(2017)等,为会话分析以及互动语言学的研究提供了新的研究角度。

随着会话分析与互动语言学应用研究的兴起,特殊词类的互动研究也成为近年来的热门话题。其中,作为语篇衔接最重要的词类之一,副词性关联词语(原苏荣,2013:18)在口语语篇中也具备话轮构建的相关功能,基于对副关的互动性研究,研究者们已经提出副关可以出现在话轮首、话轮中与话轮尾,并分别具备开启/抢占话轮、延续话轮以及转换话轮的功能。然而,除了独立的副关在话轮中具备相关的话轮构建功能外,副关的搭配使用具备比独立出现的副关更强大的衔接与话轮构建功能。原苏荣(2013:147-156)将副关的搭配分为同一副关的搭配、不同副关的搭配以及副关与连词的搭配,包含显性搭配与隐性搭配。基于此,本研究将此类具有衔接功能的搭配(副关的搭配)定义为搭配标记,原因在于其形式上为词类的搭配,而功能上具有话语标记的标记性与衔接功能。从互动语言学视角来看,目前与搭配标记相关的研究比较少,对口语语料的研究更少。

因此,本研究选择机构会话中最常见的访谈为语料,从言语互动的角度,探究搭配标记在访谈会话中的互动性,包括搭配标记在语料中的话轮位置、会话序列位置及其话轮构建机制、搭配机制等。本研究希望能为从事人物访谈的研究者和喜爱观看人物访谈的观众提供借鉴和启示。

3.2　搭配标记的分类

搭配是一种共现现象,存在于两个经常同时出现的事物之间,但不一定是相邻的,也不一定是以固定的顺序出现的。在这个意义上的搭配可以被认为是对一致性的阐述方式(McEnery & Hardie,2012:123)。因此,英汉副关的搭配同样也遵循一致性的模式,其反复出现而渐渐习语化,构成人们日常用语的一部分。此外,基于标记理论(Markedness Theory),标记可以被认为是那些不常见的、意义具体、分布相对较窄的语言成分,其使用意味着体现某种语言特征。范开泰(2013)在为《汉英副词性关联词语比较研究》一书作的序中指出"关联词语是根据语篇结构分析提取出来的,是小句间或句子间语篇结构关系的显性标记,而关联词语又具有小句内部的句法功能,可分为副词性关联词语和连词性关联词语,因此副词性关联词语被认为是小句间或句子间的一类显性标记,即其使用可被视为一种特殊的语言特征"。因此,以副关为例的搭配同样也被视为一种显性标记以传达语言使用者的意图。

另外,基于前人(如文炼,1998;齐沪扬,2001;张斌,2003;陈昌来 & 李传军,2012;原苏荣,2017 等)对(类)固定短语的研究,我们将英汉搭配标记的范畴分为两类:1)规约性的四字/词格类或类固定副关结构;2)能按照一定结构规律自由组合的非固定副关结构。基于此理论前提,并参考原苏荣(2019:88 - 94)提出的英汉副关的搭配模式,英汉搭配标记的类别主要包含同一副关的搭配、不同副关的搭配、副关与连词的搭配(包含显性搭配和隐性搭配)以及副关和短语的搭配。

本研究所用的语料属于高端访谈会话语料,分别选自 *David Rubenstein Show* 和《财富人生》。两个语料库均来自访谈类节目,邀请的嘉宾均属于各行各业的领军人物,其主旨都是通过讲述名人故事来达到一定的教育目的,激励人们开发自己的创新意识,刻苦努力地为自己的理想奋斗。本研究节选了两个语料库中的部分内容,英语访谈节目 *David Rubenstein Show* 中的单词总数为 197 199 词,汉语访谈节目《财富人生》中的汉字总数为 368 525 字,汉语和英语语料字词数比例约为 9∶5[符合 McEnery、Xiao 和 Mo(2003:364 - 365)的比例/折算标准],且均为口语语料,可进行对比研究。

通过借助统计工具、搭配查找工具 AntConc 以及文档的查找功能,本研究将语料中存在的所有副关进行统计和标注,英汉访谈语料中常见的搭配标记的统计结果见下表 1。

表 1　常见于英汉访谈会话中的搭配标记

搭配标记类别	英语搭配标记	汉语搭配标记
同一副关的搭配	*then ... then ..., not ... not ..., the ＋ ... er, the ＋ ... er, maybe ... maybe ..., really ... really ..., just ... just ...*	半……半……,不……不……,亦……亦……,越……越……,渐……渐……,又……又……,忽……忽……,也许……也许……,一会儿……一会儿……
不同副关的搭配	*at first ... then ... finally/eventually ...*	一……就……,一……即……,一……不……,一……再……,不……就……,非……即……,非……不……,半……不……,既……又……,一旦……都……,一开始（首先）……接着（再）……最后……

搭配标记类别	英语搭配标记	汉语搭配标记
副关和连词的搭配	*either … or …, neither … nor …, both … and …, but actually, just because, maybe because …*	如果……就（不）……，如果……也……，即使……也……，因为……就……，因为……也……，既然……就……，既然……也……，尽管……也……，只有……才（便、也、又、都、还、再）……
副关和短语的搭配	*in fact … just/maybe/really …, then/actually … in fact, of course … really/especially, then … of course …*	果不其然……就，实际上……就……

　　基于此,本研究对英汉访谈节目中的搭配标记进行数据统计,英汉搭配标记的使用频率如表 2 所示。

表 2　英汉搭配标记在访谈语料中的使用频率

搭配标记类别	使用频率		使用比例	
	数　量	每 40 000 字/词使用频次		
同一副关的搭配	98	英语:20	4.0	3.17%	英语:0.65%
		汉语:78	8.7		汉语:2.52%
不同副关的搭配	316	英语:53	10.6	10.21%	英语:1.71%
		汉语:263	29.2		汉语:8.50%
副关和连词的搭配	2 662	英语:88	17.6	86.01%	英语:2.84%
		汉语:2 574	286		汉语:83.17%
副关和短语的搭配	19	英语:10	2.0	0.61%	英语:0.32%
		汉语:9	1.0		汉语:0.29%

从表 1、表 2 中可以看出,汉语的搭配标记类型要比英语的搭配标记类型丰富得多。此外,我们可以得出结论:在高端访谈节目中,汉语搭配出现的频率要高于英语搭配。从不同类型搭配的使用频率来看,无论是在英文访谈节目中,还是在中文访谈节目中,同一副关的搭配、副关与短语的搭配都是使用频率最低的类型。不同副关的搭配、副关和连词的搭配使用是最常见的类型,但是汉语使用副关和连词搭配的频率远高于英文,因为中文中有许多单独使用的副关,这些副关与其他连词进行隐性搭配,从而构成一个完整的语义关系。无论是哪种类型的搭配,汉语中使用搭配标记的频率总是高于英语中的使用频率。

剖析这一现象的原因,汉语中的一些词语搭配在某种程度上演变为固定短语,它们在书面形式和口语形式中都被广泛使用。因此,汉语使用者在日常会话中习惯使用副关进行搭配。就英语的搭配而言,这些搭配并没有演化成固定短语,但就组合用法而言,副关之间的连用或副关与连词的搭配使用似乎具有彼此意义相近的联系。然而,在大多数情况下,英语副关通常是独立使用的,因为英语副关和一些连词在语法上不能同时使用。分析原因,可能是因为英语语法的限制;从文化差异的角度来看,西方人比中国人更崇尚独立和自由。

3.2.1　同一副关的搭配使用

相比其他类别的搭配标记在访谈会话中的出现频率,同一英汉副关搭配使用的情况相对较少,其中,“时顺”类和“断言”类副关在该类别中出现相对较多,另外,英汉副关构成的类固定短语也不乏同一副关的搭配使用。

(1) Guest:... and had a lot of great partners, one of whom was Blackstone and *then* got recruited my partner and *then* go to

Marriott after ... after doing that for five years.

(*Hilton CEO Chris Nassetta*)

（2）Guest：... the natural history museum when my boss there said you know，you *really* should get a PH. D and you *really* should think about moving to Illinois and go to attend northern Illinois University.

(*Sen. Tammy Duckworth*)

（3）嘉宾：是金庸的鹿鼎记，因为我觉得金庸的文字特别好，他里面的人物亦正亦邪能够体现很多人性的东西。其实人性就是一个江湖。

（我的"激荡"人生 财经作家 蓝狮子出版人——吴晓波）

（4）主持人：……1992 年南下深圳开始接触股票学习投资，后担任证券分析师，与以前的生活渐行渐远，逐渐走上证券期货研究与投资之路。当时在这十年之间你都做了哪些摸索？

（乌龟式投资 熊市也能赚大钱 东方港湾董事总经理——但斌）

（5）嘉宾：……做调整的话，也许主要的问题还不在团队自身，也许我们现在碰到的比较多的问题是一些所谓天使投资人，也许也是他的朋友，也许是他原来的公司里面一起工作的，也许碰到一个什么做地产的做贸易的人，所以有些创业团队这个阶段非常早期，投钱也投得不多，一点点钱，但是投资人赚得太多就会影响到后来……

（给你一个亿，起点创投创始合伙人——查立）

如上面两个英文搭配标记的例子所示，在一个说话人的某些话轮中，"then"和"really"被反复使用。在例（1）中，嘉宾使用了两次"then"来表明事件在一个时间序列中发生的顺序。此外，当嘉宾使用"然后"来讲述故事时，不仅讲述了哪个事件先发生、哪个事件后发生,而且还间接表明了几个事件之间的某种关系,如递进关系、因果关系等。在这个例子中,说话人展示了这两件事之间的递进关系。在例(2)中,嘉宾复述了老板的话,老板用了两个"really"来强调他建议嘉宾获得博士学位并考虑搬到伊利诺伊州。这个例子体现了同一副关搭配标记的另一个作用,即强调作用。这样,听话人就能从说话人一方获得最重要的信息,说话人就能够使听话人对其讲述的关键信息留下深刻的印象。

相比英语,同一汉语副关的搭配主要有两种类型。在例(3)和例(4)中,嘉宾和主持人分别使用"亦……亦……"以及"渐……渐……",这是该类汉语搭配标记中较常见方式,即"四字格"结构,也是汉语一种特殊的结构。冯树鉴(1985)将汉语的"四字格"分为两类,即成语和类固定结构。在本研究中,出现频率最高的四字结构是类固定结构。像"亦……亦……"和"渐……渐……"这样的结构一般都是由四个字构成,但很多还没有固化为成语的形式,这些结构不是固定的,因为该结构可以根据说话人想要表达的意思来填充,因而得名类固定短语。例(5)是同一副关"也许"的搭配使用。在这个例子中,嘉宾使用了副关"也许"五次,每一次都表示股东和商人之间关系的一种可能性。但这种结构关系不像例(3)和(4)中那样强,因为"四字格"的结构式更加紧密,相互之间的作用关系更加牢固一些,表达简洁、明了,富有节奏感和韵律美的特点。

从上面的例子中,我们可以看出,在访谈语料中,汉语在该类搭配标记的使用上明显更多且更丰富,究其原因,我们认为汉语不论在口语与书面语中都会经常使用类固定短语或成语,尽管这些结构相对比较正式,但是人们在日常使用中因为经济性的原因更愿意用较少的文字来表达较多的内容,因此成语与类固定短语的使用就尤为重要。而反观英语,类固定短语在使用上就明显少一些,因为英语是音节文字,同一意思不同表达的便捷程度没有汉语差异大,因此相对正式的书面文字使用就少了很多。

3.2.2 不同副关的搭配使用

当涉及搭配时,副关更常见的搭配形式不是与同一副关的搭配。相反,它们倾向于与其他单词搭配来表达更多不同的意思。因此,在副关的搭配中,不同副关的搭配似乎比同一副关的搭配更多且更丰富。

(6) Host：You're doing great job and people were telling you're great and *then all of a sudden* you'd left paramount to run 20th Century Fox.

(*Barry Diller*)

(7) Guest：I spent quite a few weeks stuck in my Frankfurt apartments during the first wave of COVID. And *at first*, the very sizable package that we put together for monetary policy purposes was engineered around my kitchen table. *Subsequently* when troubling was more flexible and we could move out. *Then* I went to the office a bit. But in the main, you know, the ... the by default solution is remote working still today and probably until the end of January. And *then* we will see.

(*ECB President Christine Lagarde*)

(8) 主持人:这就是我的那个下一个问题。就是其实首先我们要面临选择到底你是做这个创业者还是做主持,对吧? ……

(老男孩的淘金记——徐小平)

(9) 嘉宾:好,所以这个呢其实有一个……有一个铁的原则,我先拿我为例啊,就是有人找我们说,啊,去做这样一个主持人,对吧？……—责备你你就委屈，还是说越说我越来劲……

（老男孩的淘金记——徐小平）

（10）嘉宾：……刚刚开始的时候，就乱七八糟吧，什么都做，搞贸易，我也去种过菜，搞个各种各样的这种所谓生意，那个时候可能更多的首先解决温饱问题，解决叫发财致富问题，再想什么事业，再想什么产业，再慢慢再来。

（十一座婚姻的殿堂　上海婚礼中心董事长——施有毅）

例（6）和例（7）是英语不同副关搭配的一些示例。例（7）中的搭配是一种较为特殊的类型，与汉语示例（8）类似，在这个搭配中两个副关是直接组合在一起的。这种搭配在第三类搭配（副关与连词的搭配）中也会很常见。在不同的英语副关搭配中，"then all of a sudden"是一种比较紧凑的组合方式。它只是一个简单的组合，在这个结构中没有添加任何额外的成分。如果有人在对话中使用这样的搭配，其意图可能想要传达更多的信息，这是一个副关无法传达的。在这个例子中，嘉宾想要暗示 Barry 离开之前成功去另一家新公司的事件不仅是一种连续发生的事件，而且是一件几乎让每个人都感到惊讶的事件。通过在"then"后面加一个"all of a sudden"，嘉宾在讲述故事的同时表达了他的惊讶和不理解的感觉。此外，"时顺"类副关在该类中是极为常见的一种，如例（8）所示，因为时间序列包含一系列事件或动作，这些事件或动作总是相互关联的。因此，"at first""subsequently"和"then"等表时顺功能的副关组合使用可以理解为一个完整的事件，事件中的几个动作按照时间顺序进行描述。

而在汉语中，该类搭配也主要包括三种类型。在例（8）中，两个副关被简单地叠加在一起，而没有在搭配中添加任何额外的信息，其内涵意义包含不止一个副关所传递的信息。在这个例子中,主持人想要表达的不仅仅是第一件需要关注的事情,而且是一个众所周知的事实,"其实"作为补充,帮助听众更好地抓住重点。例(9)是汉语中副关搭配较典型的类型。在这个例子中,"一……就……"传达的信息是当另一件事发生时,某件事将会发生,而"另一件事"是"某件事"发生的条件。在汉语中,"一……就……"如"一见就笑"一直被认为是一个类固定短语。然而,由于英语语法的限制,只有在汉语中才可以搭配使用。像"一……就……"这样的类固定短语在中文中相当多,相似的用法包括"一……再……""非……即……""既……又……"等等。在汉语中,紧缩结构在书面语和口语中都经常使用,因为一个紧缩结构在英语中相当于两个或两个以上的小句,体现了语言经济性的原则。例(10)同样也是典型的"时顺"类副关搭配使用的例子,嘉宾通过"首先"和"再"的搭配使用,显示了不同动作的时间顺序。这些动作必须具有一定的关系,以便使用具有表时顺功能的副关将它们按时间顺序连接在一起。

综上所述,我们得出了英语和汉语中有多种不同副关的搭配。然而,在英语和汉语中,它们的使用频率有很大的不同。原因可能在于紧缩结构这个类型。据原苏荣(2013)统计,英语中紧缩结构的使用比较少,但在汉语中却很常见。这是因为英语的紧缩结构并不能由两个或两个以上的连词来完成,因为当出现两个以上的状语连词时,句子将不再有主句,除非句子可以扩展得越来越长,但当这种结构出现时,就违背了经济性原则。

3.2.3 副关与连词的搭配使用

副关与连词的搭配使用在搭配标记中出现频率极高,明显高于其他几类的搭配标记。连词常与副关连用,因为连词也有衔接作用。因此,连词和副关属于同一种衔接手段,即词汇衔接。基于此,连词与副关自然也能够搭配使用表达完整的语义关系。

(11) Guest：I don't. I just … I just … I'm *either* at work <u>*or*</u> I am doing something with my kids，um，you know …

(*Sen. Tammy Duckworth*)

(12) Guest：There are some of both. You know Congress has been pretty supportive *both* Republicans <u>*and*</u> Democrats of the work of the World Bank.

(*World Bank President David Malpass*)

(13) Guest：I do. In fact，we have 41 home games that probably made 38 this year <u>*and maybe*</u> another 7 away games …

(*Steve Ballmer*)

(14) Guest：… And so that was when I started doing，mostly *just* <u>*because*</u> I was interested in other folks who were building these great projects that I wanted to help out with and participate in getting.

(*Reid Hoffman*)

(15)嘉宾:因为婚礼不是天天有的,所以如果你要养人的话,那你养人的成本就非常高,那么所以刚刚你就说了……

(十一座婚姻的殿堂 上海婚礼中心董事长——施有毅)

(16)嘉宾:现在目前来说年轻人选这个厅的还是比较少,当然因为我们作为中国人,我想即使定的人少,我也一定要做一个纯中国传统意义上的一个。

(十一座婚姻的殿堂 上海婚礼中心董事长——施有毅)

(17)嘉宾:就是我这个一九八八年去了美国,在美国华盛顿在那儿打工。洗碗扫地,可是我是北大老师啊。为什么喜欢扫地呢？但是(如果)不喜欢扫地，又没有饭吃，就没有饭碗。

（老男孩的淘金记——徐小平）

例(11)到例(14)是英语中常见的副关和连词搭配类型。例(11)中，Guest(嘉宾)使用的搭配"either ... or ..."与中文结构"非……即……"相似，意思是在某种情况下只能选择一个目标。这种搭配属于英语类固定短语，它与汉语的四字格结构类似，语法化后被广泛接受和使用。这类短语在英语搭配标记中还包括例(12)中的"both ... and ..."和"neither ... nor ...""if ... then ...""although ... yet ..."等。然而，我们在访谈语料中却找不到它们。这可能是因为这样的结构并不符合经济性原则，在英语中，说话人完全可以用一个副关或连词来表达相同的意思。例(13)与例(14)中的搭配类型在英语中被广泛使用。它类似于前文中例(6)那样，只是两个词("then"和"all of a sudden")的简单组合，没有添加任何额外的信息。然而，嘉宾却表达出两层意思。例如(13)"and maybe"表示另外 7 款游戏明年可能会出现。因此，副关"maybe"可以被视为连接词"and"的推测性补充成分。然而，在例(14)中，"just because"原本表达的意思是用理由解释某事，为了表明原因对人们来说不是不可理解的，嘉宾用"just"来表示原因并不太令人惊讶。因此，我们可以将副关"just"视为连词"because"的补充或强调。

在例(15)、(16)、(17)中，嘉宾使用的"如果……就……"、"即使……也……"等，也体现了该类搭配比较常见的形式，因为它们的组合起到了语义的完整功能，它们揭示了两个小句之间的基本内在关系。例如，"如果……就……"表示做某事的特定条件，"即使……也……"表示假设的让步。在这种情况下，几个事件之间的关系就会被清晰地识别出来。然而，由于句法结构的规则,英语中通常不允许使用这种结构。此外,汉语中还有一类连词与副关搭配的特殊用法,即副关的隐性搭配。如例(17),在该例子中,嘉宾说话时选择的副关"就"在句中是单独出现的,但是实际上说话人在表达时前句隐含"如果",即条件结构的含义,补充完整应该为"如果……就……",与前两例一样。

英汉搭配标记在这类中的差异性体现的是最明显的,这是因为汉语存在隐性搭配,是意合语言,而这类搭配往往又是更多的,大多数单独使用的单字副关都可以补充一个连词以构成隐性搭配的形式。而英语中则比较少见,比如上述的"如果……就……",在英语中,大多以单个连词的形式出现在句中,因此并不属于副关的隐性搭配。

3.2.4 副关与短语的搭配使用

除前文中讨论的三种最常见的副关搭配标记的形式以外,副关有时也可以与兼具语篇衔接功能的短语搭配使用,与上一节类似,其搭配使用的主要目的是为了丰富语言传达的逻辑含义与关系。

(18) Guest:And so I *actually* didn't find it to be discordant, *in fact* I was very much impressed with the view of,yes,throw in the new idea ...

(*Alphabet CFO Ruth Porat*)

(19)嘉宾:实际上意思就是说在超市里边牌面上我们要建立几面墙。比如说有这个产品本身颜色很漂亮,我们一排起来之后变一个绿墙,有的时候你比如说要蓝色的,建一个蓝墙,实际上就是说是有一个吸引消费者的这种产品的设计……

(光明新局 光明乳业股份有限公司总裁——郭本恒)

例(18)和例(19)分别是英汉访谈语料中出现的该类搭配标

记,即副关与短语的搭配。在例(18)中,嘉宾首先使用"转折"类副关"actually"表达自己不认同他人对产品作出的负面评价,而后用短语"in fact"表达自己的实际想法恰恰与他人的评价相反,更加突出自己对他人看法的不支持,体现嘉宾的自信与积极的态度。而搭配标记的使用恰恰加强了这种态度,表明说话人的态度是明确坚定的。例(19)同样也是副关"实际上"与短语"就是说"搭配,"就是说"充当插入语,这里的"实际上"与"就是说"搭配共现呈现的语义是对后文的解释说明,嘉宾此时的主要目的是解释说明,而不是推测性的说明,说明嘉宾对自己企业实施过程的了解,也进一步说明其对自家产业的自信和坚定态度。

该类搭配标记在两种语言中的差异性并不大,并且出现数量相对较少,主要原因在于英汉在使用表达衔接功能的短语时,远不及副关与连词的使用频率高。其次,它们的出现往往本身就能够完整表达一个逻辑语义关系,大多数情况下不需要再与副关搭配,除非说话人想要更加强调某种逻辑关系时,会加一个副关以加深这种逻辑关系的程度。

基于以上研究,我们发现,搭配标记主要分为四类,即同一副关的搭配、不同副关的搭配、副关与连词的搭配(含隐性搭配)以及副关和短语的搭配。其中,副关与连词的搭配不仅在频率上远高于其他类别,并且在种类上也呈现出多样性,相较于其他类别来说,副关与连词的搭配不仅更契合,而且呈现出来的语义关系也更加完整。

3.3 搭配标记的共现模式

共现是一种关系,在这种关系中,一组不同词类的单词允许

另一词类/组的单词组成一个句子或句子的特定组成部分(Hu,
2015)。共现在语言学研究中得到了广泛的探讨,特别是在搭配
研究中,因为搭配与相同或不同单词的共同组合使用有关。基于
本书的研究目的,搭配标记的共现模式在互动中的体现也是一个
重要问题。因此,在本节中,我们将对搭配标记的共现模式进行
互动性分析。

3.3.1　搭配标记与动词的共现

动词常常在表达事件时起关键性的作用,不同的动作之间往
往产生一定的关系,而这种关系则可以通过搭配标记加以联系。

(20) Guest：… I'm the only person who's not working
because I'm *either* writing *or* editing someone where they're
shooting.

(*Producer Shonda Rhimes*)

(21) 嘉宾：⋯⋯比如像我小时候养猪的,说我一看就知道什
么是好猪肉⋯⋯

(舌尖上的土猪　广东天地食品有限公司董事长——陈生)

如上面的例子所示,英汉搭配标记均可以与动词共现。在例
(20)中,"either ... or ..."意思是从两个选项中选择一个,因为这
两项在词性上("writing""editing")是相同的,如果第一个选择的
是言语行为,那么第二个选择的也应该是言语行为,这是符合一
致性原则的。在例(21)的中文示例中,"一⋯⋯就⋯⋯"这个例子
显示了某种条件关系。在这个例子中,条件和条件的后果都是言
语行为("看""知道"),但它们之间不是平等关系,而是存在条件
关系,即一个动作发生是另一动作的前提。例(21)是典型的紧缩
句句式,在这种句式中,搭配标记可以说明两个动词的关系,反
之,两个动词的共现又体现了搭配标记所传达的逻辑语义,两者

相辅相成。因此,我们可以得出结论,英汉搭配标记在和动词共现时,主要的作用是体现两个动作的逻辑关系,但在统计过程中,搭配标记与动词的共现相对较少,主要原因在于同样是行为事件,访谈语料中的说话者更倾向于使用小句的形式表达,因为单独使用动词的限制比较明显,即叙述对象必须是前后一致的,而大多数情况下并非如此。

3.3.2 搭配标记与形容词/副词的共现

形容词与副词是具备修饰功能的一类词类,它们可以和搭配标记共现的主要原因在于事物或事件往往兼具多种性质。然而,根据英汉词性的界定,形容词在英语和汉语中的词类是相近的,但是从副词的角度来说,英汉副词显然并不完全一致,我们讨论时只兼顾具备修饰功能的英汉形容词和副词。

(22) Guest: ... because those companies are looking to diversify their vendor list *both* literally *and* figuratively especially after COVID.

(*Mellody Hobson*)

(23) Guest: ... Um, but, uh, I didn't fit in in southeast Asia because I was *half* white *half* yellow and ... when I was in Asia I was also seen as half white half yellow.

(*Sen. Tammy Duckworth*)

(24) 嘉宾:裤子裁剪完成了,是不是既合身又时尚呢?

(女人当家   亚萍集团董事长——陆亚萍)

(25) 吴晓波:是金庸的鹿鼎记,因为我觉得金庸的文字特别好,他里面的人物亦正亦邪能够体现很多人性的东西……

(我的"激荡"人生   财经作家   蓝狮子出版人——吴晓波)

在上面的四个例子中,我们可以看到形容词或副词与搭配标记的共现现象比较频繁。例(22)和(23)基于两种英语搭配标记，每一种都表示同一事物的多个特征，如例(22)是副词"literally"和"figuratively"列举供应商的特征、例(23)是形容词"white"和"yellow"表示种族的特征。例(22)体现了使供应商多样化的不同方式，例(23)显示了说话者将他的种族特征分为两部分。上述两例中词汇与搭配标记的共现说明，虽然它们的形式不同，但在用来描述某物的会话中，它们具有相同的功能。

　　汉语的搭配与英语的用法相似。在汉语的搭配中，许多搭配都可以用来表示某事物的多个特征。以例(24)和(25)为例，嘉宾使用"既……又……"和"亦……亦……"的搭配与"both ... and ..."相似，它总是将两个具有同等地位的事物连接起来，如例(24)嘉宾使用的"合身"和"时尚"词性相同，用来描写穿着这件事情、例(25)嘉宾使用的"正"与"邪"词性相同，描写人性，意思是某人或某物需要同时做两件事或同时具有多个特征。此外，当说话者使用这样的搭配共现时，这表明他希望听者在两方面都同意他。

　　在这种类型的搭配标记与形容词或副词的共现中，我们可以看出话语中所描述的事物具有不止一个特征，而且这些不同的特征在意义上是不同义甚至是反义的。如例(25)中，吴晓波在类固定短语"亦正亦邪"中嵌入的是形容词，且是反义词，因为"邪"不是"正"。在这种情况下，被描述的事物具有如此矛盾的形象，因此它可以被描述为一个形象饱满的人物，说话者可以使用修辞词来丰富描述人或物的特征。

3.3.3　搭配标记与小句/句子的共现

　　小句和搭配标记共现是出现频率最多的，因为相较单一词性的词或短语，小句所表达的意义更加丰富，因此其逻辑关系往往也是更丰富的,与搭配标记的共现频率也就自然高很多。

（26）Guest：Yes，but I did not retire. I actually，um，president Bush started a program that allowed wounded warriors to continue to serve and *then* I ran for congress and lost and *then* I became head of the Illinois department of veterans' affairs，a member of the governor's cabinet.

（*Sen. Tammy Duckworth*）

（27）Guest：... *And at first*，the very sizable package that we put together for monetary policy purposes was engineered around my kitchen table. *Subsequently* when troubling was more flexible，we could move out. *Then* I went to the office a bit ...

（*ECB President Christine Lagarde*）

（28）嘉宾：……所以说既然我们选择这条路我们会想的相对来说或者比较深的,（我们）就想好了各种各样的这样一个情况。

（乌龟式投资 熊市也能赚大钱 东方港湾董事总经理——但斌）

（29）嘉宾：……所以一旦他觉得你提供的价值确实比较大,甚至有一定的不可替代性,并通过你提供的价值和服务,能够信任你（的）平台信任团队,他就会把越来越多的要求提给你。

（岛主的变革记 正和岛创始人——刘东华）

在上面的例子中,这些搭配都是与小句一起共现的,以表明不同小句之间的某种关系。汉语和英语都使用搭配标记来将小句/从句以某种方式连接起来。在例（26）和例（27）中,搭配标记表示两个事件的时间顺序。嘉宾使用"then"先告诉听众发生了什么,然后发生了什么。因此,副关"then"通常用于引出叙述一个故事的情节。在例（28）和例（29）中,搭配标记与非时顺事件共现,并与特定的逻辑语义关系事件进行搭配。其中,嘉宾使用的"既然……就……"和"一旦……就……"在汉语搭配中表示某一事件是另一个事件的预设。如果这个假设发生了,事件就一定会发生。因此,它们表示的不仅仅是时间顺序,更是两个事件之间的内在密切关系。而英语中则较少出现像例(28)和例(29)这样的句子,因为英文的搭配标记中连词与副关的搭配出现频率远低于汉语搭配标记,正如前文的论述一样,常见的汉语副关与连词搭配,在英语中往往是以一个连词的形式单独存在,这是符合英语传统语法的。

然而,在英语搭配标记中,有一类特殊的搭配与小句共现的频率比较高。例如:

(30) Guest:... And so that was when I started doing, mostly *just* because I was interested in other folks who were building these great projects that I wanted to help out with and participate in getting.

(*Reid Hoffman*)

在例(30)中,嘉宾选择"just because"这个搭配是用来介绍说话者开始做平台的原因等。副关"just"可以被视为意义的补充或强调,它表示了原因非常简单的意思。因此,嘉宾选择用这种搭配来介绍原因。这种共现现象比中文搭配标记见得更多,因为中国人并不总是把副关和连词直接搭配在一起。

当连词与副关紧密结合时,副关可以用于改变单个连词的表达程度。在这个例子中,连词"because"是用来表达原因和结果的联系,而副关"just"用来进一步表示原因是不难理解的。这种变化是由副关引起的。在功能语言学中,Halliday(1994)提出了情态和语气系统。在模态化系统中,概率是一个重要的维度,而不同的副关又可以在表达概率时改变此维度。因此,不同的副关对于语气也具有调节作用,比如"maybe because"就明显看出原因确定的概率程度比"just because"低。

基于上述研究,我们可以根据搭配标记与共现语言单位的性质和位置关系概括出以下共现模式:

表3 搭配标记的共现模式

搭配标记	共现模式①
英语搭配标记共现模式	△＋V＋○＋V
	△＋Adj/Adv＋○＋Adj/Adv
	△＋C②＋○＋C
	△＋○＋C
汉语搭配标记共现模式	△＋V.＋○＋V
	△＋Adj/Adv＋○＋Adj/Adv
	△＋C＋○＋C

3.4 搭配标记的话轮位置特征

Schegloff(1996b)认为语言单位在研究中呈现不同的顺序,并受特定的顺序类型和位置影响或产生不同的表达效果。因此,对特定语言单位的研究需要探究其句法位置。而对于口语,句法位置主要体现在话轮位置上。就话轮位置特征而言,最常见的话轮位置包括话轮首、话轮中和话轮尾。在大多数情况下,搭配标

---

① 以上搭配标记共现模式中"△"和"○"仅代表搭配标记中的两个成分,因为搭配标记种类较多,任意一项可以代表副关或连词。
② "C"代表小句(Clause)。

记只被一个说话者使用,使用者也会在一个话轮中使用搭配标记来体现被描述事物的内部联系。

基于此,我们对英汉搭配标记的话轮位置进行了统计(见表4)。

表4　英汉搭配标记话轮位置统计

搭配标记 ＼ 话轮位置	话轮首	话轮中	话轮尾	跨话轮
英语搭配标记	32	131	0	8
汉语搭配标记	72	2 802	0	50

3.4.1　话轮首

话轮首的位置是指副关位于话轮第一个单词的位置。根据以往的研究,出现在话轮首的副关多用于开启话轮和抢占话轮,而搭配标记同样也具有这样的作用,或者说呈现这样的功能。

(31) Guest：*Maybe* now five days a week，*maybe* every week but certainly predominantly. Yes，back in the office. It'll be it'll be like business.

(*Commerce Secretary Raimondo*)

(32) 主持人:她就能够找到她自己喜欢什么?

嘉宾:一旦她喜欢了以后,其实人喜欢了以后,你干工作就不会觉得累了,我每天在家里写作从九点写到五点半,为什么我觉得不累呢?

(我的"激荡"人生　财经作家　蓝狮子出版人——吴晓波)

在例(31)话轮前,主持人问嘉宾下班后和同事见面时的想法。然而,嘉宾的回答将时间概念从每周五天扩展到每周。在这种情况下,嘉宾主要是为了使用搭配标记"maybe"来回答主持人的问题,开启话轮。同理,例(32)的嘉宾回答时使用搭配标记"一旦……就……"来回答问题,换个角度,表达自己对某件事感兴趣了之后,做起来就不会那么累。它表明,如果条件为真,事件将发生。而在话轮位置上也是呈现话轮首开启话轮的特点。因此,我们不难得出结论,搭配标记在话轮首的使用起到开启话轮的作用。

3.4.2 话轮中

话轮中是出现频率最高的位置,因为大多数时候当我们想要表达某些重要的含义时,我们总是在话语的中间位置进行表达。基于以往研究,话轮中的表达主要是为了延续话轮,使语义表达更完整。

(33) Guest：... How do you survive? I don't know. ... So that that's the first thing. And *then* after that there was a famous death march. And they went and they walked and to another camp province broke. A lot of people died in the march. She said she was going to die in the march but she didn't. And *then* after that, as they were losing the war, they pushed back more. And ... and *then* she ended up in another camp. And *then* one day the Germans had gone ...

(*Designer Diane von Furstenberg*)

(34) Host：... Generally, the public says *maybe* they're making too much money and *maybe* your image is not as good as, you know, you would like it to be.

(*GSK CEO Emma Walmsley*)

(35) 嘉宾:没有用,有一次有总经理过来读书,是刘院长手里,结果他出差到美国就叫秘书去做了个作业,被老师看出来了,这文章一看就知道是抄来的,然后就院长出面找他,看你被开除了,写了 6 次,最后还是开始变了。

（中国深度　全球广度中欧国际工商学院

院长管理学教授——朱晓明）

（36）嘉宾：……前几年的时候,中国一些明星他可能对这些方面不太了解,又要戴耳钉、耳饰,又要戴胸链,又要戴手链,到处都戴,又要戴戒指,最后把自己搞得像一个模特一样的,实际上一般来说在欧美的红毯上面戴了耳饰就不戴项链了,戴了项链就不戴耳饰了……

（我是一个"大智若愚"的人　通灵珠宝总裁——沈东军）

在例（33）中,嘉宾首先表示自己能够幸存下来,是非常不可思议的,并多次使用"then",试图比较详细地描述她是如何幸存下来的。嘉宾举了多种情况来延续话轮,表达明确完整的语义关系。除了搭配标记所传达的时间顺序外,说话者在使用搭配标记时还可以传达一些其他的含义。在例（34）中,"maybe"的使用表明主持人是从提问者的角度来回答问题的。当我们提出一些问题时,我们可能会给出一些答案潜在方向的可能性,以帮助听话人更好地把握和回答问题。因此,当我们预设一些可能性时,我们可能会使用一些副关搭配标记。在这个例子中,这里的搭配标记是用来为听话人提供一些可能的答案,并帮助其更好地理解主持人是在询问嘉宾自己对公司的印象与其他人对该公司的印象有什么不同。同样,这些不同的可能也是为了延续话轮,对可能性作进一步概述。在这一位置上,英汉搭配标记似乎在功能上十分相近,在例（35）中,嘉宾讲述了一个关于经理抄作业的事件。搭配标记"一……就……"是基于这个故事而使用的,嘉宾想要表明老板很容易发现经理抄袭了作业。而例（36）和英语示例（33）类似,将时间序列的副关组合在一起,以时间顺序讲述事件。副关"又"的重复被用来描述所有的动作都在同时进行。副关"又"的反复使用显示了一些批评的语气和情绪的情况。在延续话轮这个功能上,搭配标记起到了重要的语义完整传达的作用,在延续话轮时,搭配标记的使用恰恰对正确表达起到了积极的作用。

3.4.3　话轮尾

话轮尾则表示该语言单位出现在一个话轮最后一句的末尾位置。李洋洋(2020)认为,在话轮尾位置的副关有两种功能:主动的话轮转换和被动的话轮转换。主动话轮转换是指说话人放弃当前话轮,将话语权转移给他人,顺利完成转换过程。被动转换则是指当前话语的话语权被他人抢夺,被迫进行转换话轮。根据以往对副关的研究,在话轮尾位置的副关比在话轮首和话轮中的副关要少得多。

在本研究中,我们并未发现出现在话轮尾位置的搭配标记,剖析其中原因,可能是因为搭配标记总是与形容词、副词、动词和小句等同时出现,因此搭配标记后往往需要加一个特定语言结构以保证前后一致。因此,在我们研究英汉访谈类节目中搭配标记的分布时,并没有发现搭配标记使用在话轮尾的情况。然而,虽然没有任何证据表明搭配标记的话轮尾位置,但对于搭配标记的话轮位置,还呈现了一种与副关位置不同的话轮位置,即跨话轮(共建话轮)。

3.4.4　跨话轮

跨话轮的位置特征是搭配标记的一种特殊类型,因为只有在两个或多个话轮中才能同时使用单个副关。然而,搭配之所以以分开的形式分别出现在不同话轮中,往往是因为说话人的话因自己阐述或者因抢占话轮的原因被打断,或者另一说话人帮助前一说话人共同构建话轮。例如:

(37) Guest：... So that was the first thing. And *then* I started working with Plus Sarbanes on that which you said became this accounting law called Sarbanes-Oxley.

　　Host：And *then* ultimately President Obama was elected and he asked you to be the head of the CFTC，is that right?

　　　　　　　　　　　　　(*SEC Chair Gary Gensler*)

(38) 嘉宾：进来之后每头牛都进行编号，实际上都会自动记录,称它的体重,记录它的号,然后对挤完之后它的奶什么还要进行重新分析。

　　记者：这个牛很大,然后它挤完奶自己就走了?

　　嘉宾：然后它就走了。

　　(光明新局　光明乳业股份有限公司总裁——郭本恒)

(39) 嘉宾：对,然后我就想飞机票怎么可能只有99、199、299,然后我就觉得很不信,就觉得是那种很坑人的,然后就没去理。

　　主持人：后来也没去证实到底是不是有99。

　　嘉宾：后来有听同学说过是有这个,这个是事实,然后我当时就特别惊讶。

　　(钱一半是赚的　一半是省的　春秋航空董事长——王正华)

　　在例(37)中,主持人在第二个话轮中使用副关"then"来呈现嘉宾在 Plus Sarbanes 工作后发生的接续事件,主持人之所以要共建话轮,是因为嘉宾本人在讲述过程中没有呈现出重要的信息。通过与嘉宾共建话轮,首先主持人能够表现出对嘉宾的熟悉,嘉宾也会通过主持人的提示继续转换到下面的话轮中。在汉语访谈节目对话中也允许这样的话轮共建现象存在。例(38)和例(39)中"然后""后来"的重复使用就是汉语语料中话轮共建的实例。在这两个例子中,嘉宾的话轮是由主持人或记者共同构建的。在例(38)中,记者进一步提出了奶牛挤奶后是否会离开的问题,通过提问引导嘉宾对此进行进一步的解释,"然后"引出接续的事件。在例(39)中,主持人通过"后来"发起新的话轮,为引出接下来的事件提供提示,进而引导嘉宾进一步描述得知真相后,自己对机票价格的感受。

在这种类型的搭配标记中,主持人和嘉宾往往直接或间接地在描述同一事件时共建话轮。根据代树兰(2009b)的研究,访谈时主持人和嘉宾在对话中扮演着不同的角色。作为解释者,主持人总是要介绍并引出话题。因此,主持人之所以使用搭配标记来与嘉宾共建话轮,是为了引入和引出对话中缺失的重要信息点,作为帮助嘉宾补全相关信息点的会话技巧。

基于此,英汉访谈节目的共建话轮现象的过程可以如下模式图1所示:

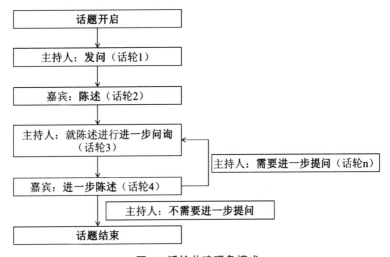

图1 话轮共建现象模式

在话轮共建发生前,嘉宾往往首先对一个问题进行陈述,话轮转换发生时,若主持人认为需要就此陈述进一步扩展话轮、延续会话,此时主持人便会使用与嘉宾所用衔接词相关的副关或连词进行搭配,以表明前后话轮紧密的逻辑关系,使得听话人更好地领悟主持人的意图,此过程可以反复进行直至主持人认为没有继续进一步问询的必要,该话题便由此结束。

基于上述研究,我们可以概括性地将搭配标记的话轮位置模式表示如下(见图2):

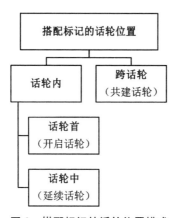

图 2 搭配标记的话轮位置模式

3.5 小 结

本研究从互动语言学视角出发,对英汉访谈会话语料 *David Rubenstein Show* 和《财富人生》中的搭配标记进行研究,从搭配方式、共现模式、话轮位置三个方面进行对比研究,主要得到以下结论:

从搭配模式上来看,英汉搭配标记的搭配模式均可以分为四个类别:同一副关的搭配、不同副关的搭配、副关与连词的搭配以及副关和短语的搭配。其中,从统计数据来看,除最后一类外,前三类的汉语搭配标记使用频率远高于英语搭配标记的使用。另外,不论哪种语言,不同副关的搭配以及副关和连词的搭配都是较高于另外两类的。我们认为原因主要有以下两个方面:1)汉语搭配标记的使用大大提高了语言的经济性,使汉语语言更加简洁,在紧缩句和"四字格"结构的使用中体现得更为明显,而英语语言中搭配标记的使用并不能明显地提升语言的简洁程度,因此在口语中,说话人不一定倾向于使用搭配标记;2)搭配标记的类别中,不同副关的搭配和副关与连词的搭配更加灵活,不同副关的搭配主要体现在紧缩句结构中,副关与连词搭配中连词又往往与副关的语义有极强的相似性与补充性,汉语中甚至可以发现大量的隐性搭配的例子,即单一副关表达一个搭配标记的完整语义关系。

从共现模式上来说,英汉搭配标记均可以与形容词/副词、动词以及小句(句子)共现,其中,英语搭配标记中"副关+连词"或"连词+副关"的使用很常见,因此在搭配共现时常出现"副关+连词+句子"或"连词+副关+句子"这一特殊类别。

从话轮位置上来讲,英汉搭配标记的话轮位置特征呈现很高的相似性,均出现在话轮首和话轮中,而话轮尾这一特征并不存在于搭配标记中,搭配标记总是与形容词、副词、动词和小句等共现,因此搭配标记后往往需要加一个特定语言结构以保证前后一致,这也进一步解释了为什么搭配标记不会出现在话轮尾。另外,由于搭配是非单一语言结构,故在话轮位置上还呈现一种特殊的特征,即跨话轮位置,主要作用是共建话轮。其运作原理是主持人基于嘉宾的陈述,进一步扩展话轮、延续会话,并使用与嘉宾所用衔接词相关的副关或连词进行搭配,以表明前后话轮紧密的逻辑关系,直至主持人认为没有继续进一步问询的必要,该话题便结束。

　　学界在搭配标记这一方面作了大量研究,然而副关搭配标记在互动语言学研究中还很少,本研究作为搭配标记的初步探索,希望后续的研究能够聚焦其他或多种语料类型进行对比研究,进一步探究搭配标记的互动模式与机制。

第四章 英汉副词性关联词语
元话语对比模式

4.1 引 言

2001 年,Selting & Couper-Kuhlen 主编的 *Studies in Interactional Linguistics* 正式将互动语言学作为术语和一门学科提出,指出互动语言学的核心目的是将语言的结构和使用视为互动语境的必然结果。语言是社会交往和行为组织的重要资源。语言研究必须以互动交际环境中自然发生的语言为导向,以参与者的互动过程为基础,以自然语言使用环境中的对话为依据进行实证研究(Schegloff,1996a)。而元话语中的互动性研究又是互动语言学研究的重要领域。

本研究旨在对比副关元话语的互动模式。所使用的语料为自建语料,包括塞林格主要小说作品及其中译本。由于本研究主要分析的是副关在互动会话中的互动性,语料主要选用的是小说中的对话。塞林格的小说中包含大量互动会话,而这些会话中又包含着大量的副关。副关可分为八大类,与语篇的衔接连贯以及互动性的体现息息相关。元话语包括文本交互型元话语(Interactive Metadiscourse)和人际互动型元话语(Interactional Metadicourse)(Hyland,2005)。文本交互型元话语是指能组织语篇命题、内容,或者联系其他语篇的话语;作者注意到读者的存在,并使用该类元话语来引导读者对语篇的理解。人际互动型元话语是指能表明对命题信息的态度或观点的话语,有助于构建"作者—读者"关系。通过介入和评价语篇中的信息来实现与读者的互动。作者的目的在于使其观点明晰,并吸引读者对语篇作出反应,进而参与到语篇意义的建构。而本研究的语料中大量副关的出现对于元话语功能的实现有着重要作用。因此,塞林格作品可作为元话语语料。

4.2 在元话语中的对比模式

本研究主要使用的口语体书面语语料,选自塞林格的主要作品 *The Catcher in the Rye*,*Nine Stories*,*Franny and Zoey*,*Raise High the Roof Beam*,*Carpenters* 及其中译本《麦田里的守望者》《九故事》《弗兰妮和祖伊》《抬高房梁,木匠们》共 8 部。研究语料中所用的英文小说共计词数 227 607,中译本共计字数 407 745,其字词数的比例接近为 5∶3,因此研究频率时我们将遵循此比例。本研究主要选用小说中的对话,故英文语料共计词数 69 556,中文语料共计字数 122 053,中文和英文语料字词数比例接近 9∶5[符合 McEnery、Xiao 和 Mo(2003:364 - 365)的字词数比例/折算标准]。

4.2.1 英语副关的使用频率与模式

关于互动性等级的界定,本研究首先统计了副关使用的频率,再根据中英文字数的比例,计算副关在中英文中的使用比例;通过比较频率的方法得出互动性的高低。每 5 000 字或 3 000 词(根据塞林格主要作品及其中译本字数计算而来)中,副关使用频率低的口语体书面语界定为低互动性,使用频率高的界定为高互动性,介于两者之间的界定为中互动性。

通过借助统计工具 Text Statistics Analyzer 和文档的查找功能,本研究将语料中存在的所有副关进行统计和标注,并根据副关不同的语义,对其进行分类。英语语料中的副关频率结果见下表1。

可以得出,表后时时顺功能的副关"then",表并列加合功能的副关"too、only、just、even"、表确信解释功能的副关"really"在塞林格作品中占较大比例。此外,表加合功能的副关与其他类别的相比,副关数量和种类都是最多的。而表结果功能的副关,其数量和种类最少。其表达模式与机制可以表示为图1:

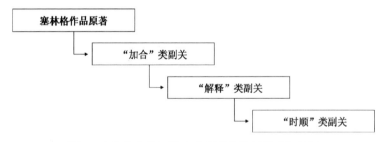

图 1 塞林格作品原著中高频副关使用模式与机制

如图 1 所示,通过分析塞林格作品中的副关使用频次,总结出其中副关使用频次最高的三类副关,由高到低分别为"加合"类(Additive Functional ACs)>"解释"类(Explanative Functional ACs)>"时顺"类(Temporal Sequential Functional ACs)。

(1) Ginnie:Did you work in the airplane factory, *too*?

The Young Man:God, yes. For years and years and years. Let's not talk about it, please.

(*Nine Stories*, Chapter 3, Just Before the War with the Eskimos)

表 1　英语副关的使用频率

功能类型	英语小说名	The Catcher in the Rye	Nine Stories	Raise High the Roof Beam, Carpenters	Franny and Zooey	频率	总数
时顺	at first	0	0	0	1	1	186
	originally	0	0	1	0	1	
	then	31	27	13	41	112	
	later	25	8	1	9	43	
	soon	1	4	0	5	10	
	later on	1	2	0	2	5	
	afterward(s)	1	0	0	0	1	
	right away	0	3	0	1	4	
	immediately	1	3	0	3	7	
	directly	0	1	1	0	2	
解释	really	35	28	20	50	133	190
	actually	1	7	3	4	15	
	certainly	10	12	1	8	31	
	definitely	0	2	1	1	4	
	naturally	2	3	1	1	7	

续 表

功能类型 \ 英语小说名	The Catcher in the Rye	Nine Stories	Raise High the Roof Beam, Carpenters	Franny and Zooey	频率	总数
转折 actually	0	8	2	1	11	
really	15	4	0	4	23	
as a matter of fact	2	7	5	10	24	
in fact	0	0	2	2	4	99
certainly	1	0	1	2	4	
however	1	0	2	4	7	
instead	2	5	1	3	11	
suddenly	1	1	1	2	5	
all of a sudden	5	4	0	1	10	
断言 obviously	1	2	0	1	4	
clearly	3	0	0	3	6	106
evidently	0	0	3	1	4	
apparently	1	3	6	5	15	

续 表

功能类型	英语小说名	The Catcher in the Rye	Nine Stories	Raise High the Roof Beam, Carpenters	Franny and Zooey	频率	总数
断言	probably	7	4	2	12	25	106
	maybe	11	10	3	14	38	
	perhaps	5	1	0	1	7	
	likely	1	0	0	0	1	
	possibly	0	2	2	2	6	
推论	approximately	1	0	0	0	1	79
	probably	6	16	1	12	35	
	possibly	0	2	2	2	6	
	nearly	0	1	3	3	7	
	almost	1	5	3	12	21	
	more or less	0	3	2	2	7	
	no wonder	1	0	0	1	2	

续　表

功能类型	英语小说名	The Catcher in the Rye	Nine Stories	Raise High the Roof Beam, Carpenters	Franny and Zooey	频率	总数
结果	finally	2	1	2	5	10	25
	at last	0	4	0	3	7	
	therefore	0	0	1	1	2	
	in the end	0	0	1	0	1	
	eventually	0	3	0	1	4	
	accordingly	1	0	0	0	1	
加合	especially	4	1	6	4	15	1 012
	particularly	0	1	0	1	2	
	extremely	0	11	0	0	11	
	too	46	42	28	42	158	
	again	8	16	3	26	53	
	neither … nor …	0	0	0	1	1	
	only	24	30	11	40	105	

续　表

功能类型	英语小说名	The Catcher in the Rye	Nine Stories	Raise High the Roof Beam, Carpenters	Franny and Zooey	频率	总数
加合	simply	5	4	2	6	17	
	merely	1	0	0	0	1	
	just	95	116	54	146	411	
	alone	10	5	3	3	21	1 012
	even	28	44	12	64	148	
	even more	0	0	0	64	64	
	besides	1	2	0	2	5	
条件	fortunately	1	1	0	1	3	
	happily	1	0	0	0	1	
	at least	7	12	4	30	53	148
	anyway	21	25	7	33	86	
	anyhow	5	0	0	0	5	
总　数		433	496	217	699	1 845	1 845

（2）吉妮：你也在那个飞机工厂干过活儿?

年轻男人：老天,是的。干了一年一年又一年。咱们不谈这个了,行吗?

（《九故事》,第三章,与爱斯基摩人打仗前）

例（1）及例（2）中,副关"too"和"也"属于"加合"类副关,起到并列功能。在该话轮中,它既充当副词又具有衔接与关联的功能;既修饰了谓语部分,同时也连接了上下两个话轮。在该对话中,Ginnie 问对方是否也在工厂工作,该话轮以"too"和"也"结束,而对方（The Young Man）的话轮承接该话题。

（3）Young Man：Do you have a dog?

Ginnie：No.

Young Man：*Actually*, I think it's cruel to keep them in the city.

（*Nine Stories*, Chapter 3,

Just Before the War with the Eskimos)

（4）年轻人：你有狗吗?

吉妮：没有。

年轻人：事实上,我觉得把狗放在城市里养是很残忍的。

（《九故事》,第三章,与爱斯基摩人打仗前）

例（3）及例（4）中,副关"actually"和"事实上"属于"解释"类副关,起到补证的功能。在对话中,两个人正在谈论在城市里养狗的问题。年轻人说他认为在城市里养狗是很残忍的,这意味着虽然他问吉妮是否有狗,但他并不赞成在城市里养狗。因此,他在副关"actually"和"事实上"之后所说的话是对他之前所说的话的一种补充。

（5）Holden：No kidding, I have about a hundred and eighty

bucks in the bank. I can take it out when it opens in the morning, and *then* I could go down and get this guy's car. No kidding. ...

Sally：You can't just do something like that.

(*The Catcher in the Rye*, Chapter 17)

（6）霍尔顿：我不开玩笑，我在银行里还存有大约一百八十块，可以等明天上午银行开门后取出来，然后去借那个家伙的车，我不是开玩笑。……

萨莉：你没法那样做。

（《麦田里的守望者》，第十七章）

在例（5）及例（6）中，说话人使用了副关"then"和"然后"，该副关属于"时顺"类副关，表后时时顺功能。当人们在交谈时，尤其在叙述某件事发生时，往往会用"then"和"然后"来连接他们的表述。在对话中，主人公霍尔顿正在叙述他的一个同学的演讲。在描述时，他用该副关来使他的叙述更连贯，因为其叙述是按时间顺序进行的。

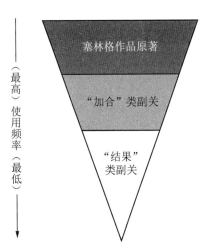

图 2　塞林格作品原著最高及最低频副关使用模式与机制

同时,本研究总结出使用频次最低的副关类别为"结果"类,仅使用 25 次;而使用频率最高的"加合"类副关出现频次为 1 012 次,见表 1。使用模式可由图 2 表示。

表 2 英语副关的标准频次分布

数 量 小说名	总字数	副关数量	每 3 000 词 副关数量
The Catcher in the Rye	18 083	433	71.84
Nine Stories	19 954	496	74.57
Raise High the Roof Beam, *Carpenters*	7 669	217	84.89
Franny and Zooey	23 850	699	87.92
总数	69 556	1 845	79.58

从表 2 可知,在塞林格作品中副关的使用比例是非常高的。我们只提取塞林格小说中的对话进行分析。对话总词数为 69 556,其中副关出现的频率为 1 845。通过分析可知每 3 000 个单词中副关的使用频率从高到低依次为:*Franny and Zooey* ＞ *Raise High the Roof Beam*, *Carpenters* ＞ *Nine Stories* ＞ *The Catcher in the Rye*。

4.2.2 汉语副关的使用频率与模式

与英语副关相同,汉语副关在塞林格作品的中译本中也起到重要的作用。通过对中译本作品中副关的统计和分析,汉语副关使用频率的情况如表 3 所示。

从表 3 可以得出,单音节字的汉语副关,如"时顺"类"先、才","加合"类"也、再、又、还、只、就"等在塞林格中译本作品中的占比较高,且其不仅可以连接词/短语,还可以用于连接小句。单音节副关在小句中所处的位置也相对比较随意。双音节副关中

表 3　汉语副词的使用频率

功能类型	小说名	《麦田里的守望者》	《九故事》	《抬高高房梁，木匠们》	《弗兰妮和祖伊》	频率	总数
时顺	先	59	26	1	44	130	291
	原来	1	1	0	1	3	
	原本	0	2	0	0	2	
	本来	2	3	1	4	10	
	接着	0	3	0	6	9	
	才	30	36	6	30	102	
	立即	0	0	1	0	1	
	立刻	0	5	0	0	5	
	马上	10	8	2	7	27	
	顿时	2	0	0	0	2	
解释	的确	7	0	1	10	18	294
	确实	4	8	1	1	14	
	真的	48	54	11	68	181	

续表

功能类型	小说名	《麦田里的守望者》	《九故事》	《抬高房梁，木匠们》	《弗兰妮和祖伊》	频率	总数
解释	当然	15	9	2	6	32	294
	肯定	7	10	2	13	32	
	原来	1	0	0	0	1	
	自然	2	3	1	6	12	
	本来	1	0	0	3	4	
	其实	1	2	2	4	9	
	实际上	6	1	2	1	10	
转折	当然	8	4	1	5	18	70
	却	5	1	0	17	23	
	反而	0	0	1	0	1	
	倒是	2	6	1	0	9	
断言	显然	1	2	0	4	7	138
	当然	4	1	1	2	8	

续　表

功能类型	小说名	《麦田里的守望者》	《九故事》	《拾高房梁，木匠们》	《弗兰妮和祖伊》	频率	总数
断言	也许	18	19	1	16	54	138
	显而易见	2	0	0	0	2	
	或许	0	0	1	0	1	
	可能	15	25	4	22	66	
推论	大约	3	1	1	3	8	84
	大概	4	6	1	7	18	
	可能	7	11	1	9	28	
	大多	1	3	0	2	6	
	几乎	9	4	1	7	21	
	基本上	0	0	1	1	2	
	怪不得	1	0	0	0	1	
结果	终	2	4	4	3	13	17
	终于	1	0	1	0	2	

续　表

功能类型	小说名	《麦田里的守望者》	《九故事》	《抬高房梁，木匠们》	《弗兰妮和祖伊》	频率	总数
结果	终究	0	1	0	0	1	17
	总算	0	0	0	1	1	
	尤其	0	2	2	4	8	
	尤其是	0	1	2	4	7	
	特别	11	7	0	25	43	
	特别是	3	0	0	0	3	
加合	也	116	121	22	147	406	2 499
	再	35	72	9	45	161	
	又	31	37	9	45	122	
	还	144	108	24	143	419	
	同时	0	0	0	1	1	
	一会儿……一会儿……	1	0	0	0	1	
	只	32	104	15	65	216	

续　表

功能类型	小说名	《麦田里的守望者》	《九故事》	《抬高房梁，木匠们》	《弗兰妮和祖伊》	频率	总数
加合	只是	40	21	3	16	80	2 499
	就	161	266	76	400	903	
	光	2	4	1	9	16	
	仅仅	2	5	0	3	10	
	偏偏	0	1	1	1	3	
	更	13	11	0	13	37	
	甚至	3	20	1	30	54	
	越……越……	4	2	0	3	9	
条件	幸好	1	0	0	0	1	60
	好在	1	1	0	0	2	
	至少	7	11	4	32	54	
	无论如何	0	0	0	3	3	
总数		886	1 053	222	1 292	3 453	3 453

表确认解释的"真的"、表隐性断言的"也许、可能"和表例外加合的副关"只是"在小说作品中占比较高。在所有类别的副关中,"加合"类的使用频率最高,"结果"类的最低。其表达模式可以表示为图3:

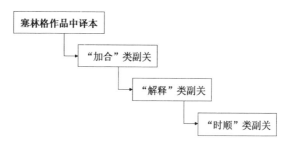

图3   塞林格作品译本中高频副关使用模式与机制

与英文语料相同,中文语料中使用频率最高的三类副关由高到低分别是:"加合"类>"解释"类>"时顺"类,如图3所示。

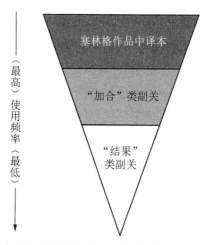

图4   塞林格作品译本中最高及最低频副关使用模式

同样,中文语料中使用最少的副关是"结果"类,只出现了17

次;而最高的是"加合"类,共出现 2 499 次,见表 3,使用模式可由图 4 表示。

表 4　汉语副关的标准频次分布

小说名＼数量	总字数	副关总数	每 5 000 字副关数量
《麦田里的守望者》	32 448	886	136.54
《九故事》	38 313	1 053	137.42
《抬高房梁,木匠们》	8 445	222	131.44
《弗兰妮和祖伊》	42 847	1 292	150.77
总数	122 053	3 453	141.45

从表 4 可知,副关在塞林格小说中译本中出现的频率也很高。中文语料包含对话总字数 122 053,其中副关出现的频率为 3 453。通过分析可知每 5 000 字中副关的使用频率从高到低依次为:《弗兰妮和祖伊》＞《九故事》＞《麦田里的守望者》＞《抬高房梁,木匠们》。

4.2.3　英汉副关的标准频次分布与模式

我们首先考察英汉副关在塞林格作品及其中译本中的副关标准频次分布情况,然后分析总结其模式。关于英汉副关的标准频次分布情况,见下表 5。

表 5　英汉副关的标准频次分布

小说名＼数量	总字数	副关数量	每 3 000 词/5 000 字副关数量
The Catcher in the Rye	18 083	433	71.84
《麦田里的守望者》	32 448	886	136.54

续　表

数量 小说名	总字数	副关数量	每 3 000 词/ 5 000 字副关数量
Nine Stories	19 954	496	74.57
《九故事》	38 313	1 053	137.42
Raise High the Roof Beam, Carpenters	7 669	217	84.89
《抬高房梁，木匠们》	8 445	222	131.44
Franny and Zooey	23 850	699	87.92
《弗兰妮和祖伊》	42 847	1 292	150.77
英文总数	**69 556**	**1 845**	**79.58**
中文总数	122 053	3 453	141.45

从表 5 可见，英汉副关的使用有较大不同：1)英语副关共 1 845 个，每 3 000 个单词中约有 79.58 个副关。汉语副关共有 3 453 个，每 5 000 字中约有 141.45 个副关。由此可知，副关在汉语中出现的频率要高于英语。2)在四部英文作品中，英语副关的标准频次分布从高到低排列为：*Franny and Zooey*＞*Raise High the Roof Beam，Carpenters*＞*Nine Stories*＞*The Catcher in the Rye*。然而在中译本中，汉语副关的标准频次分布从高到低排列为：《弗兰妮和祖伊》＞《九故事》＞《麦田里的守望者》＞《抬高房梁，木匠们》。

通过对比分析得出模式图 5，该图展示了塞林格作品及其中译本中的副关标准频次分布，由高到低排列为《弗兰妮和祖伊》＞《九故事》＞《麦田里的守望者》＞《抬高房梁，木匠们》＞*Franny and Zooey*＞*Raise High the Roof Beam，Carpenters*＞*Nine Stories*＞*The Catcher in the Rye*。如图 5 所示，中文的副关

图 5　塞林格作品中副关标准频次分布模式①

标准频次要高于英文,其中标准频次最高的是《弗兰妮和祖伊》,
每 5 000 字中有约 150.77 个副关;标准频次最低的是 *The Catcher in the Rye*,每 3 000 词中有约 71.84 个副关。

4.3　在元话语中的话轮数量与模式

　　由于汉语文本是英语文本的译本,所以同一部作品的英文和中文文本的话轮数相同。根据 Csomay(2002)的观点,互动型文本的互动程度基于对话中存在的话轮数量。在同比字词数中,话轮占比高的,即为高互动性,话轮占比低的,为低互动性。

4.3.1　英汉语中的话轮数量

　　副关所处的话轮位置可以分为三类:话轮首、话轮中和话轮尾。不过,英汉副关在塞林格作品里的每个话轮位置中存在的数量有所不同,参见表 7。

<hr>

① 　↑表示由低向高递增。

表 6   塞林格作品中的话轮数量

小说名＼数量	话轮数量	每 3 000 词/5 000 字话轮数量	单个话轮副关数量
The Catcher in the Rye/《麦田里的守望者》	961	159.43/125.41	0.45/0.92
Nine Stories/《九故事》	869	130.65/113.41	0.57/1.21
Raise High the Roof Beam, Carpenters/《抬高房梁，木匠们》	183	71.59/108.35	1.19/1.21
Franny and Zooey/《弗兰妮和祖伊》	884	111.19/103.16	0.79/1.46

通过表 6 我们可以清晰地得出塞林格作品及其中译本中话轮统计的共性和差异：1）每部小说中，无论英文还是中文，话轮的数量一定是相同的。2）每 3 000 词中话轮的数量高于每 5 000字，且每个话轮中英文副关的出现频率是低于中文的。3）然而，在 *Raise High the Roof Beam, Carpenters* 和《抬高房梁，木匠们》的对比中，尽管每 3 000 词中的话轮数量低于每 5 000 字，但是两者每个话轮中副关的出现频率非常地接近。

表 7   不同话轮位置的副关数量

小说名＼副关所处话轮位置	话轮首	话轮中	话轮尾
The Catcher in the Rye	17	391	25
《麦田里的守望者》	53	833	0
Nine Stories	31	430	35
《九故事》	70	983	0

续　表

小说名＼副关所处话轮位置	话轮首	话轮中	话轮尾
Raise High the Roof Beam, Carpenters	9	192	16
《抬高房梁，木匠们》	9	213	0
Franny and Zooey	37	623	39
《弗兰妮和祖伊》	76	1 216	0

从表7可以得出，英汉副关在所处话轮位置的数量有很大不同：1)在英语文本中，处于话轮尾的副关多于在话轮首的副关。而在中文文本中，处于话轮尾的副关远少于位于话轮首的副关。2)无论是英文还是中文，处于话轮中的副关都远远大于处于话轮首和话轮尾的副关。3)中文中几乎不存在位于话轮尾的副关，而英文中则占比相对较多。

4.3.2　互动性分析及占比模式

通过表6"塞林格作品中的话轮数量"和表7"不同话轮位置的副关数量"统计及其特点分析，我们接下来对文本元话语中的话轮位置特点和功能进行具体分析，总结其互动性占比模式。首先看例(7)。

(7) Phoebe：Allie's dead — You always say that! If somebody's dead and everything, and in Heaven, then it isn't really —

Holden：I know he's dead! ... I can still like him, though, can't I?

Holden：*Anyway*, I like it now. I mean right now. Sitting here with you and just chewing the fat and horsing ...

(*The Catcher in the Rye*, Chapter 22)

在例(7)中,副关"anyway"位于话轮首。霍尔顿和他的妹妹菲比正在讨论世界上是否有一件事是霍尔顿真正喜欢的。话轮转换到菲比时她沉默不语,于是霍尔顿用副关"anyway"来继续谈话,把话题延续到另一个方向,跳过了尴尬的话题。在这里,副关"anyway"起到了转换话题、缓和气氛的作用,使人物之间的互动更贴近现实,更顺畅自然,渲染了谈话中略显紧张的气氛。再如:

(8) 女人:不知道。

　　霍尔顿:确实,大家要经过相当长一段时间才能了解他。……人们要过一段时间才能了解他。

(《麦田里的守望者》,第八章)

在例(8)中,副关"确实"出现在话轮首位置。"确实"属于"解释"类副关,用于表达确认性解释。从上下文来看,霍尔顿是在和火车上遇到的一个女人讨论她儿子的为人。霍尔顿认为她并不真正了解自己的儿子,此时话轮转换处的副关起到了开始话轮的作用,解释事实,连接上下文,使文章更加连贯。

(9) Mr. Spencer: Your essay, shall we say, ends there. *However*, you dropped me a little note, at the bottom of the page.

　　Holden: I know I did.

(*The Catcher in the Rye*, Chapter 2)

在例(9)中,副关"however"出现在话轮中位置。"however"属于"转折"类副关,在互动中起到与前言对立的功能。根据上下文,很明显可以知道斯宾塞先生通过使用该副关来补充一些信息。因此,这里的副关"however"还有增补信息的功能。此外,该例句中的副关还起到了延续话题的功能。

(10) 尼克尔森:不过你就没有告诉沃尔顿,或者拉森,比方说,何时或者何地或者以何种方式死亡会最终来到?

　　泰迪:没有。我没有说过。……接着他们就全都这么说……所以我才跟他们说了一点点。

(《九故事》,第九章,泰迪)

　　在例(10)中,副关"接着"位于话轮中位置。"接着"属于"时顺"类副关。通过该词的使用,可以很好地描述事件发生的顺序。根据上下文,说话者尼克尔森和泰迪正在讨论已经发生的场景,也就是讨论是否告知别人如何死亡的话题。因此,副关"接着"在下文中修饰了他人的行为。同时,它衔接了说话者泰迪的话语,不仅使说话者转折处的语言更加流畅,而且与转折处的上文内容相连接,起到了衔接的功能,故事会话情节表现得活灵活现。

　　(11) Murial: There's a psychiatrist here at the hotel.

　　The Woman: Who? What's his name?

　　Murial: I don't know. Rieser or something. He's supposed to be very good.

　　The Woman: Never heard of him.

　　Murial: Well, he's supposed to be very good, *anyway*.

　　(*Nine Stories*, Chapter 1, A Perfect Day for Bananafish)

　　在例(11)中,副关"anyway"位于话轮尾。出现在话轮尾的副关一般有结束话轮的作用。从上下文可以看出,对话发生在Murial和她母亲打电话的时候。Murial告诉她酒店里有个精神科医生,她母亲问了他的名字后说她从来没有听说过他。而Murial在第二次重复"*He's supposed to be very good*"时加了"anyway"这个词。"anyway"属于"起码条件"类副关。在这段对话中,它起到连贯上下文的作用。它促进了双方的互动,强调了说话人想要表达的意思,结束了当前的话题,起到了结束话轮的作用,该话题讨论也因此结束。

图6　单个话轮中副关占比模式

通过对比分析得出模式图6,该图表明单个话轮中副关占比由高到低排列为:《弗兰妮和祖伊》>《九故事》=《抬高房梁,木匠们》>*Raise High the Roof Beam*,*Carpenters*>《麦田里的守望者》>*Franny and Zooey*>*Nine Stories*>*The Catcher in the Rye*。其中《弗兰妮和祖伊》占比最高,单个话轮中包括约1.46个副关;而*The Catcher in the Rye*的副关占比最低,单个话轮中仅有0.45个副关。

可见,副关的使用频率与元话语互动性直接相关,副关使用频率高,互动性比较强;使用频率低,互动性比较弱。

4.4　小　结

通过对比分析副关在英文小说及其中译本中的使用频率、话轮数量以及话轮位置,我们总结出它们之间的共性和差异。由于中文语料是英文语料的译本,因此共性包括:1)两种语料中使用频率最高以及最低的副关是一样的。最高的都是"加合"类,最低的都是"结果"类。2)两种语料的话轮数量相同。3)大多数副关出现在话轮中,少量出现在话轮首和话轮尾。同时也存在一些差异:1)英语副关共 1 845 个,每 3 000 个单词中约有 79.58 个副关。汉语副关共有 3 453 个,每 5 000 字中约有 141.45 个副关。由此可知,副关在汉语中的标准频次分布要高于英语。2)英文中有出现在话轮尾的副关,但中文中没有。

　　通过对比分析得出模式,如图 1 至图 6 所示。图 1 展示了在塞林格作品中出现频率最高的三类副关的使用模式与机制;图 2 展示了在塞林格作品中出现频率最高和最低的两类副关的使用模式与机制;图 3、4 则展示了塞林格作品译本中的副关频率模式,最高频为"加合"类,最低频为"结果"类,和图 1、2 所示相同。图 5 展示了塞林格作品中副关标准频次分布模式,不区分语言由高到低排序,直观地展现出了其中的规律,如中文的副关标准频次分布要高于英文;图 6 展示了单个话轮中的副关占比模式,表明在一般情况下,中文语料中单个话轮的副关占比也是高于英文的。

　　总之,通过"副关元话语互动性对比模式"研究,我们发现英汉副关在元话语口语体小说中的应用证明,副关的使用频率越高,互动程度越强,故事情节呈现得就更生动形象,情景表现得更栩栩如生。

第五章　英汉副词性关联词语
人际功能对比模式

5.1　引　言

Couper-Kuhlen & Selting(2018:4－5)明确指出,互动语言学的基础是功能语言学以及三个源学科——会话分析、语境化理论和人类语言学。可见,功能语言学[也称"系统功能语言学"(Systemic Functional Linguistics)]在互动语言学理论体系中的重要地位。人际功能又是系统功能语言学(也称"系统功能语法")的三大元功能之一。系统功能语言学的创始人、语言学家韩礼德(1985/1994)在其《功能语法导论》中指出语言的人际功能,指说话人可以通过语言来表达对事情的判断和态度,并试图来影响他人的行为和态度。

韩礼德首先区分了两种情态:情态本身是说话人对命题可能性的判断,包括可能性阶和通常性阶。意态是说话人对命题可希望性的判断,包括道义阶和倾向性阶。

Halliday(1994:356)指出情态指的是介乎 yes 和 no 之间的意义域——即肯定和否定归一度之间的过渡区域。至于这一点所蕴含的更具体的内容,则要依靠起支配作用的小句的言语功能。(1)如果小句是一个'信息'句(命题,一致式的直陈),那就要

么(i)是'yes 或者 no',即'maybe';要么(ii)'既是 yes 也是 no'即
'sometimes',换句话说,就是某种程度上的概率或者频率。
(2)如果小句是一个'商品—服务'句(这是一种提议,在语法上缺
乏真正的一致式,但在默认状态下作祈使看待),那就要么是
(i)'人们想要他……',与命题有关,要么是(ii)'他想要……',和
提供有关,换句话说,就是某种程度的义务或倾向。我们把类别
(1)称为情态化,把(2)称为意态化。这样就形成图1、图2那样的
模式机制。

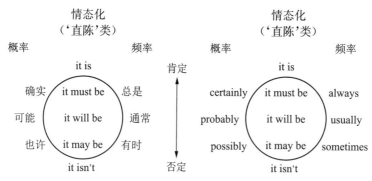

图 1　情态的归一性关系模式机制(Halliday,1994:357)

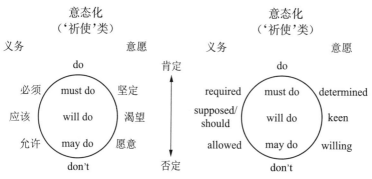

图 2　意态的归一性关系模式机制(Halliday,1994:357)

李战子(2000)指出系统功能语法认为情态和意态是语篇分析中人际元功能的主要实现手段,而学者们对情态互动性这一概念的理解也经历了从孤立到联系,从句子到语篇的过程。李战子(2000)还指出情态常常被认为只与封闭的情态词有关,实际上,大量的词汇(动词、副词、形容词、名词)也带有与情态词相似或相近的意思。Holmes(1983)和Hermerén(1978)研究了大量话语的情态(Modality),发现相比于情态动词,其他词类更常被用来表达情态,从频率来看,比起名词和形容词,说话人更倾向于使用动词和副词表达情态。因此,本研究以口语体书面语为语料,语料选自以人际会话为主的奥尔柯特《小妇人》系列作品英文版及汉译本,聚焦于英汉副关的人际功能对比分析,旨在对英汉副关的深入研究提供参考,加深对英汉双语文本异同点的理解,帮助人们理解话语中的人际意义,并为文学作品的品读提供新视角。

5.2　使用频率与机理分析

本研究对奥尔柯特《小妇人》系列作品英文版及汉译本的语料进行分析,其中,英语单词总数162 712词,汉译本字总数301 900字,汉语和英语语料字词数比例约为9：5[符合McEnery、Xiao和Mo(2003：364-365)的比例/折算标准]。具体讲,该研究就是将该系列作品英文版及汉译本中出现的副关进行统计、整理与对比分析。

5.2.1　英语副关的使用频率及其分析

通过借助统计工具Text Statistics Analyzer和文档的查找功能,本研究详细统计了英语副关的使用频率(见表1),并对其进行分析。

表 1　英语副关的使用频率

功能类型	小说名称	Little Women	Little Men	Jo's Boys	频率	总数
时顺	at first	8	6	0	14	224
	then	79	43	22	144	
	later	2	0	11	13	
	soon	20	0	10	30	
	soon after	1	0	0	1	
	afterwards	6	0	2	8	
	immediately	2	0	0	2	
	right away	4	1	2	7	
	instantly	1	0	0	1	
	presently	3	0	1	4	
解释	really	23	8	10	41	107
	truly	18	2	4	24	
	actually	7	0	1	8	
	certainly	8	2	2	12	

续　表

功能类型	小说名称	Little Women	Little Men	Jo's Boys	频率	总数
解释	indeed	12	0	2	14	107
	naturally	4	0	0	4	
	surely	3	0	1	4	
	actually	7	0	0	7	
	really	12	9	10	31	
	in fact	3	0	0	3	
转折	truly	2	0	0	2	69
	surely	4	0	1	5	
	certainly	3	2	1	6	
	however	2	0	1	3	
	instead	0	1	0	1	
	on the contrary	1	0	0	1	
	suddenly	4	1	1	6	
	quickly	3	1	0	4	

续表

功能类型	小说名称	Little Women	Little Men	Jo's Boys	频率	总数
断言	clearly	0	0	3	3	
	evidently	3	1	2	6	
	distinctly	1	0	0	1	
	probably	2	0	3	5	65
	maybe	5	5	4	14	
	perhaps	14	6	9	29	
	likely	3	1	3	7	
推论	generally	0	0	2	2	
	likely	3	1	3	7	
	probably	2	0	3	5	
	possibly	0	1	0	1	
	nearly	14	5	3	22	59
	almost	12	5	3	20	
	more or less	1	0	0	1	
	no wonder	0	1	0	1	

续 表

功能类型	小说名称	Little Women	Little Men	Jo's Boys	频率	总数
结果	at last	5	3	8	16	**38**
	therefore	0	0	1	1	
	after all	12	4	0	16	
	in the end	4	0	1	5	
加合	especially	11	5	6	22	**648**
	particularly	4	1	0	5	
	specially	2	0	0	2	
	likewise	1	1	0	2	
	too	75	20	41	136	
	again	36	6	16	58	
	not … not	2	1	1	4	
	neither … nor	6	0	1	7	
	only	83	38	45	166	
	simply	0	1	0	1	
	merely	13	0	0	13	

续　表

功能类型	小说名称	Little Women	Little Men	Jo's Boys	频率	总数
加合	just	65	30	31	126	
	alone	20	10	8	38	
	nothing but	12	3	4	19	
	even	13	6	13	32	648
	still more	1	0	0	1	
	besides	4	7	0	11	
	the ... -er, the ... -er	2	2	1	5	
条件	fortunately	1	0	0	1	
	at least	5	4	8	17	
	at most	1	0	0	1	30
	anyway	5	2	2	9	
	anyhow	1	1	0	2	
总数		686	247	307	1 240	1 240

表 2 汉语副关的使用频率

功能类型	作品名	《小妇人》	《小绅士》	《乔的男孩们》	频率	总数
时顺	先	98	20	15	133	408
	原未	15	2	1	18	
	原本	1	0	1	2	
	本未	13	3	0	16	
	随即	2	0	0	2	
	随后	1	0	0	1	
	接着	15	3	5	23	
	才	70	45	33	148	
	立即	8	0	0	8	
	当即	1	0	0	1	
	立刻	4	10	5	19	
	马上	17	10	8	35	
	顷时	0	2	0	2	

续　表

功能类型	作品名	《小妇人》	《小绅士》	《乔的男孩们》	频率	总数
解释	的确	9	9	7	25	309
	确实	15	1	13	29	
	真的	35	17	20	72	
	当然	28	9	12	49	
	肯定	23	25	12	60	
	原来	15	2	4	21	
	自然	12	5	11	28	
	本来	13	3	0	16	
	果然	2	1	1	4	
	果真	3	1	1	5	
转折	其实	7	8	4	19	208
	实际上	1	0	0	1	
	当然	25	9	12	46	

续 表

功能类型	作品名	《小妇人》	《小绅士》	《乔的男孩们》	频率	总数
转折	却	58	36	18	112	**208**
	反而	6	5	2	13	
	反倒	1	0	0	1	
	倒是	6	6	3	15	
	蓦地	1	0	0	1	
	显然	5	1	2	8	
	当然	28	9	20	57	
	显而易见	2	0	0	2	
断言	也许	16	3	16	35	**197**
	兴许	1	0	0	1	
	或许	7	30	0	37	
	可能	28	9	20	57	
推论	大约	2	2	0	4	**112**
	大概	1	3	1	5	
	大多	4	2	3	9	

续 表

功能类型	作品名	《小妇人》	《小绅士》	《乔的男孩们》	频率	总数
推论	可能	28	9	20	57	112
	大都	1	2	0	3	
	几乎	19	9	3	31	
	基本上	1	0	0	1	
	难怪	0	1	0	1	
	怪不得	1	0	0	1	
结果	终于	6	2	4	12	16
	总算	1	3	0	4	
加合	尤其	0	1	8	9	3 169
	尤其是	6	2	6	14	
	特别	0	4	9	13	
	特别是	7	2	1	10	
	也	343	198	183	724	
	再	112	82	46	240	
	又	120	38	20	178	

续 表

功能类型 \ 作品名		《小妇人》	《小绅士》	《乔的男孩们》	频率	总数
加合	还	168	136	142	446	**3 169**
	同时	8	0	4	12	
	半……半……	3	6	3	12	
	不……不……	7	3	0	10	
	一会儿……一会儿……	10	2	1	13	
	只	100	70	55	225	
	只是	46	12	20	78	
	就	383	284	236	903	
	光	8	6	2	16	
	仅	10	8	6	24	
	仅仅	5	0	0	5	
	单	2	0	0	2	
	单单	2	0	0	2	

续　表

功能类型	作品名	《小妇人》	《小绅士》	《乔的男孩们》	频率	总数
加合	偏	1	0	0	1	
	偏偏	1	0	1	2	
	更	91	33	52	176	3 169
	甚至	9	2	11	22	
	越……越……	10	5	6	21	
	愈……愈……	6	3	2	11	
条件	幸好	3	1	1	5	
	幸亏	4	0	0	4	
	幸而	1	0	0	1	48
	好在	3	0	2	5	
	至少	11	4	7	22	
	无论如何	6	1	4	11	
	总数	2 142	1 220	1 105	4 467	4 467

分析英语副关的使用频率(见表 1),可以得出,表后时时顺功能的"then",表确信解释功能的"really",表并列加合功能的"too""just""only",表例外加合功能的"only 和 just",表结果功能的"at last",表推论功能的"nearly"以及表隐性断言功能的"perhaps"在奥尔科特作品中占较大比例。此外,"加合"类副关与其他类别的相比,其数量和种类都是最多的。而表条件功能的副关,其数量和种类最少。

5.2.2　汉语副关的使用频率及其分析

同样,借助统计工具 Text Statistics Analyzer 和文档的查找功能,我们对"汉语副关的使用频率"的统计数据(见表 2)及其分析如下:

从表 2 可以得出,汉语单音节副关"也、再、又、还、就、才、只"在奥尔科特作品汉译本中的占比较大,这类词不仅可以连接词/短语,还可以用于连接小句,使语篇的衔接更连贯。分析语料可知,单音节副关能出现在句首和句中,位置更加灵活。汉语双音节副关中表确认解释功能的"肯定、当然、真的"以及表隐性断言功能的"可能"在奥尔科特作品中占比较大。

5.2.3　英汉副关在每部作品中的使用频率及其机理分析

下面我们再对副关在每部小说中的使用频率作统计分析,以便进一步了解其使用情况。英汉副关在每部小说中的使用频率,见表 3。

表 3　英汉副关在每部小说中的使用频率

小说名称＼副关数量	总字数	副关数量	每 5 000 词 / 9 000 字副关数量
Little Women	78 644	686	43.61
《小妇人》	158 171	2 142	121.88
Little Men	42 814	247	28.85

小说名称＼副关数量	总字数	副关数量	每 5 000 词 / 9 000 字副关数量
《小绅士》	71 404	1 220	153.77
Jo's Boys	41 254	307	37.20
《乔的男孩们》	72 325	1 105	137.51
英文总数	**162 712**	**1 240**	**38.10**
中文总数	**301 900**	**4 467**	**130.18**

从表 3 可知,英汉副关的使用有很大的不同。1)使用频率。英语副关共出现 1 240 次,每 5 000 个单词中约有 38.10 个副关。而汉语副关共有 4 367 个,每 9 000 字中约有 130.18 个副关。由此可知,副关在汉语中出现的频率更高。2)应用机理,即使用频率的变化规律。副关在英文版本语料中的使用频率从高到低排列为:*Little Women*＞*Jo's Boys*＞*Little Men*。然而在中译本中,汉语副关的使用频率从高到低排列为:《小绅士》＞《乔的男孩们》＞《小妇人》。

5.3　人际功能对比模式

李战子(2001)认为韩礼德在人际功能里所区分的情态和意态,对应了逻辑中所区分的模态性情态和责任/意愿性意态。一般来说,模态性情态表达了说话人对说话内容的不确定或缺少对其真实性的承诺,是认知型的。责任/意愿性意态表达了他想要做什么或人们想要他做什么,是评价型的。这与 Givón(1995)所作的分类,即情态中认知型态度包含确信、可能、频率;意态中评价类态度包括意愿、偏好、想要,有异曲同工之妙。换言之,在表达认知型态度时,说话人试图表达自己心目中的客观事实;而表达评价型态度时,说话人则是在表达自己的偏好。原苏荣(2013)将副关分为八大类,其中"推论"类副关表达了说话人所认为的事情发展的可能性,"解释"类副关则是说话人试图通过对事实的分析与论证,说服听话人相信说话人所认为的客观事实,而"时顺"类副关则表达了频率。所以,"推论"类、"解释"类和"时顺"类副关都表达认知型态度。而"加合"类和"条件"类副关则表达了说话人对事物发展走向的期望,"转折"类和"结果"类副关表达了说话人在多种可能中更倾向的一种可能,"断言"类副关则是基于事实的分析,表达了说话人对判断的肯定。所以,"加合"类、"条件"类、"转折"类、"结果"类和"断言"类副关都表达评价型态度。

由此分类可以看出,人们更常用副关表达自己的主观态度。通过分析语料库中的副关数据,可得英汉副关在情态、意态类别中的使用频率和比例,见表4所示:

表4 英汉副关在情态、意态类别中的使用频率和比例

	副关	频率(英/汉)	比例(英/汉)	合计
情态	推论类	59 / 112	4.76 / 2.56	**390 / 829**
	解释类	107 / 309	8.63 / 7.08	
	时顺类	224 / 408	18.06 / 9.34	
意态	加合类	648 / 3 169	52.26 / 72.57	**850 / 3 638**
	条件类	30 / 48	0 / 1.10	
	转折类	69 / 208	5.56 / 4.76	
	结果类	38 / 16	3.06 / 0.37	
	断言类	65 / 197	5.24 / 4.51	

从表4可以看出:1)因中英文字/词数差别,所以副关出现数量上稍有不同,但从比例上看,排序都为"加合"类＞"时顺"类＞"解释"类＞"转折"类＞"断言"类＞"推论"类＞"结果"类＞"条件"类。由此可看出,译者在翻译时,人际功能的表达没有偏离原文。2)不论是中文还是英文语料中,都是表达评价型态度的"加合"类副关使用频率最高。也就是说,说话人更倾向于使用副关来表达自己的主观倾向、偏好。3)表示认知型态度的"时顺"类和"解释"类副关使用频率排序分别为第二、第三。可见,说话人也会经常使用副关来表达自己所相信的客观事实,并将其传达给听话人。

总之,我们发现英汉副关在会话中使用的频率越高,互动性越强,表达效果越好。

5.3.1　情态功能对比及模式

传统语言学界认为情态和说话人对自己语言的真值认可度有关,情态允许说话人把自己的言语变成不太确定的、可能性的命题内容。因此,Lyons(1977)将纯粹陈述的"客观性"与情态意义的"主观性"对立起来。李战子(2001:354)也指出,说话人在无法对自己命题采取一个最直接、肯定的表达时,就会采用一种相对模糊、不确定的人际立场。也就是说,此时说话人对自己陈述内容是缺乏信心的。下面我们举例分析和概括"解释"类、"推论"类和"时顺"类副关在人际会话为主的奥尔柯特作品原著及汉译本中的情态功能及其互动性模式。

张谊生(2014:306)指出,表解释是经过分析和推理,对上文陈述进行再确认和肯定,或是对前文加以解释说明。因此,"解释"类副关是说话人对自己所叙述内容的进一步阐释,希望可以借此增强信服力、说服听话人。如例(1)、例(2)所示:

（1）Jo：Not a bit，and you never will. You've grown bigger and bonnier，but you are the same scapegrace as ever.

Laurie：Now *really*，Jo，you ought to treat me with more respect.

（*Little Women*，Chapter 43）

（2）乔：一点也不像，你也绝不会像的。你长大些了，也更漂亮了，可是你还是以前的那个淘气鬼。

劳里：哎呦，真的，乔，你应该对我更尊重些。

（《小妇人》，第四十三章）

"真的"在《新华字典》中除"不是假的"外，还可以强调某一论证或加强语气。《朗文当代词典》中"really"相关词条表示，本词可用于强调某一主张。"真的"是说话人经过分析和推理目前已知的信息，对上文的陈述或情况的含义、原因、理由等进行解释和说明。也就是说，说话人在认可前文内容的基础上，对其话语进行进一步补充说明。其中，"真的"表确认性解释，是对前述事实和情况的一种确认或再肯定，有时会从另一个角度对前面情况作进一步的解释（张谊生，2014：306）；补证性解释是以事实或结果的实现，或者是指出理由或原因，对前面的情况加以证实并给出解释。例（2）中，"真的"属于前者——"确认性解释"类副关。劳里和艾美刚刚订婚，他认为自己相比之前成熟很多，但刚得知此消息的乔十分惊讶、甚至觉得有些好笑，因为在她心里劳里还是曾经的那个男孩。劳里很无奈，觉得乔早就应该看看现在的他了。

在例（1）中，劳里几次提到自己订婚的事情，乔都忍不住爆笑。劳里使用"really"表示他认为自己已经不再是毛头小子，希望乔看到自己成熟有担当的一面。在翻译的时候，译者将"really"翻译为副关"真的"，见例（2）。这是因为在翻译一个句子时,译者不仅要将说话人的意思传达出来,还要将说话人想要表达的情态意义呈现出来。因此,"really"所体现的语气强度看似微弱,但在翻译成中文时,译者还是将其保留了下来,表达出劳里对于乔继续将他当作"男孩"的不满与埋怨。此时的"真的"并不表达"不是假的"。因为此处虽然劳里一直在强调自己已经长大,但这只是他自己的主观评价——他已不再执着于当乔的弟弟,也不再执着于回到过去那无忧无虑的孩童时光了。但他也明白这只是他自己的想法,并且不太可能用三言两语就说服乔。"真的"一词在该语境下体现了他的努力与无奈,也从侧面表现出他不再是执着争执、说服别人的幼稚男孩,劳里的无奈退让也体现出他的确成长了,在他们的交流互动中,副关"真的"的使用,实现了其表达确认性概率的情态化人际功能。

值得指出的是,由于英汉语言的差异,汉语译者会使用一些副关来表达英语原著的意义。本研究所选取的语料中,部分英语对象词并不是副关,但是其表达的人际功能和汉语译本中的副关一致。因此,我们选择将两者放在一起进行对比分析,以揭示语言间用词不同,但表达意义相同的语用现象;旨在帮助读者更好地理解原著及其译本。

(3) Meg: I wonder if you will ever grow up, Laurie.

　　　Laurie: I'm doing my best, ma'am, but can't get much higher, I'm afraid, as six feet is *about* all men can do in these degenerate days.

(Little Women, Chapter 24)

(4) 梅格:真不知你可会长大,劳里。

　　劳里:我尽力而为,夫人。可是,我恐怕长不了多大了。在这种衰败的年代,六英尺大约就达到所有男人能长到的高度极限了。

（《小妇人》，第二十四章）

张谊生（2014：305）指出，"大约"表推论，并且结合上下语境看，根据一般的常识，所作出的推想和估计是可以理解的、合乎情理的。因此，说话人既可以使用英汉"大致性推论"类副关说明可能的原因和后果，也可以表达他们对可能遇到的问题的担忧。

在例（3）中，奥尔柯特使用"about"来表达劳里的态度。人们一般认为说话人使用"about"可以暗示他对所说的内容不太有信心。但实际上，此处劳里和梅格并不是真的在讨论美国男人的平均身高问题。这段对话发生在劳里和梅格之间。此时，美国南北内战已经结束了三年，众人的生活恢复平静。马奇先生已经安全回国；梅格和约翰感情稳定，即将结婚；乔专心写作，在朝着成为作家的梦想而努力；艾美接替了乔的工作，开始去马奇姑妈家服侍，并学习社交、画画；贝丝身体虚弱，所以大部分时间都在家里做家务，照顾家人，虽然辛苦，但这也是她所喜欢的。每个人都逐渐承担起各自在家庭中的责任，而正在上大学的劳里则还是自由自在、无拘无束、无忧无虑。从学校回来后，劳里给梅格带回了一个铃铛作为礼物，让她在恐惧的时候摇动铃铛，驱赶可怕的事物。看着劳里的礼物，梅格不禁叹息，劳里好像一直是个少年，不知道什么时候才能长大。劳里却认真地回答说，在这个时代，男性身高普遍如此，就算不再成长，他已经算很高的了。劳里的回答很直接、生动地向读者展现了自己还是男孩，而不是成年人；尽管他使用了表概率的"about"来提高话语的严谨性。

例（4）中，译者合用了副关"就"和"大约"，"就"属于"加合"类副关。在翻译一个句子时，译者不仅要在语法层面上解释作者的用意，还要挖掘情态的强度和原文本中的语态所表现出的深层含义。因此,虽然语气助词"be about"所体现的态度强度比较微弱,但根据语境,将其翻译成中文时,"be about"的语气强度应该得到强化,以巧妙地表现出劳里答话的认真。译者将"be about"增译成"大约就",这在很大程度上加强了劳里的态度,强调他对自己身高十分满意,这也反映了他的不成熟,因为他完全没有明白梅格的意思。劳里虽然用相对客观的方式表达了自己的想法,但他的说法并不绝对,在他看来这也是成熟的一种表现。实际上,梅格想讨论的和身高无关。李战子(2000)认为交际是说话双方的个体行为,也就是说,此处他们所谈论的事情并不是社会结构和状况的反映,劳里连用副关"大约""就"对所说内容进行了主观修饰。

(5) Meg: Oh, oh, oh! What have you done? I'm spoiled! I can't go! My hair, oh, my hair!

Jo: Just my luck! You *shouldn't* have asked me to do it. I *always* spoil everything.

(*Little Women*, Chapter 3)

(6) 梅格:噢,噢,噢! 你都干了些什么呀? 全完了! 教我怎么见人! 我的头发,噢,我的头发!

乔:唉,又倒霉了! 你本来就不该叫我来弄。我总是把事情弄得一塌糊涂(你知道我一直都很粗心,为什么还让我帮忙烫头发?)。

(《小妇人》,第三章)

例(5)、例(6)的场景发生在加德纳夫人邀请梅格和乔一起去参加一个小型新年前夜舞会时,为了能够惊艳亮相,梅格做了很多准备工作。她期望在这次舞会上自己能短暂地进入上流社会,暂时忘记现实生活中的贫穷和劳累,感受宴会上的盛况,所以她精心准备了服装和造型。她准备用新买到的丝带绑住头发,点缀上她母亲的小珍珠发夹,搭配自己的新鞋子和新手套。另一边,乔则完全相反。她像往常一样不期待舞会,觉得众人装腔作势地走来走去很无聊。而她唯一能在舞会上穿的裙子上也烧了一个洞,手套上也被撒了柠檬汁。在梅格的一再要求下,她才愿意先戴上梅格的旧手套。两人就着装问题达成一致后,梅格开始整理她的头发,她想做几个卷曲的刘海,就让乔来帮忙,将她的头发包在硬纸板里,然后用热钳子夹住。但由于温度过高,梅格的头发被烧焦了。

"always"在《朗文当代词典》中意为总是做某事,尤其是以令人恼火的方式。例(5)中"always"用来表达乔的恼羞成怒。在翻译时,译者将"always"翻译为"总是",表达了较强的频率情态意义,见例(6)。李战子(2001:354)指出情态可以看作是说话人为追求更强的科学性、客观性所作出的努力,因为此时的表述是说话人认为自己所能给出的,对假设最清楚、最客观的表达。例(6)中两个副关"本来"和"就"的连用,使乔所表达的情态意义得到了加强,表明了她的抱怨和惊慌的态度。她既担心梅格的头发,又担心梅格生气,所以先发制人——"你知道我一直都很粗心,为什么还让我帮忙烫头发?"生动形象地刻画出乔不拘小节、粗心、坦率直接的性格。这里的增译不仅翻译出说话人字面的含义,还很生动地将其负面情绪展现了出来,加强了人物刻画,体现了其表达频率的情态化人际功能。

(7) Amy:Your hair! Your beautiful hair!

Jo:It doesn't affect the fate of the nation, so don't wail, Beth. It will be good for my vanity, I *was* getting *too* proud of my wig.

(*Little Women*,Chapter 15)

(8) 艾美:你的头发! 你那漂亮的头发!

乔:这又不是什么惊天动地的大事,别这么号啕大哭了,贝思。这正好可以治治我的虚荣心,我原来对自己的头发也太自鸣得意了点儿。

(《小妇人》,第十五章)

例(7)、例(8)的场景发生在马奇一家收到父亲在前线参军病重的电报之后。从前文中我们可以得知他积极参军,保家卫国,鼓励乔写作,经常给家里寄信,女孩们对他的信充满期待。这些细节都说明他是一位好父亲,在这个家里,像马奇夫人一样有很大的影响力。收到前线传来的父亲病重的消息,身为护士的马奇夫人立即准备出发照顾她的丈夫,而劳里立即找到了一辆好马车,劳伦斯先生带来了他能想到的各种病人可能会用到的物品,并善意地承诺在马奇夫人离家时会照顾女孩们。乔认为母亲这次出行肯定要花很多钱,而自己暂时又没有经济来源,考虑再三后,她选择卖掉自己的头发。

在《朗文当代词典》中,"too"的意思是超过可接受的程度。例(7)中,"too"这个词用来表达乔有多爱她的头发,暗示了她对头发的看重。例(8)中,译者将"too"译为"太",并在原文中增加了"时顺"类副关"原来",表示她过去一直很重视自己的头发。根据张谊生(2014:300)的说法,"原来"在表先时的同时,往往兼有解释前因和引起转折的作用。"原来"指过去的某个时期,并暗示现在的情况已经不同的情态意义。所以译者在实现频率情态意义的同时,也实现了其人际功能——为了保护自己的家人,乔可以割舍掉自己一直在乎的"身外之物"。

以上,我们分别举例分析了"解释"类、"推论"类和"时顺"类副关。分析可得,这三类副关都可单独使用来表达情态意义,与此同时,它们还可以实现更深层次的人际功能。其中,"推论"类和"时顺"类副关还可以与"就"连用,表达除强调高频率之外更丰富的情态意义。基于语料考察和例句分析,我们可以总结出副关的人际功能实现模式,见图3:

图3　人际功能实现模式1

在例(1)及例(2)中,劳里借用"解释"类副关"真的""really",表达了劳里的无奈,乔应该把自己看作一名成熟男性而不是曾经的小男孩了,但是他也很了解乔,明白在乔心中,或许他一直都是没长大的男孩,所以他只是指出一种可能,并不确定乔是否会按照他的意愿做事。"真的"一词在实现其"可能你可以对我更尊重一些"的情态意义时,也完成了其人际功能——传达了他的无奈,体现了他的成长。在例(7)及例(8)中,乔使用"原来"一词,表明过去她一直都十分爱惜自己的头发,体现了其表"频率"的情态意义。而在此语境中,"原来""was"也暗示了乔观念的转变,在父亲生病需要钱时,自己愿意舍弃曾经珍视的头发,保护自己的家人。在以上情境中,副关都在实现其情态意义的同时,也实现了不同语境中的人际功能。

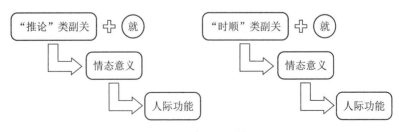

图4　人际功能实现模式2

基于语料考察和例句分析,我们可总结出副关与"就"连用的人际功能实现模式(见图4)。在例(3)及例(4)中,虽然劳里表达的是自己的主观印象,即此时的美国人大多个子不高,但为了显示自己所说内容的客观,劳里用"大约"一词修饰。此时,出于维护对方面子或追求客观等原因,说话人往往削弱了"推论"类副关的不确定性,委婉表达了自己的立场。在例(5)及例(6)中,"时顺"类副关"本来"和"就"的连用表达了情态意义,即乔一直不是细心的人的同时,也传达出乔对姐姐交给自己如此棘手任务的埋怨。此时,说话人多用此来进一步强调、确认自己的观点,并结合语境进一步表达抱怨、惋惜等态度,实现其表概率、频率的情态化人际功能。

5.3.2　意态功能对比及模式

我们先看例句(5)中"Jo：Just my luck! You *shouldn't* have asked me to do it. I *always* spoil everything."译为"乔：唉,又倒霉了! 你本来就不该叫我来弄。我总是把事情弄得一塌糊涂",这里将"shouldn't"翻译为"本来""就""不该"。"shouldn't"意为"不应该"。"本来"具有按道理应该怎么做、该怎么样的意思,而"本来就"则表示理应如此(原苏荣,2013:91)。这是明显的表义务的意态化人际功能,例句中又使用"always"表示交际频率的情态功能。可见,在元话语人际互动中,人们交流时可以同时表达情态化人际意义和意态化人际意义,呈现活灵活现、惟妙惟肖的交际场景。

我们再看下面的例句:

(9) Laurie：I like that Dan very much, Jo, when you have tamed him a little he will do you credit.

　　Mrs Bhaer：Thank you very much for your kindness to him, *especially* for this museum affair... What did inspire you with such a beautiful, helpful idea, Teddy?

(Little Men, Chapter 11)

（10）劳里：乔，我非常喜欢丹。哪怕你只是稍稍驯服了他,他也会为你增光的。

巴尔夫人：非常感谢你对他的好意,尤其是博物馆这件事……如此美丽又有益的想法,你是从哪儿得来的灵感?

(《小绅士》,第十一章)

在例(9)及例(10)中,劳里会在空闲时间带孩子们一起游玩,巴尔夫人使用"特提加合"类副关"especially",表达对劳里带孩子们去博物馆的赞赏态度。"尤其是"强调了乔认为劳里和孩子们一起进行的活动中,她尤为喜欢的是孩子们和劳里叔叔去博物馆,传达了其意态意义。因为孩子们可以一边娱乐一边学习新的知识,开阔眼界的同时还可以释放精力,一起度过美好的时光。《新华字典》中,"尤其是"意为尤其、突出的,译者的翻译将乔的期望很好地传达了出来,乔其实也在暗示劳里以后继续带孩子们去博物馆,体现了其强调肯定的意态化人际功能的实现。

（11）Meg：I told Mother about a black with a white handle, but she forgot and bought a green one with a yellowish handle.

Jo：Change it.

Meg：I won't be so silly, or hurt Marmee's feelings. My silk stockings and two pairs of new gloves are my comforts.

(Little Women, Chapter 9)

（12）梅格：我原叫妈妈买一把白色手柄的黑伞,她却忘了,而买回了一把黄色手柄的绿伞。

乔：把它换过来。

梅格：这只是我的荒唐想法罢了,我不会不分好歹的。

幸好我的丝袜和两双新手套可以充充场面。

（《小妇人》，第九章）

在例(12)中，梅格使用了副关"幸好"。"幸好"属于"条件"类副关，表示事物发生的有利条件，副关位于话轮的中间位置时，具有延续话轮的作用。根据上下文，我们可以知道，梅格希望她的母亲能买一把白色手柄的黑伞，而马奇太太却买回了一把黄色手柄的绿伞。虽然这是一把结实的伞，但梅格觉得和艾美的金顶丝伞放在一起很突兀。

在这段对话中，说话者使用了副关"幸好"，表达了对她的雨伞的喜爱，表示这把雨伞并不完美，但因为是她母亲买的，所以是一把珍贵的雨伞。"幸好"一词的意思是出乎意料的成功。当"面子"有可能被威胁时，说话人就可能会使用倾向类意态来表示自己的"主动选择"。在这里，译者加入了"幸好"一词，表达了梅格对自己新手套和雨伞的满意的同时，也传递了该词的人际意义——梅格是一位善解人意、懂知足的女孩子，所以她主动维护了母亲的"面子"。

(13) Amy：Is Laurie an accomplished boy?

Mrs March：*Yes*，he has had an excellent education，and has much talent. He will make a fine man，if not spoiled by petting.

（*Little Women*，Chapter 5）

(14) 艾美：劳里是否称得上多才多艺？

马奇太太：当然，他接受过优等教育，又富有天赋，如果没有被宠坏，他会成为一个出色的人才。

（《小妇人》，第五章）

在例(13)及例(14)中，根据上下文，艾美认为劳里是个非常好的学生,于是询问她母亲的看法。她认为劳里接受了很好的教育,而且很有天赋,将来一定会成为一个非常优秀的人。马奇太太使用了"补充转折"类副关"当然",表达了对事件信息的补充。在《新华字典》中,"当然"的意思是肯定的,强调某事是合理或合情的,没有疑问的。译者将"yes"译为"当然",说明在译者看来,马奇夫人十分相信自己的判断,对劳里也很有信心。Lyons(1997:793)认为意态体现了说话人对所描述内容的可允许度。也就是说,马奇太太对劳里的未来十分看好,认为劳里将来一定会成长为一个非常优秀的人。译者认为这是马奇太太持有的想法,因此改变了用词,利用副关"当然"强化了说话人的主观意态表达,实现了其表坚定意愿的意态化人际功能,表明马奇太太对劳里的喜爱,也从侧面写出劳里的优秀。

以上,我们分别举例分析了"加合"类、"条件"类和"转折"类副关。根据自建语料库及例句分析可得出,副关单用或与"是"连用都可表达意态化人际功能,形成副关的人际功能实现模式,见图5、图6:

图5　人际功能实现模式3

例(12)中,"条件"类副关"幸好"体现了梅格虽然对母亲买的不洋气小伞不满意,但因为还有新丝袜和手套可以充场面,所以并没有十分不高兴。一方面,该词体现了梅格对自己新物件儿的喜爱和对马奇太太的感激,实现了其意态意义。另一方面,这也表达了梅格知足的心境,即使她羡慕、渴望拥有上层社会的浮华,但其言辞之中流露出自己都没有察觉的对现状的满足,体现了其突出有利条件的人际功能,为后文她幸福地嫁给清贫的家庭教师作了铺垫。例(14)中,艾美觉得劳里有趣且幽默,但是他也十分贪玩,不解地询问马奇太太他算优秀的人吗?马奇太太使用转折类副关"当然"一词,肯定了劳里的优点,表达了马奇太太对劳里的喜爱和对他未来的信心。

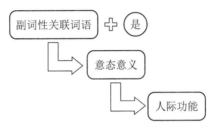

图 6 人际功能实现模式 4

"特提加合"类副关"尤其是"是人们交际中常用的词语,其用法也比较典型。例(10)中,劳里在闲暇时间会带孩子们外出游玩,有时去农场、有时去小溪流旁玩耍。对此,巴尔夫人表示更加喜欢他带孩子们去博物馆,因为这样孩子们在放松身心、释放精力的同时,还能学习到很多知识,一举多得,"尤其是"传达了巴尔夫人赞赏的意态意义。此处"尤其是"还实现了其强调功能,巴尔夫人使用"尤其是"暗示劳里以后多带孩子们去博物馆之类的地方,体现了其凸显意愿倾向的意态化人际功能。

5.4 小 结

通过对自建语料库中副关使用情况的考察,我们发现:第一,作为情态附加语,具有人际功能的英汉副关能表达说话人不同类型的情态与意态。第二,表时顺、解释和推论功能的副关可以表达说话人的情态,表断言、转折、条件、加合和结果功能的副关可以表达说话人的意态。在不同的语境中,可以实现不同的人际功能。第三,经过分析自建语料库中的例句,我们发现在不同语境下,副关单用、与"就"或"是"连用都可形成模式,表达情态意义或意态意义,以实现其情态化或意态化人际功能。其中,"时顺"类副关可以加强说话人的强调语气;"推论"类副关与"就"连用则能表达说话人对自己所表达内容的自信,借此来说服对方或者向对方证明。说话者往往会加入自己对事物的态度评价或主观判断,将前后话语合理连接起来。"特提加合"类副关"尤其是"的用法十分典型,既可实现强调功能,也可实现说话人的暗示、喜好等人际互动功能。

第六章　英汉副词性关联词语
逻辑关系对比模式

6.1　引　言

作为功能语言学的创始人,韩礼德(1985/1994)将语言的三大元功能总结为概念功能、人际功能和语篇功能。其中,概念功能是用语言谈论世界,用语言来表明信息或小句之间的关系的一种元功能,因此概念功能的实际应用在表义之外还体现小句之间的相互关系,这种关系既是句法层面的又是语义层面的,是语言对于不同小句意义单位间逻辑关系的表达,是基于小句之间的逻辑关系。韩礼德(1994:216-273)指出这种逻辑关系在相互表述中存在两个维度,一是相互依存关系(Interdependency),包括并列关系(Parataxis)和主从关系(Hypotaxis),二是逻辑语义关系(Logico-Semantic Relation),包括扩展(Expansion)和投射(Projection)。扩展是指通过次要小句的详述(Elaboration)、延伸(Extension)、增强(Enhancement)这三个不同的过程,实现对主句意义的扩展,投射主要包括了言辞(Locution)和思想(Idea)投射,图1表示了概念间的上下关系。

学界发现,随着互动语言学的兴起,小句间的这种逻辑关系同样也在口语中体现出较强的互动性,这种互动性往往是通过说

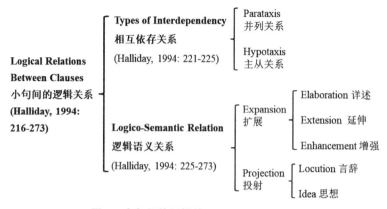

图 1　小句间的逻辑关系（Halliday，1994）

话人的表达意图体现出来的。作为语篇衔接的重要手段之一，副关在说话人传达某种意图时起到重要的作用。因此，副关在口语中的相互依存关系和逻辑语义关系方面的互动性研究是一个有意义、有研究价值的话题。

6.2　相互依存关系及其使用频次与模式

韩礼德（1994）提出语言系统逻辑成分分为相互依存关系以及逻辑语义关系。其中，相互依存关系包含并列（Parataxis）和主从（Hypotaxis）。值得注意的是，韩礼德（1994：221）还强调，并列和主从并不限于小句级阶的普遍关系，它们能确定任何级阶的复合体，包括小句复合体、短语复合体、词复合体等。

基于此，本研究以英汉高端电视会话为语料，对其中的并列与主从关系进行探究，深入挖掘副关在英汉口语中的并列与主从关系句中的表达方式、互动性以及异同点，为副关的互动性研究提供新的思路。在语料选择上，我们选取了具有典型性的英

汉高端访谈节目 *David Rubenstein Show* 和《财富人生》，以及英汉高端辩论节目 *Intelligence Squared U.S. Debate* 和《世界听我说》为语料，其中，英语语料共计 689 699 词，汉语语料共计 778 583 字。

6.2.1 并列关系

并列关系连接两个地位平等的成分，起始和后续成分都是自由的，每个成分可以独立行使一种功能（Halliday，1994：221）。因此，并列关系的两个或多个成分呈现对称性，即形式相同或相似。根据不同成分的并列方式，我们将并列分为四个大类：顺承、转折、选择以及递进。依据此分类，我们对不同种类的并列关系中的副关使用总频率进行了统计，见表 1：

表 1　并列关系中副关的使用频率

类型 ＼ 副关使用频率	英语副关使用频率（每 20 000 词）	汉语副关使用频率（每 20 000 字）
顺承	28.4	48.4
转折	63.4	87.2
选择	7.6	13.4
递进	3.2	0.0
总数	102.6	149

根据表 1 数据，我们可以得出结论，英汉副关在并列关系中的使用频率：表转折功能的并列句使用副关的频率最高，表顺承功能的并列句次之，而表递进功能和选择功能的并列句很少与副关连用，且英语副关的使用频率总体比汉语低一些。基于该数据，我们可以得出以下模式（见图 2）：

图 2　并列关系句副关使用频率高低模式

6.2.1.1　表顺承

下面我们先举例，接着逐一进行分析讨论。

（1）Chris：… It seems like small numbers today but probably a half a billion dollars of deals across the spectrum of hotels and office did a lot of tax exempt multi-family in our fund and had a lot of great partners，one of whom was Blackstone and *then* got recruited my partner and *then* go to Marriott after doing that for five years.

（*David Rubenstein Show* 2020）

（2）David Malpass：Now I would imagine that you have to convince members of Congress from time to time to increase the support of the United States for the World Bank. They're members of Congress. They say，"Whatever you want，we'll give it to you or you have to go up and really lobby for that."

　　Guest：There are some of both. You know Congress

has been pretty supportive *both* Republicans *and* Democrats of the work of the World Bank.

(David Rubenstein Show 2021)

（3）施有毅：……刚刚开始的时候,就乱七八糟吧,什么都做,搞贸易,我也去种过菜,搞个各种各样的这种所谓生意,那个时候可能更多的首先解决温饱问题,解决发财致富问题,再想什么事业,再想什么产业,再慢慢再来。

(《财富人生》2012)

（4）孔翔飞：我实际上小时候是一直学帆船……比如说这里拉得紧一点,这里放得松一点,会影响整个船的速度和它的控制能力等等,这是很多细节了,算一个公司内的运营方法。你运营得好的话你可以控制,你可以效率做得高,你会得到利益,一些利益在里面了,同时也要考虑战略来看,考虑旁边的其他的船,他们怎么动的,现在他们可能是从这边过来得多一点,你可能是要在另外一头,就用这种思考方法或者分析方法。

(《财富人生》2012)

（5）陆亚萍：裤子裁剪完成了,是不是既合身又时尚呢？

主持人：要把它作为一个赚钱的生意,可能我们还得另外想个办法,所以您才开始动脑筋是吗？想到由自己做裁缝变成卖布匹。

(《财富人生》2012)

在英、汉口语语料中,表顺承功能的并列关系出现频率都比较高,其中,时间顺序作为一种重要的顺承方式,在讲故事与说理中使用高度频繁。例（1）和（3）分别体现的是英汉的"时顺"类副关"then"和"首先""再"在连用时的顺承表达方式,传达时间先后的概念,比如例（1）中 Chris 所说的"创办企业""招募合作伙伴"

"去万豪"三个事件的发生顺序由表时顺功能的副关"then"体现。同样,汉语例句(3)中,嘉宾施有毅用"首先""再"引出所谈事情的时顺关系。而例(4)嘉宾孔翔飞使用"同时",体现事件的同时性而非时顺性,标志着两者动作的同时发生。值得注意的是,在叙述事件的先后顺序时,英汉语言中的表达方式有所不同,主要体现在连词的使用上。从搭配的角度来看,英语语料中常常用连词"and"来连接两个并列句,尽管这些副关在语义上也带有并列的含义,但是在英语中并列连词的使用被认为是连接两个并列成分的结构标志,并且副关的使用往往会在此基础上细化其并列成分的逻辑关系,比如时间、空间等。而汉语则更不倾向于使用并列连词"和""并且"等,因为汉语中副关的使用即代表某种并列关系,体现了语言的经济性原则。

此外,除了表达事件的发生情况外,副关还可以用于连接两个相同的词或短语成分,以说明事物的双重性质或者对象的双重性,所述事件前后平等,不分先后顺序。如例(2)中嘉宾(Guest)使用副关"both ... and ..."和例(5)中说话人陆亚萍使用的副关"既……又……"在辩论和访谈中表达的内容和逻辑性都很恰当,副关在其中的作用主要是为了清楚地表达这种双重性,帮助听者更好地理解说话人的意图,不论是性质还是对象,其两方面或多方面都是地位平等、相互对称的。

6.2.1.2　表转折

(6) David：So in your book on jazz you talk about some of the greats who *either* played with *or* who influenced you and I just like to ask your brief comments on some of them. First is Louis Armstrong, you *originally* thought he was as you say an Uncle Tom but you *obviously* changed your view.

(*David Rubenstein Show* 2020)

(7) Ola：Well，you could say that we actually were there before the market was there. We were the ones that put in Europe to start with the first volume production electric car into the market，which was our urban brand smart. That was back in 2007. We were there but nobody else was there. So *maybe* we hesitated for a little while，but now we're in a massive product offensive.

(*David Rubenstein Show* 2020)

(8) David：So I've always saw wondered when … when you're in business with your parents do you do you call your … your boss mom or do you call her Estee?

Leonard：I would call her mom. *However*，I would always address her in front of other people as Mrs. LAUDER under respect. And it worked. It worked well. They had trust in me from way back. They said，"Oh，everything that it wants to do he can do."

(*David Rubenstein Show* 2021)

(9) 施有毅：这几个项目都是说当时投他的时候我还没看准，没投，也不一定我慢了，别人太快了，有人还没辞职把钱都搞定了，但是后来他们创业都失败了，第一次创业都失败了……

(《财富人生》2012)

(10) 徐磊：他也没想到就是要去投资什么的，就是我跟沈南鹏还有王冉见面，那次见面他就是继续问了我很多问题就很快速，他们的问题都很快，我不知道我回答了一些什么，反正我就如实回答。其实那一次他就非常坚定地决定要投我们，然后就一直在找我，第二次他就请我跟我老公一块吃饭，后来也是今年我看一篇文章,我才知道他为什么请我跟我老公吃饭。

(《财富人生》2012)

(11)主持人:你当时留学回来的时候,是……是直接就在和新东方就结缘了,是吗?

徐小平:不是接原,是结缘!

主持人:哈哈哈哈哈,这就结下缘分了。

徐小平:实际上这个缘更早。我是一九八三年从中医学院毕业去了北京大学,然后在那认识他……

(《财富人生》2012)

表转折的并列关系在英汉口语中使用颇多,其含义往往会随着副关的语义变化而发生改变。例(6)和例(9)均为转折并列句中"时顺"类副关的使用,"时顺"类副关本身是表达事件发生的先后顺序的一类副关,这两例说明了先后不同事件强烈的对比,如例(6)中说话人 David 使用副关"originally"和"obviously"谈论听话人在自己的书中对路易斯(Louis)的印象发生了较大的变化,原先认为他是个"汤姆大叔",而现在则明显不同,"时顺"类副关的使用体现了前后态度的巨大变化。而在例(7)中嘉宾 Ola 使用的"maybe"和例(8)中 Leonardy 使用的"however",则是表推测功能的副关与表转折功能的副关应用,由于表推测功能的副关在语气上明显弱于其他副关,其转折程度更加弱一些,是一种可能性的转折推测,体现出说话人对转折的不确定性,对其中的原因仅仅是一个推测,因此使用表推测功能的副关起到减弱语气的作用。但无论与什么副关搭配,英汉转折并列句往往都会与并列连词"but""但是"等连用。此外,根据原苏荣(2013:108)对副关的研究,副关本身可以表示转折,因此这类副关出现时往往不需要与并列连词连用,如例(8)和(10)所示,在单独使用时,表转折功能的副关本身在语义上体现了转折性,"然而/however"与"但是/but"意思相近,而"实际上/in fact"则是在转折的基础上增加了一层强调事实的含义,如例(11)中主持人和徐小平对话中,徐小平使用副关"实际上"就在转折的基础上更强调"结缘更早"的事实。

6.2.1.3　表选择

(12) David：I do expect at some point the people will come back and you'll be going back to the way that department was run before everybody shows up for office work five days a week or ... What do you think will happen?

Raimondo：*Maybe* now five days a week，*maybe* every week but certainly predominantly. Yes，back in the office. It'll be it'll be like business.

(*David Rubenstein Show* 2021)

(13) 主持人：……他根本不知道团队股份应该怎么样去给,或者他根本不知道这个公司的激励制度应该怎么去制定,这方面你能给到他们什么建议呢?

查立：……做调整的话,也许主要的问题还不在团队自身,也许我们现在碰到的比较多的问题是一些所谓天使投资人,也许也是他的朋友,也许是他原来的公司里面一起工作的,也许碰到一个什么做地产的做贸易的人,所以有些创业团队这个阶段非常早期,投钱也投得不多,一点点钱,但是投资人赚得太多就会影响到后来……

(《财富人生》2012)

表选择的并列句则体现事件或者事物的选择性或任意性,即事件或事物之间是可以相互替换的,但是英汉的表达方式却略有不同。例(6)中 David 谈论听话人的书时,在第一个话轮中使用副关"either ... or ..."则是典型的搭配标记体现选择并列的情况，即既可以是一起玩耍的人，也可以是对你影响比较大的人。而汉语示例（12）和（13）则体现出英汉相同的形式，例（12）中Raimondo 使用副关"maybe ... maybe ..."，例（13）嘉宾查立连续使用副关"也许……也许……也许……"。多个副关"maybe"/"也许"的使用体现说话者举出的多种可能性，但这些并没有涵盖所有的可能情况。以汉语为例，这几个条件只需满足其一即可作为天使投资人。英汉表选择的并列句中副关的互动性呈现不同的形式，主要是因为汉语中并列连词"或"即可表达选择的含义，不需要使用副关，如果需要增补则只需要并列使用副关即可表达选择含义。

6.2.1.4 表递进

（14）David：Over the years, the 50 years or so, have there been one or two or three events that have happened at Davos where a global leader of one country met with a global leader of another country and *actually* as a result, a peace agreement broke out or something like that happened? Does that happen very much?

（*David Rubenstein Show* 2021）

递进是一种不同事物之间的逻辑关系，如例（14）所示，David 在话轮中使用的"as a result"体现前一小句的内容与后一小句呈现前因后果的递进关系，而副关"actually"的使用则体现提问者对这个结果的一种确认的态度。在这里表肯定推测，而这种因果关系在句法结构中属于并列关系。因为两者之间用并列连词"and"以及短语"as a result"传达结果的含义，体现一种自然而然的结果。副关则体现说话者的确认态度，而汉语中的因果关系往往均被认为是主从关系。所以此类并列关系仅在英语中出现，而未在汉语语料中发现。

基于上述研究,我们发现英汉相互依存关系中的并列主要有四种,表顺承、表转折、表选择以及表递进,其中,表顺承和表转折是出现频率相对较高的两类并列。而在表达方式上,英语的并列常常与并列连词共现使用,体现清晰的并列关系,而汉语可以使用也可以不使用并列连词,因为部分副关(如"时顺"类)本身具有并列的含义,因此可以直接体现并列连词的意义,其中,搭配使用的并列连词中"但(是)"频率较高;而当与并列连词共现时,副关在其中的作用主要是体现说话人的情态。

6.2.2　主从关系

主从关系(有学者也称从属关系)连接两个地位不平等的成分:支配成分和依附成分。支配成分是自由的,但是依附成分不是(Halliday,1994:221)。因此,主从关系的两个成分在逻辑上呈现非对称性。换言之,依附成分无法脱离支配成分单独作用。在研究中,我们发现依附成分与传统语法中的从句别无二致,因此,根据主从句之间的逻辑关系,本研究将主从关系的类别分为三类:因果、条件以及时间/地点。基于此分类,我们对不同种类的主从关系中的副关使用总频率进行了统计,如表2:

表 2　主从关系中副关使用频率

类型　　副关使用频率	英语副关使用频率 (每 20 000 词)	汉语副关使用频率 (每 20 000 字)
因果	82.8	98.8
条件	89.4	142.8
时间/地点	19.0	11.6
总数	**191.2**	**253.2**

根据表 2 数据,我们可以得出结论,在主从关系句中,表条件的主从句使用副关的频率最高,表时间/地点的主从关系句最少,且除了表时间/地点的主从关系句外,英语副关的使用频率比汉语低一些,但整体都呈现条件>因果>时间/地点的频率。基于该数据,我们可以得出以下模式(见图 3):

图 3　主从关系句副关使用频率高低模式

6.2.2.1　因果

(15) Reid: And so that was when I started doing, mostly *just* because I was interested in other folks who were building these great projects that I wanted to help out with and participate in getting.

(*David Rubenstein Show* 2021)

(16) Noubat: It was a little more complicated because I had along the way in the last few years started coast started co-founded a number of other companies. So between 94 and 97 I'd been involved as a co-founder for other companies. Each of them

went public. Three of them got sold. And so *actually* in a way it was worse than just doing one thing and then kind of calling it a day because I had not also sample doing multiple things.

(David Rubenstein Show 2021)

（17）主持人：不说创业的这样一件事，只是因为你自己的兴趣去做裁缝这样一件事情是吗？

陆亚萍：我家里从小是一个特色农村，家里很穷……

(《财富人生》2012)

（18）主持人：那时候想法跟现在会很不同的。

徐小平：很不一样的，那是我后来想想……那个年代就是这样，所以其实他们生出来的时候也没有少吃苦，他们小的时候没意识……

(《财富人生》2012)

因果关系体现两个事件之间的原因—结果关系。其中，从例子中可以看出，英汉副关都可以在原因或者结果句中使用。例（15）和（17）中的嘉宾 Reid 和主持人分别在连词"because""因为"之前加了表示例外推论的"just"和"只是"，副关"just"和"只是"的使用体现出说话者的推论，并指出这个推论原因的单一性。不同的是例（15）是嘉宾 Reid 叙述的，体现一种积极的主观性。而例（17）为主持人推测提问产生的原因，更带有一种消极推论的主观性。例（16）和（18）在结果句中使用副关"actually"和"其实"，二者的相同点在于同样都是表补充转折的副关，嘉宾 Noubat 和辩论人徐小平都是借结果的表达提出自己的观点。具体以（18）为例，本例中说话人指出那个年代的人生活条件很艰苦，但是他们那时候很能吃苦，是一种含有转折补充意义的因果关系。

6.2.2.2 条件

(19) Jerome：You know if you change countries let alone forcibly，you *really* don't have much time to say what's owed to me and how come I got this advantage. I mean these are all privileges of rooted people. If you're unsuited or uprooted，you don't *actually* need roots to feel like you're entitled. That is a completely connected concept.

(*David Rubenstein Show* 2021)

(20) 主持人：……你觉得因为服务业最重要的是人力的成本，是不是？

施有毅：因为婚礼不是天天有的，所以<u>如果</u>你要养人的话，那你养人的成本就非常高，那么所以刚刚你就说了，为什么我们是不是有复制，或者甚至于进一步地做一些上市的准备等等这些。

(《财富人生》2012)

条件关系实质上是另一种形式的因果关系，即符合一定事实的前提，才会产生一定的结果，因此，条件往往具有预设的作用，这种预设可以是真实的，也可以是虚拟的。如上述两例所示，例(19)中有两个条件主从关系句，而嘉宾 Jerome 在结果句分别使用了副关"really"和"actually"，说明说话人对于结果句有自己的认知，第一个条件是"改变国籍"，这个结果对于说话人来说是可理解的，但是可能听话人不会感同身受，所以使用表确认解释的副关"really"对结果进行强调。而第二个条件则是用转折补充功能的副关"actually"表达说话人对结果的强调，体现一种消极态度。例(20)中嘉宾施有毅使用副关"就"的情态性没有英语副关"really"和"actually"的情态性强烈，仅仅体现了条件达成的结果，与说话人的态度关系不大。

上述的条件均属于一般条件,即条件本身没有利弊之分,仅仅是对某种条件作了可能性的阐述,因此条件本身不具备明显的利弊,但是结果句可以根据副关的不同调整说话人的态度。而英汉口语中在描述事实发生时,有些条件是有利弊之分的,即有利条件与不利条件,这些条件往往是真实的,并常常直接导致结果的好坏。例如:

(21)主持人:他也在矛盾,在纠结,我觉得我对正和岛有一种期望,我也希望有一天能够因为我代表的是新生力量,代表的是新一代的这样的一波创业者,可能我们对人生观和价值观都在作这样的一个选择的,正好在这样的一个道路上。包括很多刚刚毕业的大学生,他们在面对社会的时候,其实他们也是需要一个正确的指导方向,好在有人做了这样的事,(才使得年轻人有了方向,)他服务的不仅仅是创业者、企业家,而且他是对我们年轻人的一种引导、一种价值观,正确价值观的树立的标杆的这样一个平台。

(《财富人生》2012)

在例(21)中,主持人使用副关"好在"引导了一个有利条件,即刘东华向年轻人提供了指导平台,使得年轻人有了正确的人生方向。副关"好在"本身表有利条件,导致一种有利结果,这种条件比较特殊,在这里我们可以理解为本身这个条件不会有人主动去创造,因此,有利条件和不利条件往往是真实存在的,而表征有利条件的英语副关"fortunately"等往往出现在并列句中,表示一种顺承或递进关系,这种区别往往也是由于传统语法的使用规则。

6.2.2.3　时间/地点

(22)Emma:...(Introducing her family) I grew up, my father was in the navy his whole career, I grew up in a in a military family where there was a tremendous sense of work ethic and duty and responsibility and ... and I think, um, you know, they were *obviously* proud uh when we *eventually* came back to the U. K. after being out for ten years and um and excited to see the work that we've been doing since.

(*David Rubenstein Show* 2020)

（23）刘东华：……他本身其实在他内心，大家在他的这件事上在打架的时候，他自己也在打架。

(《财富人生》2012)

（24）David：So as we look at the military situation United States faces today, what do you think the greatest military risk the United States faces from Russia, China, and other places?

Mark：I think it's China. And I've said that publicly many times. I think as we look to the future and I think we are living in a historical epic, *actually*, where we're seeing the rise of a country that is unlike something we've seen probably ever before.

(*David Rubenstein Show* 2020)

时间和地点往往用以表达事件发生的状态，因此，表时间和地点的小句往往不是并列关系而是主从关系，因为状态小句属于依附小句，必须依附于支配小句存在。例（22）的"eventually"和例（23）的"也"都表时间关系。例（22）中的嘉宾 Emma 使用"eventually"引出"最终回到了英国"；例（23）中的嘉宾刘东华使用"也"说明那个时候所有人都在做同一件事情。然而不同点在于汉语的支配小句中没有表"时顺"类副关的搭配。通过研究发现，英语中表时间的依附小句和副关搭配的情况不多，只有在支配小句中与副关搭配表达说话人的一种情感或态度,如例(22)中的"obviously"帮助说话人凸显在这个特定时间时家里人明显的自豪感,体现一种积极的主观性态度。再者,在表时间的主从关系句中,英汉口语语料中均有副关的使用,而表地点的主从句则只在英语中存在,如例(24)所示,在第二个话轮中,嘉宾 Mark使用"where"引导一个表地点的支配小句,而"actually"表确认,其使用表达了说话人对这个时代美好的强调。在汉语中,我们很少见到表地点的小句,究其原因,可能是因为在汉语中地点往往都是以名词或介词短语的形式出现,不需要使用小句表达一个具体地点,因此,在现有语料中,并没有发现表地点的支配小句。

　　在本节中,我们重点研究了副关在主从关系句中的互动性,我们将其分为三类:因果、条件和时间/地点。其中,作为支配小句,我们发现依附小句往往是一种条件或状态,因此副关在依附小句中主要起引导作用,而支配小句往往反映主题和中心事件,使用副关的主要作用是体现说话人的情感与态度。基于此,我们总结出在主从关系中的副关功能模式图如下(见图4):

图 4　主从结构副关功能模式

　　此外,我们发现条件句中,汉语表有利条件的副关可以直接引导依附小句,而英语不可以,因其受限于传统语法的限制,往往以并列关系存在。另外,汉语中鲜少使用表地点的依附小句,因为地点在汉语的习惯用语中只需要介词短语或名词即可表达出完整的地点概念。可见,副关在口语相互依存关系中的使用,可以增强会话的互动性。

6.3　逻辑语义关系对比分析

语篇中任何一个小句复合体都可由单个或多个小句组成,其组合并非堆砌,而是根据表达的需要相互联系形成一种抽象的、相互依存的逻辑语义关系。这种关系保证了小句复合体语义的完整性,从而构建语篇句际间的语义连贯(陈安玲,2000:5)。小句间的逻辑语义关系主要通过连词和副词的衔接来实现(Gultom,2020:12)。而副关作为一种特殊类词语,能反映话语的人际功能和逻辑语义关系(原苏荣,2013/2019)。在口语互动中,英汉副关是说话人引导听话人进行言语推理的主要手段,能使会话双方达到合作交流的效果,也就是说会话的逻辑意义导向很大程度上是由副关的分布差异决定。

本研究结合互动语言学视阈下的系统功能语言学理论,旨在探讨电视高端会话中互动者如何通过英汉副关这一语言手段阐明观点、表达逻辑意义。探究其分布的异同点和互动性模式,对于分析英汉口语的语言风格具有重要意义。

从语义上讲,由分句组合成的小句复合体是意义上的紧密结合(Halliday & Matthiensen,2004:365)。因此逻辑语义关系研究将从复合句的层面着手,通过分析会话中某一方如何选择不同的副关来反映其逻辑语义关系。

基于 Halliday(1994)和原苏荣(2013)的研究和分类,我们将英汉副关分类归纳为表3。

表3 逻辑语义关系分类

逻辑语义关系	分类	子类	英文副关(106)	中文副关(85)
扩展	详述	同位	naturally, willfully, really, persistently, effectively, in fact, truly, actually (8)	当然、自然、唯独、偏偏、偏、极其、其实 (7)
		阐述	obviously, clearly, evidently, apparently, positively, undoubtedly, distinctly, conspicuously, sure enough (9)	显然、显而易见、的确、果然、果不其然、果真、原来、本来 (8)
	延伸	添加	really, also, surely, certainly, indeed, definitely, almost, generally, nearly, more or less, thereabout, probably, maybe, perhaps, possibly, likely, approximately, presumably (18)	确实、真的、肯定、也、大抵、大体、大都、大致、大抵、也许、可能、兴许、或许、大约、大概、大多、几乎、基本上 (18)
		转折	actually, really, effectively, in fact, as a matter of fact, surely, certainly, only, just, simply, merely, deliberately, alone, nothing but, however, instead, conversely, on the contrary (18)	确实、实际上、其实、当然、自然、只是、只、光、仅、仅仅、单、单单、反而、反倒、倒是、却 (16)
		变化	likewise, too, again, similarly, additionally, repeatedly, simultaneously, meanwhile, further, furthermore, even, even more, besides, especially, extremely, excessively, specially, particularly, peculiarly (19)	也、再、又、还、同时、更、甚至、更有甚者、极其、尤其（是）、特别（是）、尤 (12)

续 表

逻辑语义关系	分类	子类	英文副关(106)	中文副关(85)
扩展	加强	时间—空间	at first, in advance, originally, formerly, previously, then, later, later on, soon, afterward(s), subsequently, thereupon, thereafter, immediately, right away, directly, instantly, promptly, presently (19)	先、原先、原来、原本、本来、随后、接着、随即、马上、立刻、立即、顿时 (12)
		方式	lastly, finally, ultimately, therefore, eventually, in the end, after all (7)	终于、终归、终究、总算、总归 (5)
		原因—条件	anyway, anyhow, in any case, at least, at most, luckily, fortunately, happily (8)	无论如何、至少、至多、幸亏、幸而、好在 (7)
投射	言辞	/	say	说
	思维	/	say, think, wonder, wish	说过、想、希望

注：从"表3英汉副关逻辑语义关系分类"可见，属于"投射"的"言辞"和"思维"中，都是动词举例，因为言语行为中"言辞"和"思维"的实施需借助一定的施为动词，如表3举例。其实，在人们日常互动交际中，副关常常与以上动词共现搭配使用，使"言辞"和"思维"表达得更充分、逻辑语义关系更清晰恰当。因此，我们将这些动词加入上述表格中。见后面小节的分析讨论。

6.3.1　扩展

扩展关系又分为详述关系、延伸关系和加强关系，下面我们一一进行分析。

6.3.1.1　详述关系

详述关系的标志是"＝"，延伸关系的标志是"＋"，加强关系的标志是"×"（Halliday & Matthiessen，2004：377）。详述通过重复、评论、简化和确定细节来对前面小句的内容意义进行扩展。就并列关系而言，详述是通过非限制性关系实现的（Halliday & Matthiessen，2004：399）。例（25）体现了详述这一逻辑语义关系。

(25) John Donvan：// 1 And to that point I just want to say this about our debate tonight and our debaters on the stage，// ＝ 2 they *obviously* have very，very clear philosophical，more than anything else philosophical differences. //

（*Intelligence Squared U.S. Debate* 2015）

李美茹：// 1 我们每个人一生中能够遇到的人大概是两千九百二十万左右……，// ＝ 2 当然最后走在一起的只有一个人。//

（《世界听我说》2017）

例(25)的两个例句都表示了详述这一逻辑语义关系。英文例句中,次小句2对主小句1中提到的"辩论和嘉宾"的特点详细展开叙述,认为双方有不同的观点和明显的分歧。中文例句中,小句1是起始句,小句2是继续句,它可以被视为是对小句1"一生中能够遇到的人大概是两千九百二十万"的评论或限制。辩论者 John Donvan 使用副关"obviously"和嘉宾李美茹用副关"当然"引出的小句通过评论和概括细节来对前面小句的内容意义进行扩展。

6.3.1.2　延伸关系

延伸是指通过增加新成分、提供额外或替代成分从而对前面小句进行意义增补,如例(26)所示。

(26) Wes Moore：/// α You know, this is it's important for people back in Washington to get a firsthand understanding of … of the year that you're having right now // + β so they can *actually* see what's going on … on the ground. ///

(David Rubenstein Show 2021)

　　郭本恒：// 1 对,他就对这个社会很怨,就感觉社会对他不公平,// ＋ 2 实际上是你对这个社会没有深刻的理解。//

(《财富人生》2012)

英文例句中依附小句 β 通过增加额外成分"人们实际看到了什么"这一成分对支配小句 α"人们这一年对华盛顿的认识"进行延伸。而中文例句中起始小句1"他就对这个社会很怨,就感觉社会对他不公平"是由继续小句2"对这个社会没有深刻的理解"这一原因或理由进行意义增补,从而实现延伸这一逻辑语义关系。例(26)中的辩论者 Wes Moore 使用副关"actually"和嘉宾郭本恒使用"实际上",其功能都是引出实际内容对前面小句进行内容的延伸、意义上的增补。

6.3.1.3　加强关系

加强是通过对次小句增加特征性相关内容,如时间、地点、原因、条件、结果等来扩展主句意义(Halliday & Matthiessen,2004:413),如例(27)所示。

(27) Tom Wheeler: // 1 The access to it is not competitive; // × 2 *therefore*, there needs to be rules. //

(Intelligence Squared U.S. Debate 2015)

李廷甫:/// α 所以我的意思是说,// × β 父母至少在其实你要成家这个过程中,你要付出一点心力去帮助他,而不是说什么都不管。///

(《世界听我说》2017)

如例(27)所示,英文例句中次小句"需要规则"是主小句的结果。中文例句中次小句"付出一点心力"是主小句的条件。因此它们在逻辑语义上都属于加强。辩论者 Tom Wheeler 基于主句意义,使用副关"therefore"增补结论;嘉宾李廷甫用"至少"引出扩展主句的起码条件内容。

6.3.2　投射

投射是通过报告、陈述想法和事实实现意义扩展。言辞(Locution)和思维(Idea)是两种投射类型。言辞投射包括直接引语和间接引语,投射的是措辞;思维投射包括直接思维和间接思维,投射的是意义(Halliday,2004;曾蕾,2016),如例(28)所示。

(28) Barry Scheck: /// α All right, George Will has *said* // β that "Conservatives, capital punishment is a government program, so skepticism is in order."///

(Intelligence Squared U.S. Debate 2015)

刘勇:/// β 因为我们平台已经有一部分用户,// α 希望我们在这上面能帮他提供这样一个服务,接下来他会有他们相关的技术服务方,让我们跟技术服务方达成一些共识,包括一些开放接口。///

（《财富人生》2012）

例(28)中的两个例句属于言辞投射中的直接引语和间接引语,是说话人对自身观点的措辞表达。英文例句是辩论人 Barry Scheck 对"保守派对死刑所持观点"的反对,而中文例句是嘉宾刘勇对"平台在促进供需双方的合作达成"的说明。

综上,逻辑语义关系包含了扩展和投射两类,二者又可分为详述、延伸、加强、言辞和思维等五个范畴。下面将以此为理论依据,对电视高端会话节目中英汉副关逻辑语义关系的互动性模式进行对比分析。

6.4　逻辑语义关系对比模式

目前对小句复合体的逻辑语义研究多集中在书面语篇,而针对电视高端会话中的逻辑语义研究则相对较少,这类节目在内容和人物的选择上坚持一贯的高端路线,关注社会、经济、文化、科技、教育、医疗等热点话题,呈现高层人物和权威人士的独到见解,启迪民智,深受观众喜爱。其中,英文语料来源为《美国智慧平方辩论》(*Intelligence Squared U.S. Debate*)和《大卫·鲁宾斯坦采访录》(*David Rubenstein Show*),总词量为 689 699 词;中文语料为《世界听我说》(*Speak to the World*)和《财富人生》(*Fortune Time*),总字数为 778 583 字。英汉电视语料在词容量上大致对等,具有鲜明的口语特色。按照表 3 英汉副关分类框架,对其所在小句复合体的逻辑语义关系进行分析,得到的结果如表 4 所示。

6.4.1　使用频次与选择模式

表 4　在语义扩展中的使用频次

逻辑语义关系	分类	英文副关		中文副关	
		频次	百分比	频次	百分比
扩展	详述	578	8.8%	241	2.3%
	延伸	4 987	75.9%	9 304	90.6%
	加强	1 006	15.3%	726	7.1%

　　与其他衔接手段相比,连接是英汉两种语言之间差别最大的一种(朱永生,2001:102)。结合表 3 和表 4 发现,英汉电视高端会话中副关的语义扩展既有共性,又有差异。首先,英文副关在类型和数量上均多于中文副关,英文共计 106 个,中文共计 85 个,这说明了英语口语语篇中使用的逻辑连接语呈现出鲜明的特点,语义联系较多地依赖于副关。

　　其次,英汉副关整体分布趋势一致,即延伸关系占比最大,其次是加强关系,详述关系所占比例最低。在电视高端会话中,英汉说话者都倾向选择"添加""转折""变化""时间—空间"类副关为先前话语增加新成分和信息,实现意义扩展。而较少选择表示原因—条件、方式、同位和阐述关系等类型的副关对信息进行复述和解释说明,因此英汉说话者在语义扩展中都遵守了相似的逻辑语义模式,如图 5 所示。

　　此外,对比两组数据发现,英汉副关在会话语篇中的逻辑语义关系也存在着一定的差异。与汉语说话者相比,英语说话者在扩展的三种类型中,更倾向选择详述关系和加强关系来实现逻辑语义扩展,所占比例分别为 8.8% 和 15.3%,而同类型的汉语副关

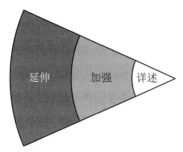

图 5　扩展关系的选择模式

占比均远远小于该数据,分别是 2.3% 和 7.1%。这与英汉语言差异有关。篇章模式取决于思维模式,英美人和中国人在不同的语言文化背景下习惯采用不同的思维模式,这导致了英汉语言在谋篇布局上的不同(陈宏薇,2001:43)。英语国家的思维方式、文本的组织和发展形式是线性的,往往以一个主题句直截了当地表明说话意图和主旨,进而用后续的句子扩展主旨,所以英语语篇中详述和加强关系的占比要大于汉语。例如:

(29) Diann Rust Tierney：// 1 I think that in addition to the good that it would do for us to get rid of the death penalty，// = 2 we could *actually* make a larger contribution to the broader struggle that many in other countries that you mentioned are fighting. //

(*Intelligence Squared U.S. Debate* 2015)

例(29)中小句间的详述关系可以清晰地由副关表现为"1＝2",小句 2 通过阐述对小句 1 进行扩展,逻辑语义关系属于增强,辩论人 Diann Rust Tierney 用副关"actually"作为确认性解释的显性标记,对"废除死刑"的好处作了进一步阐述,使上下文语义衔接更为紧密。此外从话轮角度出发,"actually"也保证了单个话轮的连贯顺畅。

（30）Charles Koch：/// 1 I'll sell it and I'll let you run this business that … // ＋ 2 that you already own an interest in that makes fractionating trades，// × 3 *anyway* you want to start with and the only thing you need my approval on is to sell it. ///

（*David Rubenstein Show* 2021）

例（30）中小句间的关系可表示为"1＋2×3"，这个小句复合体中的逻辑联系语或副关"anyway"，起到话轮延续功能。结合语境可知嘉宾 Charles Koch 呈现的会话小句间的逻辑语义关系："我会卖掉它让你经营这个……，（延伸—添加）你已经拥有权益的生意做股票交易，（加强—原因/条件）无论如何你只要想开始，你唯一需要我批准的就是卖掉它。"

相反，汉语说话者思维模式呈现螺旋形式，意图主旨的表达较英语委婉迂回，因此文本发展也是以螺旋的方式阐述。所以汉语更偏向使用延伸关系的副关这一手段对逻辑语义关系进行扩展，在三种类型中占比高达 90.6％，英语副关所占比例小于汉语，为 75.9％。如例（31）所示。

（31）高俊飞:/// 1 孩子可以自动地说一口流利的外语，// ＋ 2 实际上语言习得的研究证明啊，// ＝ 3 儿童的语言学习是有一个黄金期的，// ＋ 4 这个黄金期是零到十二岁，// × 5 同时这个时期的孩子会对于外界的文化与知识更加地敏感。///

（《世界听我说》2017）

例（31）中，说话人高俊飞恰当地使用了副关"实际上"，实现了很好的辩论互动效果。"实际上"所在的小句 2 清晰地将其与小句 1 间的转折逻辑意义表示出来，也即"1＋2＝3＋4×5"，小句 2 是对小句 1 中语言自动习得的改变，通过转折/添加进行扩展，逻辑语义关系上属于延伸。与此同时，副关"实际上"还能明示说话人立场转变，吸引听话人对下文的注意，具有一定的人际互动功能。

可以看出，副关在辩论、访谈等话语中广泛使用，其体现的互动性强弱，与副关的恰当应用、使用频次直接相关。

6.4.2 共现搭配模式

值得一提的是，由于电视高端会话语料均以对话形式存在，所以投射句以及引号常常省略。这种语义角色的省略现象可以从语境中预见或推知，也就是说，所省的投射句可从言谈语境中推知，或从听话者的认知结构中推知（曾蕾，2000：172）。

（32）Anjan Chatterjee：There already is an arms race.

John Donvan：Is that a good thing?

Anjan Chatterjee：And it might not be a good thing. But I do want to make one point about what Nicole said because you said what she, her claims were data neutral. And *really* I think they were ...

（*Intelligence Squared U.S. Debate* 2015）

显然，例（32）中辩论者之间所说的投射句和引号均已省略、指代明确，而语义角色在会话互动中可以得知，分别是"Anjan Chatterjee"和"John Donvan"。McEnery、Xiao 和 Tono（2006：56）指出搭配指的是词的特征性共现模式，即哪些词通常在语料数据中共同出现。因此，当投射句和某些副关在会话序列中比偶然情况更频繁地一同出现时，可以说它们形成了一种共现模式，如例（32）的"really"和"think"与"say"搭配共现，这一模式有助于更好地理解逻辑语义和周围语言环境间的关系。我们统计得到了省略的投射句与被投射句中英汉副关不同的共现搭配规律，使用频数排名前五的英汉副关如表 5 所示：

表5　共现搭配使用频数排名前五的英汉副关分布

逻辑语义关系	分类	英文副关	频次	标准频次	中文副关	频次	标准频次
投射	言辞	*just*	1 656	48.1	也	2 745	70.5
		then	835	24.2	还	1 813	46.6
		again	539	15.6	其实	1 725	44.3
		even	403	11.7	更	979	25.1
		really	281	8.1	可能	612	15.7
	思维	*really*	21	0.6	也	46	1.2
		actually	20	0.6	更	5	0.1
		just	17	0.5	只是	5	0.1
		even	8	0.2	可能	4	0.1
		maybe	5	0.1	其实	4	0.1

　　可能受口语语料所限，无论是英文语篇还是中文语篇，数据中绝大多数副关都分布在言辞投射上，其涵盖的思维投射情况非常有限。在思维投射中，英文副关的标准频次均在0.6（标准化每20 000词）以下，中文副关的标准分布除了"也"（1.2/20 000词）之外数据偏小，可忽略不计。

　　在词义的共现搭配上，英文言辞投射中排名前五的副关分别为"just，then，again，even，really"，思维投射排名前五的词为"really，actually，just，even，maybe"；中文副关在言辞投射中前五的是"也、还、其实、更、可能"，思维投射排名前五的副关是"也、更、只是、可能、其实"。它们中有不少重复的词类，结合这些词本身的语义表达倾向（见表3），我们发现英文副关在投射关系中的语义表达手段比中文副关更为丰富，包括了"转折"类、

"变化"类、"添加"类、"同位"类和"时间—空间"类五种类型,而与之对应的中文副关类型只涉及了四种类型,分别是"转折"类、"变化"类、"添加"类和"同位"类。将同类型副关的标准频次累计相加,我们得到了图 6 中英汉副关在投射中的逻辑语义共现搭配模式。

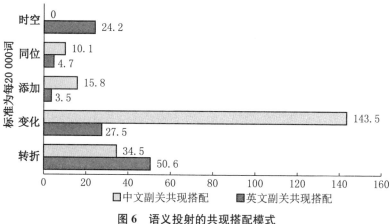

图 6 语义投射的共现搭配模式

句子中或段落中命题之间的语义联系可以通过语言标示词直接显示出来,以显性的语言成分形式出现于篇章表层,可用来表示两个小句之间的逻辑语义关系(黄国文,2001:118)。而英汉口语语篇中语义联系在共现搭配成分的不同是相对而言的,主要表现在频率的高低差异。从被投射小句的各类次来看,与汉语副关相比,排名前五的英文副关在转折关系和时空关系分布上较为突出,以每 20 000 词 50.6 和 24.2 的标准频次高于中文同类型 34.5 和 0 的标准频次。如例(33)中的"actually"和例(34)中的"then"。

(33) Eric Klinenberg:So far,they haven't really changed

sociology, but it is inevitable that they're going to. And there's a very simple reason for that, and that is the things we do on apps are recorded by the companies that make them. And we can turn that into data that we learn to discover all kinds of things about our secrets, the things we do. *Actually*, I should say that is just one of the many unromantic things about dating apps.

(*Intelligence Squared U.S. Debate* 2018)

(34) Jerome Powell: Should you increase interest rates and *then* shrink the balance sheet later or you should begin to shrink the balance sheet and *then* increase interest rates? Do you have any view on whether one policy or the other is better?

(*David Rubenstein Show* 2021)

例(33)中辩论者 Eric Klinenberg 表达的被投射内容包含了4 个小句,其中"actually"所引导的句子间的语义联系隶属于延伸关系中的"转折"类,意为说话人前置观点的转变,表示了其对约会软件侵犯个人隐私的不认同。而例(34)中说话人 Jerome Powell 使用"then"来实现句子间的语义联结,从"时间—空间"视角体现会话双方所处的情景语境,前后句在"时空"的选择上互为条件并加以强调,意思是"先提高利率,然后再缩小资产负债表,还是先缩小资产负债表,然后再提高利率",因此语义上归属为加强关系。这与英文副关在语义扩展的选择模式的统计数据相一致,也就是说,相比于汉语电视会话语篇,英语电视会话语篇的语义联系更多地依赖于"转折"类和"时空"类副关,结合剩余三项数据,我们得出投射小句和被投射小句中英语副关的逻辑语义选择倾向为"转折>变化>时空>同位>添加",如图7 所示:

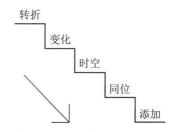

图 7　英语副关的逻辑语义选择倾向模式

　　而汉语副关在变化关系、添加关系和同位关系的分布上占有明显优势,分别是 143.5、15.8 和 10.1,均明显高于英语与之对应的副关,分别是 27.5、3.5 和 4.7。如例(35)、例(36)和例(37)。

　　(35)陈铭:很显然导师对你都是青睐有加的,对吧?我先给出我的分数。然后呢,林老师会给出他的分数,你会看到我们给你预留的席位分数。然后作出你的选择。哎,我能不能先调皮一下,我们没给分之前你想选谁,你也可以不说,你也可以说,没关系,这是你的自由,都 ok。

(《世界听我说》2017)

　　(36)徐小平:这是一个笑话啊,就是,当然损失都是我自己的,但是呢,我为什么这样讲呢?就是我在这个过程当中,比如说一些朋友推荐的啊,我觉得听了这个朋友的,其实不好,或者呢,说点严肃的嘛,就是,什么是我投资最成功的?什么是最不成功的呢?就是说凡是我被这个人吸引住啊,我觉得这个人太棒了,这上面一般都成功了。

(《财富人生》2012)

　　(37)林珊:各位想一想,难道这不是社会的一种问题吗?再这样下去还有孝道吗?再这样下去社会秩序不都打乱了吗?所以说有一句话叫作给你一条鱼,还不如教你钓鱼。作为将来也会

面对大学毕业的我，我也有可能一毕业就失业，但是只要我还有
一口气，我就会做兼职，想办法养活自己。谢谢各位。

（《世界听我说》2015）

例(35)中说话人陈铭用副关"也"让听话人既可以选择"说"，
也可以选择"不说"，因此属于延伸关系中的"变化"类。例(36)中
辩论人徐小平使用副关"其实"表示被投射小句在语义关系上的
转折，认为投资过程中过于听信推荐人"其实不好"。而例(37)中
辩论人林珊使用的"也"隶属于延伸关系中的"添加"类，表示说话
人"在面对毕业时，可能也同时面临失业"这一附加情况，从而实
现扩展。因此这三例均依靠副关在不同侧面对基本句进行了语
义延伸。也就是说，相对于英语语篇而言，汉语电视会话语篇中
副关的逻辑语义关系选择倾向为"变化＞转折＞添加＞同位"，如
图8所示：

图8　汉语副关的逻辑语义选择倾向模式

通过对副关在口语中的相互依存关系和逻辑语义关系方面
的互动性研究，可见，副关可表示不同的逻辑关系，在口语中具有
高互动性特点，在口语中的使用频次越多，互动性程度越高。

6.5　小　结

首先，我们主要研究了副关在英汉访谈语料中相互依存关系

类型互动中的互动性。基于前人的研究,我们将相互依存关系分为并列与主从两种类型。

在并列关系中,我们发现并列关系从逻辑上可以分为表顺承、表转折、表选择以及表递进/因果的并列句。其中,表顺承和转折是出现频率相对较高的两类并列。而在表达方式上,英语的并列常常与并列连词共现使用,并列连词的使用体现清晰的并列关系,而汉语可以使用也可以不使用并列连词,因为部分副关(如"时顺"类)本身具有并列的含义,因此可以直接体现并列连词的意义。其中,搭配使用的并列连词中"但(是)"频率较高,而当与并列连词共现时,副关在其中的作用主要是体现说话人的情态。

在主从关系中,我们发现主从关系句从语义概念上可以分为因果、条件以及时间/地点。其中,作为支配小句,我们发现依附小句往往是一种条件或状态,因此副关在依附小句中起到的主要作用是引导,而在支配小句中,叙述内容往往是主题和中心事件,使用副关的主要作用是体现说话人的情感与态度。此外,我们发现条件句中,汉语表有利条件的副关可以直接引导依附小句,而英语不可以。因为英语受传统语法的限制,往往是作为句子的状语在句子间以并列关系存在。另外,由于汉语的地点往往都以介词短语的形式呈现,汉语中很少出现表地点的支配小句。

其次,本研究依据系统功能语言学下逻辑功能的理论方法,对英汉电视高端会话中副关逻辑语义互动性模式进行了对比分析。研究表明,一方面在小句间逻辑语义关系扩展中,英汉副关均遵守了相同的扩展关系模式,即延伸关系占比最大,加强关系次之,详述关系最小。在语义扩展的三个类型方面,英语电视会话语篇中详述关系和加强关系所占比例大于汉语,延伸关系小于汉语,不同的文化背景和语言表达方式造成了英汉副关的逻辑语义关系差异。另一方面,无论是在扩展关系,还是在投射关系中,英语都有更为丰富的手段来体现语篇的连贯和预设意义。此外,投射小句与副关的共现搭配反映了英语副关的逻辑语义选择倾向为"转折>变化>时空>同位>添加",汉语副关的逻辑语义关系倾向表现为"变化>转折>添加>同位"。

姚双云(2015:337)指出连词的使用频次与口语正相关,连词的使用频次越多,其口语的互动性程度越高。连词在语篇中体现较复杂的逻辑关系。副关作为一种特殊类型的连词(原苏荣,2013:5),也可表示不同的逻辑关系,在口语会话中使用频次高,形成了其独特的互动模式,也同样具有高互动性特点。

本研究在理解英汉口语表达相互依存关系、逻辑语义关系和思维差异上具有一定的实践意义,对于英语教学、对外汉语教学和翻译实践等也能提供一定的借鉴和指导。

第七章　英汉副词性关联词语在
不同语体中的对比模式

7.1　引　言

　　汉语学界很早就注意到语体问题，并从不同的角度对其进行界定。唐松波(1961)认为，语体是人们在社会发展过程中，在不同的活动领域内运用语言特点所形成的体系。张弓(1963：76)认为，构成语体的基础因素主要有表达的内容、交际的目的、群众(听众读者)的特点、交际的场合等。这几个因素是相互联系的。说话人、作者根据这些因素，结合实际，选择运用民族语言材料(词句)，所产出的语言自然就具有一些特点。这些特点综合而形成的类型就是"语体"。

　　学界对语体的认识差异，主要表现在语体的分类上。目前学界对语体分类各有见解，但大体上都将语体分为两大类：口语语体和书面语体。并在书面语体的基础上，进一步细分为科技语体、文艺语体、公文语体、政论语体。但是，陶红印(1999)指出，仅靠单一标准将语体进行穷尽的分类是不现实的，对语体的分类在很大程度上取决于分类的目的和语料的实际使用情况。根据姚双云(2017：127)出版的《关联标记的语体差异性研究》，语体可以分为口语语体和书面语体，同时口语语体可以分为自然聊天、医患会话、庭审会话、电视会话,书面语体可以分为新闻语体、科技语体、文艺语体和法律条文,文艺语体又包括书面语体文艺语体和口语体文艺语体(姚双云,2017:22)。本研究将根据此分类进行英汉副关在不同语体中的互动性对比研究。

本研究所用语料共计汉语 115 万字,英语 92 万词,均为现代英语和现代汉语。口语语体选自近 10 年来的电视会话,即口语对话语体中的电视访谈话语、高端辩论话语(张文贤 & 崔建新,2001:69);书面语体选自 20 世纪 50 年代以后的经典作品,为书面语体文艺语体(作品中互动会话较多,风格偏口语)。

本研究借助统计工具 Text Statistics Analyzer 和文档的查找功能,将语料中存在的所有副关进行统计和标注,然后对统计结果进行分析。

7.2　在口语语体中的分析

本研究所选用口语语体语料包括英汉电视高端辩论话语以及访谈会话。电视高端辩论话语语料选自英语辩论节目 *Intelligence Squared U.S. Debate*(2015—2018)(中文名:《美国智慧平方辩论》),其中单词总数为 492 500 词;汉语辩论节目《世界听我说》(2016—2017),其中汉字总数为 410 058 字。访谈会话语料选自英语访谈节目 *David Rubenstein Show*(中文名:《大卫·鲁宾斯坦采访录》),其中单词总数为 197 199 词;汉语访谈节目《财富人生》,其中汉字总数为 368 525 字 。

7.2.1　口语语体中的使用频率与分析

首先,我们对电视高端辩论 *Intelligence Squared U. S. Debate*(2015—2018)话语中出现的英语副关进行了统计分析,结果如表1。

表1　英语电视辩论中副关的使用频率

功能类型	*Intelligence Squared U.S. Debate 2015—2018*	频率	总数
时顺	*originally*	2	545
	previously	5	
	in advance	8	
	then	437	
	later	34	
	later on	2	
	soon	4	
	subsequently	1	
	afterward(s)	4	
	immediately	6	
	thereafter	1	
	right away	3	
	directly	38	
解释	*really*	481	973
	truly	16	
	actually	380	
	certainly	67	
	indeed	23	
	naturally	2	
	surely	4	

续　表

功能类型	Intelligence Squared U.S. Debate 2015—2018		频率	总数
转折		actually	141	531
		really	183	
		as a matter of fact	3	
		in fact	113	
		truly	3	
		certainly	5	
		however	15	
		instead	25	
		suddenly	11	
		all of a sudden	5	
		quickly	27	
断言		obviously	42	373
		clearly	28	
		apparently	4	
		probably	40	
		maybe	183	
		perhaps	59	
		likely	8	
		possibly	9	
推论		generally	15	223
		roughly	6	
		approximately	2	

功能类型	*Intelligence Squared U.S. Debate 2015—2018*	频率	总数
推论	*likely*	32	223
	probably	64	
	possibly	12	
	nearly	22	
	almost	64	
	more or less	6	
结果	*finally*	18	102
	therefore	26	
	after all	9	
	in the end	7	
	eventually	16	
	ultimately	26	
加合	*especially*	42	3 090
	particularly	43	
	specially	1	
	extremely	31	
	too	324	
	again	510	
	similarly	4	
	repeatedly	3	
	simultaneously	1	
	meanwhile	4	

续　表

功能类型	*Intelligence Squared U.S. Debate* 2015—2018	频率	总数
加合	*half … half …*	1	3 090
	not … not …	58	
	neither … nor …	4	
	only	316	
	simply	59	
	merely	2	
	just	1 227	
	alone	19	
	further	4	
	furthermore	4	
	even	381	
	even more	7	
	besides	3	
	the … -er，the … -er	42	
条件	*at least*	68	86
	at most	6	
	anyway	12	
总　　数		5 923	5 923

　　从表1中不同功能类型的副关可见，表时顺的"then"，表确信解释的"really""actually"，表转折的"really""actually""in fact"，表断言的"maybe"，表推论的"probably""almost"，表并列加合的

"too""again"、表例外加合的"only""just",表后重加合的"even"
在 *Intelligence Squared U.S. Debate* 中使用较多。此外,表加合
的副关与其他类别相比,副关数量和种类都是最多的。而表条件
的副关,其数量和种类最少。

与英语副关相同,汉语副关在电视高端辩论《世界听我说》
(2016—2017)话语中也起到重要的作用。通过对汉语副关的统
计和分析,我们总结出汉语副关的使用频率情况,如表2所示。

表 2　汉语电视辩论中副关的使用频率

功能类型 《世界听我说》2016—2017		频次	总数
时顺	先	327	854
	原来	41	
	原本	3	
	本来	43	
	随后	1	
	接着	13	
	才	389	
	立刻	5	
	马上	32	
解释	的确	24	448
	确实	61	
	真的	254	
	当然	20	
	肯定	36	
	原来	13	

续　表

功能类型 《世界听我说》2016—2017		频次	总数
解释	自然	33	448
	本来	4	
	果然	3	
转折	其实	754	883
	实际上	20	
	当然	15	
	却	61	
	反而	23	
	反倒	5	
	倒是	5	
断言	显然	3	245
	当然	41	
	显而易见	1	
	也许	37	
	或许	8	
	可能	155	
推论	大约	1	355
	大概	25	
	大多	2	
	可能	283	
	几乎	13	
	基本上	31	

续　表

功能类型 《世界听我说》2016—2017		频次	总数
结果	终	3	22
	终于	18	
	总算	1	
加合	尤其	17	5 212
	尤其是	20	
	特别	106	
	特别是	1	
	也	1 025	
	再	195	
	又	211	
	还	476	
	同时	73	
	半……半……	2	
	不……不……	13	
	只	291	
	只是	105	
	就	1 792	
	光	17	
	仅	48	
	仅仅	36	
	偏	5	
	偏偏	2	

《世界听我说》2016—2017 功能类型		频次	总数
加合	更	653	5 212
	甚至	57	
	越……越……	65	
	愈……愈……	2	
条件	好在	3	33
	至少	23	
	无论如何	7	
总　　数		8 052	8 052

从表 2 中可以得出，单音节汉语副关"更、也、还、就、才、只、先"在《世界听我说》中的使用频率较高，其不仅可以连接词/短语，还可以用于连接小句。单音节汉语副关在小句中所处的位置也相对比较自由。双音节汉语副关中表确认解释功能的"真的"，表转折功能的"其实"，表隐性断言和表推论功能的"可能"，使用频率都较高。一些带有文学色彩的词如"俄顷、蓦然、蓦地、猛然、倏地、骤然、随即、怨不得"在口语辩论中均未出现。

同时，本研究对英语访谈 *David Rubenstein Show* 会话语料中的副关也作了统计分析，统计结果，见表 3。

表 3　英语访谈会话中副关的使用频率

David Rubenstein Show 功能类型		频率	总数
时顺	*at first*	5	588
	originally	9	

续　表

功能类型	David Rubenstein Show	频率	总数
时顺	previously	6	588
	in advance	1	
	then	498	
	later	36	
	later on	2	
	soon	6	
	afterward(s)	4	
	subsequently	3	
	immediately	6	
	thereafter	1	
	right away	3	
	directly	7	
	instantly	1	
解释	really	312	414
	truly	4	
	actually	41	
	certainly	32	
	indeed	3	
	definitely	15	
	undoubtedly	2	
	naturally	3	
	surely	2	

功能类型	*David Rubenstein Show*	频率	总数
转折	*actually*	184	371
	really	85	
	as a matter of fact	3	
	in fact	30	
	certainly	23	
	however	3	
	instead	2	
	suddenly	9	
	all of a sudden	11	
	quickly	21	
断言	*obviously*	57	224
	clearly	14	
	evidently	0	
	apparently	1	
	distinctly	1	
	probably	15	
	maybe	118	
	perhaps	10	
	presumably	8	
推论	*generally*	20	204
	roughly	15	
	likely	2	

功能类型	David Rubenstein Show	频率	总数
推论	probably	84	204
	possibly	9	
	nearly	8	
	almost	43	
	more or less	21	
	understandably	2	
结果	finally	19	126
	at last	1	
	therefore	15	
	after all	3	
	in the end	9	
	eventually	23	
	ultimately	55	
	accordingly	1	
加合	especially	12	1 020
	particularly	30	
	extraordinarily	4	
	excessively	0	
	extremely	15	
	too	40	
	again	129	
	simultaneously	1	

续　表

功能类型	*David Rubenstein Show*	频率	总数
加合	*half … half …*	1	1 020
	not … not …	3	
	neither … nor …	2	
	only	107	
	simply	8	
	merely	1	
	just	529	
	alone	1	
	nothing but	3	
	further	3	
	even	122	
	even more	5	
	the … -er, the … -er	4	
条件	*luckily*	1	61
	fortunately	12	
	happily	6	
	at least	26	
	anyway	15	
	in any case	1	
总　数		**3 008**	**3 008**

如表 3 所示,在英语访谈语料 *David Rubenstein Show* 中,表后时时顺功能的副关"then"、表确信解释功能的副关"really"、表

转折功能的副关"actually"、表并列加合功能的副关"again"、表例外加合功能的副关"just"、表后重加合功能的副关"even"以及表隐性断言功能的副关"maybe"占较大比例。此外,表加合功能的副关与其他类别的相比,副关数量和种类都是最多的。而表条件功能的副关,其数量和种类最少。

与英语副关相同,汉语副关在汉语访谈节目《财富人生》会话中也发挥了重要的作用。通过对汉语《财富人生》作品中副关的统计,得出汉语副关的使用频率情况,如表 4 所示。

表 4　汉语访谈会话中副关的使用频率

功能类型	《财富人生》	频率	总数
时顺	先	47	327
	原来	58	
	原本	5	
	本来	24	
	随即	1	
	随后	5	
	接着	1	
	才	148	
	立即	1	
	立刻	4	
	马上	33	
解释	的确	18	565
	确实	59	
	真的	175	

续　表

功能类型	《财富人生》	频率	总数
解释	当然	72	565
	肯定	171	
	原来	41	
	自然	6	
	本来	20	
	果然	2	
	果不其然	1	
转折	其实	1 071	1 387
	实际上	217	
	当然	58	
	却	25	
	反而	12	
	反倒	1	
	倒是	2	
	忽然	1	
断言	显然	2	395
	当然	77	
	也许	37	
	或许	5	
	可能	274	
推论	大约	2	714
	大概	134	

续　表

功能类型	《财富人生》	频率	总数
推论	大多	11	714
	可能	438	
	大都	5	
	大体	1	
	几乎	24	
	基本上	97	
	难怪	1	
	怪不得	1	
结果	终	2	11
	终于	7	
	终究	2	
加合	尤其	14	9 036
	尤其是	29	
	特别	249	
	特别是	22	
	也	1 820	
	再	247	
	又	232	
	还	1 442	
	同时	49	
	半……半……	1	
	不……不……	3	

功能类型	《财富人生》	频率	总数
加合	一会儿……一会儿……	1	9 036
	只	264	
	只是	64	
	就	3 931	
	光	7	
	仅	26	
	仅仅	38	
	单	2	
	单单	1	
	更	426	
	甚至	100	
	越……越……	68	
条件	好在	3	28
	至少	24	
	无论如何	1	
总　　数		12 463	12 463

从表4中可以得出,单音节汉语副关"也、再、又、还、就、只、才"在汉语访谈节目《财富人生》中的使用频率较高,其不仅可以连接词/短语,还可以连接小句。单音节汉语副关在小句中所处的位置也相对比较自由。双音节汉语副关中表确认解释功能的"肯定、真的",表转折功能的"其实、实际上",表断言功能的"可

能",表推论功能的"可能"和表特提加合功能的"特别(是)"在访谈作品中占比较大。

本研究通过统计英汉电视高端辩论和访谈会话中副关的使用频率以及在作品中的总词/字数,计算出每 3 000 词及每 5 000 字中副关的标准频次。因英汉语料词/字数的百分比为 3:5,故采取此种统计方式。

表5 口语体语料中副关标准频次分布

语　　料	语料总词/字数	副关使用总频率	每 3 000 词/5 000 字中副关标准频次
Intelligence Squared U.S. Debate	492 500	5 923	36.08
《世界听我说》	410 058	8 052	98.18
David Rubenstein Show	197 199	3 008	45.76
《财富人生》	368 525	12 463	169.09

通过对比分析可知,副关在各语料中每 3 000 词/5 000 字的占比由高到低分别是:《财富人生》>《世界听我说》> *David Rubenstein Show* > *Intelligence Squared U.S. Debate*。由此可知,汉语口语语体中的副关标准频次分布高于英语口语语体。因副关从一定程度上体现了文本的互动性,故汉语口语语体的互动性高于英语口语语体。而高端电视辩论中副关的使用频率较低于电视访谈,故不论在汉语还是英语口语语体中,电视访谈的互动性都高于高端电视辩论。

7.2.2　不同话轮位置副关数量与分析

研究副关在不同语体中的互动性特点,话轮位置特点考察是一个重要方面。下面我们进行口语体语料中不同话轮位置副关数量的统计与分析。

表 6　口语体语料中位于不同话轮位置的副关数量

作品名 ＼ 副关所处话轮位置	话轮首	话轮中	话轮尾	总数
Intelligence Squared U.S. Debate	1 399	4 075	449	**5 923**
《世界听我说》	1 708	6 263	81	**8 052**
David Rubenstein Show	144	2 838	26	**3 008**
《财富人生》	1 132	11 316	15	**12 463**

从表 6 可以得出,英汉副关在不同话轮位置的使用数量有很大的不同:1)在英汉电视辩论和电视访谈中,处于话轮尾的副关都远远少于位于话轮首的副关,这一差异在中文辩论上体现得更为明显。2)无论是英文还是中文,处于话轮中位置的副关都远多于处于话轮首和话轮尾的副关。3)中文中位于话轮尾的副关不多,而英文中则占比相对较多。

7.3　在书面语体中的分析

本研究所选用书面语体文艺语体语料为塞林格的主要作品,包括 The Catcher in the Rye、Nine Stories、Raise High the Roof Beam, Carpenters 和 Franny and Zooey,以及王朔的主要作品:《玩的就是心跳》《顽主》《我是你爸爸》《一半是火焰 一半是海水》,其中塞林格的四部作品共计 227 607 词,王朔的四部作品共计 369 000 字,中文和英文语料字词数比例为 8∶5[完全符合 McEnery、Xiao 和 Mo(2003:364-365)的比例/折算标准]。

7.3.1　书面语体中的使用频率与分析

通过统计分析,得出塞林格以及王朔四部主要作品中,副关在会话中的使用频率,如表 7、表 8 所示。

表 7 塞林格作品中副关的使用频率

功能类型	小说名	*The Catcher in the Rye*	*Nine Stories*	*Raise High the Roof Beam, Carpenters*	*Franny and Zooey*	频率	总数
时顺	*at first*	0	0	0	1	1	186
	originally	0	0	1	0	1	
	then	31	27	13	41	112	
	later	25	8	1	9	43	
	soon	1	4	0	5	10	
	later on	1	2	0	2	5	
	afterward(s)	1	0	0	0	1	
	right away	0	3	0	1	4	
	immediately	1	3	0	3	7	
	directly	0	1	1	0	2	
解释	*really*	35	28	20	50	133	190
	actually	1	7	3	4	15	
	certainly	10	12	1	8	31	
	definitely	0	2	1	1	4	
	naturally	2	3	1	1	7	
转折	*actually*	0	8	2	1	11	99
	really	15	4	0	4	23	
	as a matter of fact	2	7	5	10	24	
	in fact	0	0	2	2	4	
	certainly	1	0	1	2	4	

续 表

功能类型	小说名	*The Catcher in the Rye*	*Nine Stories*	*Raise High the Roof Beam，Carpenters*	*Franny and Zooey*	频率	总数
转折	*however*	1	0	2	4	7	99
	instead	2	5	1	3	11	
	suddenly	1	1	1	2	5	
	all of a sudden	5	4	0	1	10	
断言	*obviously*	1	2	0	1	4	106
	clearly	3	0	0	3	6	
	evidently	0	0	3	1	4	
	apparently	1	3	6	5	15	
	probably	7	4	2	12	25	
	maybe	11	10	3	14	38	
	perhaps	5	1	0	1	7	
	likely	1	0	0	0	1	
	possibly	0	2	2	2	6	
推论	*approximately*	1	0	0	0	1	79
	probably	6	16	1	12	35	
	possibly	0	2	2	2	6	
	nearly	0	1	3	3	7	
	almost	1	5	3	12	21	
	more or less	0	3	2	2	7	
	no wonder	1	0	0	1	2	

续　表

功能类型	小说名	*The Catcher in the Rye*	*Nine Stories*	*Raise High the Roof Beam, Carpenters*	*Franny and Zooey*	频率	总数
结果	*finally*	2	1	2	5	10	25
	at last	0	4	0	3	7	
	therefore	0	0	1	1	2	
	in the end	0	0	1	0	1	
	eventually	0	3	0	1	4	
	accordingly	1	0	0	0	1	
加合	*especially*	4	1	6	4	15	1 012
	particularly	0	1	0	1	2	
	extremely	0	11	0	0	11	
	too	46	42	28	42	158	
	again	8	16	3	26	53	
	neither ... nor ...	0	0	0	1	1	
	only	24	30	11	40	105	
	simply	5	4	2	6	17	
	merely	1	0	0	0	1	
	just	95	116	54	146	411	
	alone	10	5	3	3	21	
	even	28	44	12	64	148	
	even more	0	0	0	64	64	
	besides	1	2	0	2	5	

续 表

功能类型	小说名	*The Catcher in the Rye*	*Nine Stories*	*Raise High the Roof Beam, Carpenters*	*Franny and Zooey*	频率	总数
条件	*fortunately*	1	1	0	1	3	
	happily	1	0	0	0	1	
	at least	7	12	4	30	53	148
	anyway	21	25	7	33	86	
	anyhow	5	0	0	0	5	
总　数		**433**	**496**	**217**	**699**	**1 845**	**1 845**

表8　王朔作品中副关的使用频率

功能类型	小说名	《玩的就是心跳》（长篇）	《顽主》（中篇）	《我是你爸爸》	《一半是火焰　一半是海水》	频率	总数
时顺	先	24	3	25	7	59	
	原来	7	1	0	0	8	
	本来	5	5	7	2	19	
	才	19	0	26	3	48	152
	立即	1	0	0	0	1	
	立刻	0	0	2	2	4	
	马上	4	3	4	2	13	
解释	的确	5	3	4	5	17	
	确实	2	1	9	1	13	134
	真的	10	5	17	5	37	
	当然	3	6	17	2	28	

续　表

功能类型	小说名	《玩的就是心跳》（长篇）	《顽主》（中篇）	《我是你爸爸》	《一半是火焰　一半是海水》	频率	总数
解释	肯定	12	1	12	4	29	134
	原来	3	0	0	0	3	
	自然	1	2	0	0	3	
	本来	0	1	3	0	4	
转折	其实	20	14	15	5	54	97
	实际上	2	2	7	0	11	
	当然	0	1	2	0	3	
	却	12	3	3	1	19	
	反而	4	0	0	0	4	
	反倒	2	1	3	0	6	
断言	显然	1	0	0	0	1	32
	当然	3	2	9	2	16	
	也许	3	2	1	3	9	
	可能	4	2	0	0	6	
推论	大概	10	3	7	4	24	45
	可能	3	2	4	1	10	
	大都	1	0	0	0	1	
	基本上	1	0	1	0	2	
	难怪	0	0	4	0	4	
	怪不得	1	2	0	0	3	
	怨不得	1	0	0	0	1	

续　表

功能类型 ＼ 小说名	《玩的就是心跳》（长篇）	《顽主》（中篇）	《我是你爸爸》	《一半是火焰 一半是海水》	频率	总数
特别	2	0	2	0	4	
特别是	2	1	0	0	3	
也	236	85	290	72	683	
再	34	18	37	5	94	
又	51	20	66	24	161	
还	211	36	252	39	538	
同时	0	0	1	0	1	
不……不……	4	3	3	2	12	
只	26	16	17	5	64	
只是	9	7	7	5	28	
就	75	62	147	28	312	1 970
光	3	0	11	0	14	
仅	0	0	2	0	2	
仅仅	1	0	2	0	3	
独	1	0	0	0	1	
唯独	2	0	0	0	2	
偏	0	0	4	1	5	
偏偏	1	1	0	0	2	
更	9	2	11	0	22	
甚至	7	1	1	2	11	
越……越……	2	1	5	0	8	

（加合）

续　表

功能类型＼小说名		《玩的就是心跳》（长篇）	《顽主》（中篇）	《我是你爸爸》	《一半是火焰　一半是海水》	频率	总数
条件	幸好	1	0	0	0	1	8
	幸亏	0	0	2	0	2	
	好在	2	0	0	0	2	
	至少	0	1	0	0	1	
	至多	2	0	0	0	2	
结果	终于	0	1	0	0	1	1
总　数		845	320	1 042	232	2 439	2 439

　　从表7和表8可以得出，表后时时顺功能的副关"then"，表并列加合功能的"too，only，just，even"，表确信解释功能的副关"really"在塞林格作品中占较大比例。此外，表加合功能的副关与其他类别的相比，副关数量和种类都是最多的。而表结果功能的副关数量和种类最少。

　　而在王朔作品中，占较大比例的副关有表加合功能的"也、又、就、还"，表转折功能的"其实"，以及表时顺功能的"先、才"。在所有副关种类中，占比最大的是表加合功能的副关，最小的是表结果功能的副关。

　　通过对比英汉书面语体文艺语体语料中副关的使用频率，研究发现占比较大的副关在个体上虽稍有差别，但在总体类别上差别不大。在英语文艺语体中，副关使用频率最高的前三类为："加合"类副关＞"解释"类副关＞"时顺"类副关；在汉语文艺语体中，副关使用频率最高的前三类为："加合"类副关＞"时顺"类副关＞"解释"类副关。而使用频率最低的均为"结果"类副关。

通过统计塞林格和王朔小说中副关的使用频率以及作品总词/字数,计算得出每 3 000 词及每 5 000 字中副关的标准频次。因英汉语料词/字数的百分比为 3∶5,故采取此种统计方式。

表 9　塞林格与王朔作品中副关标准频次分布对比

作者	作品总词/字数	副关使用总频率	每 3 000 词/5 000 字中副关标准频次
塞林格	227 607	1 845	24.31
王朔	369 000	2 439	33.05

由表 9 可知,在塞林格作品中,作品总词数为 227 607 词,副关使用总频率为 1 845 次,每 3 000 词中约包含 24.31 个副关。而在王朔作品中,作品总字数为 369 000 字,副关使用总频率为 2 439 次,每 5 000 字中约包含 33.05 个副关。由此可知,汉语文艺语体中的副关标准频次分布高于英语文艺语体。因为副关从一定程度上体现了文本的互动性,故汉语文艺语体的互动性高于英语文艺语体。

7.3.2　不同话轮位置副关数量与分析

通过统计分析,得出塞林格以及王朔共八部主要作品中不同话轮位置的副关数量,如表 10 和表 11 所示。

表 10　塞林格作品中不同话轮位置的副关数量

小说名＼副关所处话轮位置	话轮首	话轮中	话轮尾
The Catcher in the Rye	17	391	25
Nine Stories	31	430	35
Raise High the Roof Beam，Carpenters	9	192	16
Franny and Zooey	37	623	39
总　　数	**94**	**1 636**	**115**

表 11　王朔作品中不同话轮位置的副关数量

副关所处话轮位置 小说名	话轮首	话轮中	话轮尾	独立话轮
《玩的就是心跳》	36	809	0	1
《顽主》	27	302	1	0
《我是你爸爸》	78	965	0	0
《一半是火焰一半是海水》	16	216	0	0
总　　数	157	2 292	1	1

从表 10 和表 11,可以得出,英汉副关在不同话轮位置的使用数量有很大不同:1)在英语文艺语体中,处于话轮尾的副关比在话轮首的副关多一点。而在汉语文艺语体中,几乎不存在处于话轮尾的副关。2)无论是英文还是中文,处于话轮中的副关都远远多于处于话轮首和话轮尾的副关。3)汉语文艺语体中存在单独构成一个话轮的副关,但在英语文艺语体中没有统计到这种情况。因此,虽然在文艺语体中存在以单独的副关构成话轮的情况,但该情况出现的可能性较小。

7.4　在不同语体中的模式与机制

通过数据分析与总结,本节将归纳其中的规律,并以模式机制的形式呈现。

7.4.1　不同语体中的使用频率模式

通过统计,我们发现在语料 *Intelligence Squared U. S. Debate* 中,使用最高频的三类副关为:"加合"类>"解释"类>"时顺"类,最低频的为"条件"类。因此,可以得到英语电视辩论中副关使用频率模式,如图 1 所示。

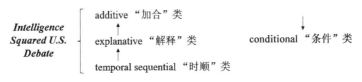

Intelligence Squared U.S. Debate
additive "加合" 类
explanative "解释" 类
temporal sequential "时顺" 类
conditional "条件" 类

图 1 英语电视辩论中副关使用频率模式①

下面我们从模式图到说明,逐一考察、总结英汉副关的使用频率模式机制。

《世界听我说》
additive "加合" 类
adversative "转折" 类
temporal sequential "时顺" 类
resultative "结果" 类

图 2 汉语电视辩论中副关使用频率模式

在语料《世界听我说》中,使用最高频的三类副关为:"加合"类＞"转折"类＞"时顺"类。最低频的为"结果"类。可见,汉语电视辩论中副关使用频率模式,如图 2 所示。

David Rubenstein Show
additive "加合" 类
temporal sequential "时顺" 类
explanative "解释" 类
conditional "条件" 类

图 3 英语访谈中副关使用频率模式

在语料 David Rubenstein Show 中,使用最高频的三类副关为:"加合"类＞"时顺"类＞"解释"类。最低频的为"条件"类。

---

① ↑表示由低向高递增,↓表示由高向低递减。

故,英语访谈中副关使用频率模式如图 3 所示。

《财富人生》
additive “加合”类
adversative “转折”类
inferential “推论”类
resultative “结果”类

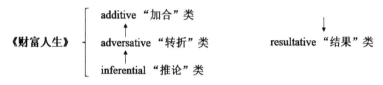

图 4　汉语访谈中副关使用频率模式

在语料《财富人生》中,使用最高频的三类副关为:“加合”类>“转折”类>“推论”类。最低频的为“结果”类。因此,汉语访谈中副关使用频率模式,如图 4 所示。

塞林格作品
additive “加合”类
explanative “解释”类
temporal sequential “时顺”类
resultative “结果”类

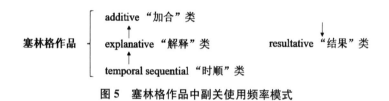

图 5　塞林格作品中副关使用频率模式

在塞林格小说作品中,使用最高频的三类副关为:“加合”类>“解释”类>“时顺”类。最低频的为“结果”类。故,塞林格作品中副关使用频率模式,如图 5 所示。

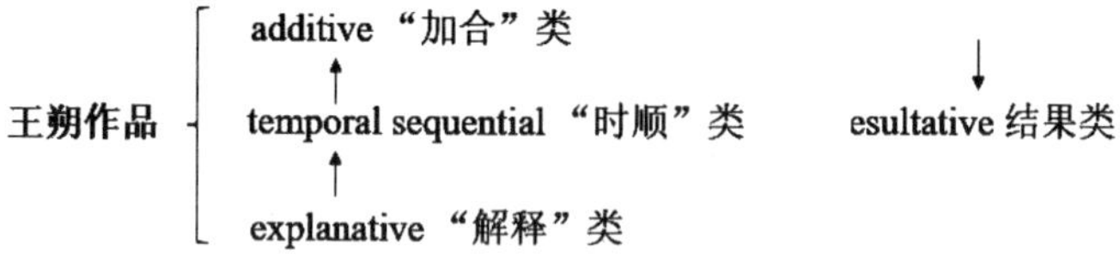

王朔作品
additive “加合”类
temporal sequential “时顺”类
explanative “解释”类
esultative 结果类

图 6　王朔作品中副关使用频率模式

在王朔小说作品中,使用最高频的三类副关为:“加合”类>“时顺”类>“解释”类。最低频的为“结果”类。可以得出,王朔作品中副关使用频率模式，如图 6 所示。

副关最高及最低频使用模式

additive "加合" 类	conditional "条件" 类
temporal sequential "时顺" 类	resultative "结果" 类
explanative "解释" 类	
adversative "转折" 类	
inferential "推论" 类	

图 7　副关最高及最低频使用模式①

通过对比可知，不论是在口语语体，还是在书面文艺语体中，使用最高频的五大类副关基本是确定的，包括"加合"类、"时顺"类、"解释"类、"转折"类和"推论"类。其中"转折"类和"推论"类的使用频率要较低于其他三类。而使用最低频的副关为"条件"类和"结果"类。因此，副关最高及最低频使用模式，如图 7 所示。

7.4.2　不同语体对话中副关使用频次分布与占比模式机制

我们通过统计考察发现，在《财富人生》中，每 5 000 字副关的使用频率为 169.09，是所有语料中占比最高的。而塞林格作品每 3 000 词中副关的使用频率为 24.31，是所有语料中占比最低的。通过对比分析可知，六部作品语料中，副关使用频率由高到低为：《财富人生》>《世界听我说》> *David Rubenstein Show* > *Intelligence Squared U.S. Debate* >王朔作品>塞林格作品。其中 *David*

---

① ↑表示递增，指使用频率最高的几类副关；↓表示递减，指使用频率最低的几类副关。

Rubenstein Show 和 *Intelligence Squared U.S. Debate* 为英文口语语体,塞林格作品为英文口语体文艺语体,《财富人生》和《世界听我说》为中文口语语体,王朔作品为中文口语体文艺语体。故得到不同语体副关标准频次分布模式机制,如图 8 所示。

图 8　不同语体副关标准频次分布模式机制

关于不同语料、语体副关占比模式机制,经过进一步考察,得出副关在不同语体中的占比,其结果见图 9 所示。

图 9　不同语料、语体副关占比模式机制

由图 9 可以总结出:1)无论是口语语体还是口语体文艺语体,中文语料的副关占比大于英文语料。2)口语语体中的副关占比大于口语体文艺语体。3)访谈类语料中的副关占比大于电视辩论。

7.4.3　不同语体的不同话轮中副关使用频率模式机制

通过统计分析可知,不管是口语语体还是口语体文艺语体,无论是英文语料还是中文语料,副关数量最多的话轮位置都是话轮中。处于话轮首的副关较少，而处于话轮尾的副关更少，有时几乎没有(但塞林格作品中的副关数量例外，与其英语口语化表达习惯有关)。故，不同话轮位置副关使用频率模式机制，如图10所示。

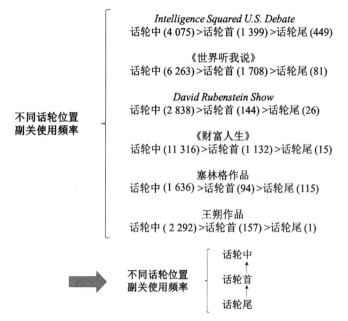

图10　不同话轮位置副关使用频率模式机制

基于语料，探究英汉副关在不同语体中的使用频率模式、不同语体对话中副关使用频次分布与占比模式和不同语体的不同话轮位置副关使用频率模式机制等，对我们研究掌握英汉副关在不同语体中的互动性模式机制有重要意义。

7.5　小　结

通过对比分析不同语体中副关的频率与使用占比，总结其中规律,得出图1—图10十种模式,从中可知以下几点异同:1)无论是在口语语体,还是在口语体文艺语体中,英汉使用最高频和最低频的几类副关都是相同的。2)在英语和汉语语料中,使用最高频和最低频的几类副关也是相同的。3)不论语体类别,还是语料语种,不同话轮位置的副关数量有着相同的规律,副关出现频率最高的都是话轮中,其次是话轮首,副关出现频率最低的是话轮尾。4)口语语体中副关标准频次分布高于口语体文艺语体,其中访谈类语料中的副关占比要高于辩论类,汉语要高于英语。

本研究希望给学界进一步探究英汉副关在不同语体中的互动性模式机制以借鉴和启示。

第八章　结　语

现在回顾总结一下本书在前人研究的基础上所得的收获、新颖之处以及有价值的东西。

8.1　重点难点与主要目标

8.1.1　重点

文体突出点　文体有多种，重在从权威语料中选取口语文体和书面文体（口语体文艺体）。

语料出模式　基于真实语料中的文体材料，抽象其本质，提炼构建出相关模式。

对比显差异　英汉对比重在比较搭配、标记、话语、人际、关系互动性的特点和差异。

互动性系统　重在构建言语互动视野下语篇关联模式与机制。

8.1.2　难点

可借鉴的少　互动语言学视野下对该类词语的研究较少，可借鉴的成果不多，挑战大。

类多且量大　8 大类 20 小类词语与语篇的互动性研究，语料文本海量，工作量大。

究其因和法　指出异同不难，难的是追溯为什么异同和揭示其结构形式所遵循的规律。

提炼模式难 提炼关联模式,体现双向交际、人际互动、语言结构和规则的形成有难度。

8.1.3 主要目标

总目标 建立言语互动视阈下语篇关联模式与机制,为英汉语言对比、教学和翻译服务。

分目标

1）检索权威口语语体语料和平行同质语料,建立多模态数据库,以备英汉对比。

2）立足互动语言学视野,基于语料库,对英汉 8 大类 20 小类词语作系统对比。

3）从搭配、标记、话语、人际、关系等角度了解英汉语言互动性对比研究的特征和风格。

4）构建语篇关联模式与机制,为英汉副词对比、教研和互译提供依据。

8.2 研究概述与总结发现

8.2.1 主要理论及其相关研究

互动语言学就其学科背景而言,是一个跨学科合作的领域,它充分借鉴了相关学科的理论和方法。其早期研究主要来源于功能语言学、会话分析和人类语言学三个领域(谢心阳,2016:343)。因为互动语言学在理论和方法上的多样性,自 1996 年以来,互动语言学自身的理论问题便一直是该学科的中心问题之一。基于 Laury、Etelämäki 和 Couper-Kuhlen(2014)的研究,本书对国内外学界在互动语言学领域的具体研究中涉及的语法理论进行了梳理,发现国内外学界在互动语言学领域的具体研究中涉及十种理论,分别是:会话分析(Conversation Analysis)、系统功能语言学(Systemic Functional Linguistics)、认知语法(Cognitive Grammar)、构式语法(Construction Grammar)、话语-功能语法(Discourse-functional Grammar)、语境化理论(Contextualization Theory)、人类语言学(Linguistic Anthropology)、在线句法(Online Syntax)、浮现语法(Emergent Grammar)、社会行为结构(Social Action Format)。这些语法理论都是功能导向和基于用法的。为了使读者更清楚快捷地了解这些理论,除了从概念及其分类、发展演变、代表性人物及其主要成果和国内外相关研究方面进行介绍外,本书还创新性地以理论框架形式呈现并梳理理论要点(见下页示例)。

8.2.2 英汉副关对比模式与机制

本研究基于互动会话分析理论和真实戏剧话语语料,聚焦副关在奥尼尔戏剧作品中的互动性模式与机制,分别从会话位置、话轮转换模式与机制和互动搭配模式与机制几个方面进行探究。研究发现:

1)从会话位置角度看,英汉副关横向可以位于话轮首、话轮中和话轮尾,纵向可以位于序列位置中的提问序列,也可以位于回答序列。

2)从话轮位置和话轮转换看,英汉副关形成了话轮之首开启话轮与抢占话轮、话轮之中延续话轮和话轮之尾转换话轮的话轮转换模式与机制。

3)从序列位置和会话序列看,英汉副关在奥尼尔戏剧作品里的话轮序列中,一般既可以位于提问序列,也可以位于回应序列,形成其独特的会话序列模式与机制。

1) Conversation Analysis 会话分析

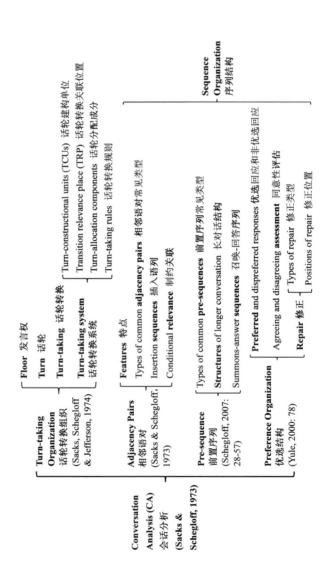

2) Systemic Functional Grammar　系统功能语言学

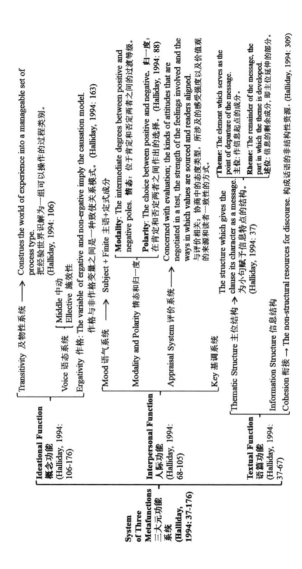

System of Three Metafunctions 三大元功能系统 (Halliday, 1994: 37-176)

Ideational Function 概念功能 (Halliday, 1994: 106-176)

- Transitivity 及物性系统 → Construes the world of experience into a manageable set of process type. 把经验世界识解为一组可以操作的过程类别。(Halliday, 1994: 106)

- Voice 语态系统 — Middle 中动 / Ellective 施效性

- Ergativity 作格: The variable of ergative and non-ergative imply the causation model. 作格与非作格变量之同是一种致使关系模式。(Halliday, 1994: 163)

Interpersonal Function 人际功能 (Halliday, 1994: 68-105)

- Mood 语气系统 → Subject + Finite 主语+定式成分

- Modality and Polarity 情态和归一度 —
  Modality: The intermediate degrees between positive and negative poles. 情态: 位于肯定和否定两者之间的过渡等级。
  Polarity: The choice between positive and negative. 归一度: 在肯定和否定两者之间作出的选择。(Halliday, 1994: 88)

- Appraisal System 评价系统 → Concerned with evaluation; the kinds of attitudes that are negotiated in a test, the strength of the feelings involved and the ways in which values are sourced and readers aligned. 与评价相关, 协商中的态度类型, 所涉及的感受强度以及价值观的来源和读者趋一致性的方式。

Textual Function 语篇功能 (Halliday, 1994: 37-67)

- Key 基调系统

- Thematic Structure 主位结构 The structure which gives the clause its character as a message. 为小句赋予信息转点的结构。(Halliday, 1994: 37) —
  Theme: The element which serves as the point of departure of the message. 主位: 作信息起点的成分。
  Rheme: The remainder of the message, the part in which the theme is developed. 述位: 信息的剩余成分, 即主位延伸的部分。

- Information Structure 信息结构

- Cohesion 衔接 → The non-structural resources for discourse. 构成话语的非结构性资源。(Halliday, 1994: 309)

3) Discourse-functional Grammar　话语-功能语法

Discourse-functional Grammar
话语-功能语法
(Couper-Kuhlen & Selting, 2001, 2018)

Interaction and Grammar
互动与语法
(Ochs et al., 1996)

Three possible relations between interaction and grammar 三种语法观 →

- Grammar **for** interaction 语法为互动
- Grammar **in** interaction 语法在互动
- Grammar **as** interaction 语法是互动

Linguistic Structures are Emergent and Context-sensitive.
语言结构即时浮现，对语境敏感。
(Couper-Kuhlen & Selting, 2001: 14)

Anaphora in conversation. 会话中的回指。
(Fox, 1987/1993)

Grammar in Interaction: Adverbial Clauses in American English Conversations.
互动中的语法：如美式英语会话中的状语从句。(Ford, 1993)

Turn-construction Units
(TCU) 话轮构建单位

Practices in the construction of turns: the "TCU" revisited.
话轮构建惯例：再谈话轮构建单位。(Ford et al., 1996)

Interactional units in conversation: syntactic, intonational, and pragmatic resources for the management of turns.
会话中的互动单位：用于管理话轮的句法、语调和语用资源。
(Ford & Thompson, 1996)

4) Contextualization Theory　语境化理论

Contextualization Theory 语境化理论 (Gumperz, 1982, 1992; Auer, 1992)

Contextualization 语境化

The identification of specific conversational exchanges as representative of socio-culturally familiar activities is the process I have called "contextualization (Gumperz, 1982: 162)".

特定会话交流的识别作为社会文化熟悉活动的表征，就是所谓"语境化"的过程。

Speakers and listeners use verbal and non-verbal signals to relate what is being said at a given time and place to what they have learned from past experience, to find the required presuppositions, thus maintaining the level of conversational involvement and determining the intended meaning of the discourse.

说话人和听话人利用语言和非语言信号将在某时某地所言的内容跟他们以过往经验中所获得的知识联系起来，找到所需的预设，从而保持会话投入度，确定话语本意。(Gumperz, 1992: 229-230)

Contextualization Cues 语境提示

Three levels or channels of communication (Gumperz, 1982: 142). 三个沟通层面或沟通渠道。

Functions of Contextualization Cues to speech acts (Gumperz, 1992). 语境提示对言语行为的作用。

Processes of Contextualization (Auer, 1992: 25-28). 语境化过程。

Contextualization Inference 语境推理

The situated or context-bound process of interpretation, by means of which participants in an exchange assess others' intentions, and on which they base their responses (Gumperz, 1982: 153).

会话推断是话语理解的情景化或语境化过程，交际参与者评话交际双方的目的，并以此为基础作出相应的反应。

1) The first phase: perceptual level. 第一阶段：感知阶段。

2) The second phase: pragmatic perspective level. 第二阶段：语用分析阶段。

3) The third phase: activity level. 第三阶段：行动阶段。

Contextualization Convention 语境规约

Refers to the communicative strategies acquired during communicative interactions, which can guide the direction of communicative interactions.

指交际互动中习得的交际策略，它能够指导交际互动的走向。(刘雪芹，2011: 46)

5) Social Action Format　社会行为结构

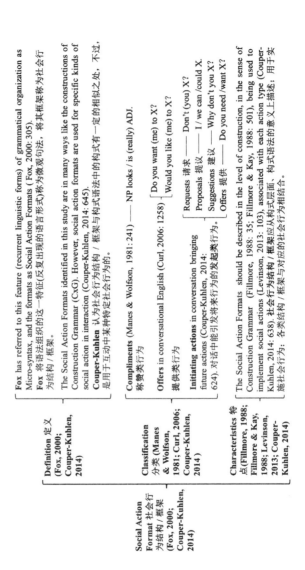

Social Action Format 社会行为结构/框架 (Fox, 2000; Couper-Kuhlen, 2014)

Definition 定义 (Fox, 2000; Couper-Kuhlen, 2014)

Fox has referred to this feature (recurrent linguistic forms) of grammatical organization as Micro-syntax, and the formats as Social Action Formats (Fox, 2000: 305).

Fox 将语法组织的这一特征(反复出现的语言形式)称为微观句法,将其框架称为社会行为结构/框架。

The Social Action Formats identified in this study are in many ways like the constructions of Construction Grammar (CxG). However, social action formats are used for specific kinds of social action in interaction (Couper-Kuhlen, 2014: 645).

Couper-Kuhlen 认为社会行为结构/框架与构式语法中的构式有一定的相似之处,不过,是用于互动中某种特定社会行为的。

Classification 分类 (Manes & Wolfson, 1981; Curl, 2006; Couper-Kuhlen, 2014)

Compliments (Manes & Wolfson, 1981: 241) —— NP looks / is (really) ADJ.
称赞类行为

Offers in conversational English (Curl, 2006: 1258) ——
提供类行为
　Do you want (me) to X?
　Would you like (me) to X?

Initiating actions in conversation bringing future actions (Couper-Kuhlen, 2014: 624). 对话中能引发将来行为的发起类行为。
　Requests 请求 —— Don't (you) X?
　Proposals 提议 —— I / we can /could X.
　Suggestions 建议 —— Why don't you X?
　Offers 提供 —— Do you need /want X?

Characteristics 特点 (Fillmore, 1988; Fillmore & Kay, 1988; Levinson, 2013; Couper-Kuhlen, 2014)

The Social Action Formats should be described in the level of construction, in the sense of Construction Grammar (Fillmore, 1988: 35; Fillmore & Kay, 1988: 501), being used to implement social actions (Levinson, 2013: 103), associated with each action type (Couper-Kuhlen, 2014: 638). 社会行为结构/框架应从构式层面、构式语法的意义上描述;用于实施社会行为;各类结构/框架与对应的社会行为相结合。

4）从互动搭配看,英语和汉语副关不仅可以与其自身搭配使用,还可以与其他的副关和连词搭配使用,形成其互动搭配模式与机制。

我们也发现英汉副关在戏剧作品中的互动性遵循语言共性的原则。英汉副关的语言符号不同,但其语言文化的表达形式和内在涵义却遵循了一定的共性特点,有着较多相似的规律。本研究不仅从言语互动的角度探究了副关,也为读者们欣赏戏剧作品提供了一种新的视角,证明了用互动语言学下的会话分析理论来分析研究戏剧话语的可行性。

8.2.3 英汉副关搭配标记对比模式

关联词语是根据语篇结构分析提取出来的,是小句间或句子间语篇结构关系的显性标记,关联词语可分为副词性关联词语和连词性关联词语。因此副词性关联词语被认为是小句间或句子间的一类显性标记,即其使用可被视为一种特殊的语言特征(范开泰,2013)。

本研究从互动语言学视角出发,以英汉访谈节目中的搭配标记为研究对象,从搭配方式、共现模式、话轮位置三个方面进行对比研究,主要发现:

从搭配模式上来看,英汉搭配标记的搭配模式均可以分为四个类别:同一副关的搭配、不同副关的搭配、副关与连词的搭配以及副关和短语的搭配。从统计数据来看,除最后一类外,前三类的汉语搭配标记使用频率远高于英语搭配标记的使用;另外,不论哪种语言,不同副关的搭配以及副关和连词的搭配都是较高于另外两类的。其原因主要有:1)汉语搭配标记的使用大大提高了语言的经济性,使汉语语言更加简洁,这在紧缩句和"四字格"结构的使用中体现得更为明显,而英语语言中搭配标记的使用并不能明显地提升语言的简洁程度,因此在口语中,说话人不一定倾向于使用搭配标记;2)搭配标记的类别中,不同副关的搭配和副关与连词的搭配更加灵活,不同副关的搭配主要体现在紧缩句结构中,副关与连词的搭配中,连词往往与副关的语义有极强的相似性与补充性,汉语中甚至可以发现大量的隐性搭配的例子,即单一副关表达一个搭配标记的完整语义关系。

从共现模式上来说,英汉搭配标记均可以与形容词/副词、动词以及小句(句子)共现,其中,英语搭配标记中"副关＋连词"或"连词＋副关"的使用很常见,因此在搭配共现时常出现"副关＋连词＋句子"或"连词＋副关＋句子"这一特殊类别。

基于对英汉副关搭配标记的话轮位置特征分析,我们发现:

1)英汉访谈节目的共建话轮现象模式。

2)搭配标记的话轮位置模式。

本研究是对搭配标记的初步探索,希望后续的研究能够聚焦其他或多种语料类型进行对比研究,进一步探究搭配标记的互动模式与机制。

8.2.4　英汉副关元话语对比模式

通过借助统计工具 Text Statistics Analyzer 和文档的查找功能,本研究统计了副关应用的频率、话轮数量等,对比分析了英汉副关在元话语口语体小说中的使用频率、话轮数量以及话轮位置。我们总结了它们之间的共性和差异,得出了一些元话语互动性对比模式,比如:

1)塞林格作品原著中高频副关使用模式与机制。

2)塞林格作品原著最高及最低频副关使用模式与机制。

3)塞林格作品中副关标准频次分布模式。

4)英汉副关在元话语单个话轮中副关占比模式。

通过"英汉副关元话语对比模式"研究,发现英汉副关在元话语口语体小说中的应用证明,副关的使用频率越高,元话语互动程度越强,故事情节呈现得就更生动形象。

8.2.5 英汉副关人际功能对比模式

本研究以口语体小说中的副关为研究对象,分析英文原著及其汉译本语言,探究语言间用词不同,但表达意义相同的语用现象,揭示英汉副关情态功能互动性异同及模式和英汉副关意态功能互动性异同及模式。研究发现:

1) 从情态化人际功能考察,我们得出英汉副关的人际功能实现模式。

2) 从意态化人际功能分析,本研究总结出英汉副关的人际功能实现模式。

简言之,副关在口语体小说的应用说明:1)作为情态附加语,具有人际功能的英汉副关能表达说话人不同类型的情态与意态。2)表时顺、解释和推论功能的副关可以表达说话人的情态,表断言、转折、条件、加合和结果功能的副关可以表达说话人的意态。3)副关单用、与"就"或"是"连用都可形成模式,表达情态意义或意态意义,以实现其情态化或意态化人际功能。

8.2.6 英汉副关逻辑关系对比模式

小句之间的逻辑关系一是相互依存关系,二是逻辑语义关系。小句间的逻辑关系在口语中体现出较强的互动性,这种互动性往往是通过说话人的表达意图体现出来的。作为语篇衔接的重要手段之一,副关在说话人传达某种意图时起到重要的作用。

本研究以英汉高端电视会话为语料,基于统计数据,对其中的相互依存关系和逻辑语义关系句中副关的使用频率、功能、共现搭配及其互动性模式等进行探究,研究发现:

1）并列关系句副关使用频率高低模式。

2）主从关系句副关使用频率高低模式。

3）主从关系中的副关功能模式。

4）英汉副关语义扩展关系的选择模式。

5）英汉副关在投射中的逻辑语义共现搭配模式。

6）英语电视会话语篇中副关的逻辑语义关系选择倾向模式为"转折＞变化＞时空＞同位＞添加"。

7）汉语电视会话语篇中副关的逻辑语义关系选择倾向模式为"变化＞转折＞添加＞同位"。

本研究挖掘副关在英汉口语中的 **1**）相互依存关系，主要聚焦并列关系和主从关系；**2**）逻辑语义关系，主要是扩展和投射。探究其表达方式、互动性以及异同点，得出英汉副关逻辑语义关系互动性对比模式。我们还发现，副关可表示不同的逻辑关系，在口语中具有高互动性特点，在口语中的使用频次越多，互动性程度越高。

8.2.7 英汉副关在不同语体中的对比模式

本研究选取口语对话语体中的电视访谈话语、高端辩论话语和书面语体中的口语体文艺语体话语，统计分析其中副关的使用频率、频次分布和不同话轮位置，归纳总结英汉副关在不同语体中的互动性模式机制。如：

1）英语电视辩论中副关使用频率模式。

2）汉语电视辩论中副关使用频率模式。

3）英语访谈中副关使用频率模式。

4）汉语访谈中副关使用频率模式。

5）塞林格作品中副关使用频率模式。

6）王朔作品中副关使用频率模式。

7）通过对比得出：不论是口语对话语体，还是口语体文艺语体中，副关最高及最低频使用模式一致。

8）不同语体副关标准频次分布模式机制。

9）副关在不同语体中的占比模式机制。

10）不同话轮位置副关使用频率模式机制。

本研究的创新独特之一就是通过对比分析不同语体中副关的使用频率与使用占比，总结其中规律，得出十种模式（详见第七章图 1—图 10），从中可知以下几点异同：

1）无论是在口语语体，还是在口语体文艺语体中，英汉使用最高频和最低频的几类副关都是相同的。

2）在英语和汉语语料中，使用最高频和最低频的几类副关也是相同的。

3）不论语体类别，还是语料语种，不同话轮位置的副关数量有着相同的规律，副关出现频率最高的都是话轮中，其次是话轮首，副关出现频率最低的是话轮尾。

4）口语语体中副关标准频次分布高于口语体文艺语体，其中访谈类语料中的副关应用频次要高于辩论类，汉语要高于英语。

本研究希望为国内外学界进一步探究英汉副关在不同语体中的互动性模式机制提供借鉴和启示。

8.3 独特价值与社会效益

8.3.1 学术价值

1）对英汉副关与语篇的互动性进行全面系统的对比研究，解决其中还未解决的问题（如互动语言学的理论方法概述，八大理论均以框架形式呈现），可以验证、修补或丰富互动语言学理论。

2）分析英汉副关在语篇中互动性的强弱，解释使用频次与互动性等级的相关性，阐释分布差异与话轮的转换关系等，可对各种互动特点作出新的解释。

3）基于大规模语料库，对英汉8大类20小类副关在频次、分布上的互动性研究，可揭示其功能差异、意义关系，丰富其研究内容；提炼并构建语篇关联模式和机制，克服该领域的学术盲区。

8.3.2 应用价值

1）可为英语教学和对外汉语教学提供规则描写和结构模式解释上的参考和服务，为教学大纲中的词语选定提供理论依据和实践参照，为英语学习和对外汉语学习提供帮助。

2）对英汉/汉英翻译，英汉/汉英词典编纂有启发和支持作用；对从事英汉比较语法研究，特别是英汉副词研究者有指导作用和实际参考价值。

3）提炼和构建英汉语篇关联模式和机制，开辟英汉副关对比研究的新路径，有利于更广泛地推动汉语语言和文字的域外传播。

8.3.3 社会效益

1）言语互动视阈下英汉语篇关联模式与机制研究的读者群，主要是从事英语教学与研究的师生和对外汉语教学与研究的师生。研究成果有助于他们优化英语学习和对外汉语学习策略。

2）该成果具有理论上的探索意义，为英汉副词比较教学和研究提供规则和理论上的支持与服务，为教学大纲中的词语选定提供理论依据和实践参照。

3）对从事对比语法研究，特别是英汉副词对比研究者有实际参考价值；对英汉/汉英翻译、英汉/汉英词典编纂有启发和支持作用。该成果将大大惠及研究生和本科生的科研，拓展其研究范围，丰富其研究手段。

值得指出的是,我们进行跨语言比较研究,就是在"不同现象中分解出共同的普遍因素",挖掘两种(或两种以上)语言的内部特征,探究语言表面的同和内部的异,表面的异和内部的同。"遵循'大同小异,求同存异'的原则,去探索研究语言间的共同特点,共性规律,以达到对不同语言的进一步认识。"(原苏荣,2008:72)

本书只是作者研究言语互动视阈下英汉语篇关联模式与机制的一个阶段性成果汇报。有关言语互动视角下英汉语篇关联模式与机制的很多问题,还有待学界同仁和我共同努力。本书有些问题由于涉及面很多、很广,难以用少量篇幅作全面清楚的阐述[比如,关于英汉副关的互动搭配机制中的关联度及其内在关系,根据 Levin(2001)和陆丙甫(2010)的"语义靠近动因"观点,副关与自身搭配语义关联度最紧密,与其他副关搭配次之,与连词搭配较紧密,其原由和理据,有待在以后的研究中专门讨论],对一些问题的解释不一定让人满意。有的语言事实带有一定的主观性,有的分类、模式机制及其图示不一定精确、穷尽。再者,书中某些内容难免有交叉重复之处,虽作修改,仍有不尽如人意之处,望读者见谅。总之,由于本人学识和能力有限,书中一定有一些缺点和不足,恳切希望专家和读者赐教。

参考文献

Alberghene, J. M. & B. L. Clark. *Little Women and the Feminist Imagination*(*Criticism*, *Controversy*, *Personal Essays*) [M]. New York: Routledge, 1999.

Alcott, L. M. *Jo's Boys* [M]. London: Virago Press U. K., 2018.

Alcott, L. M. *Little Men* [M]. London: The Children's Press, 1969.

Alcott, L. M. *Little Women* [M]. Belmont: Thomson Wadsworth, 2005.

Anderson, R. J., P. C. Stone, J. T. S. Low & S. Bloch. Transitioning out of Prognostic Talk in Discussions with Families of Hospice Patients at the End of Life: A Conversation Analytic Study [J]. *Patient Education and Counseling*, 2021, 104(5): 1075 – 1085.

Archakis, A. & D. Papazachariou. Prosodic Cues of Identity Construction: Intensity in Greek Young Women's Conversational Narratives [J]. *Journal of Scoiolinguistics*, 2008, 12(5): 627 – 647.

Atkinson, J. M. & P. Drew. *Order in Court: The Organization of Verbal Interaction in Judicial Settings* [M]. London: Macmillan, 1979.

Auer, P. & B. Rönfeldt. Prolixity as Adaptation: Prosody and Turn-taking in German Conversation with a Fluent Aphasic [A]. In E. Couper-Kuhlen & C. E. Ford (eds.). *Sound Patterns in Interaction* [C]. Amsterdam: John Benjamins, 2004: 171 – 200.

Auer, P. & di Luzio. *The Contextulization of Language* [M]. Amsterdam: John Benjamins Publishing Company, 1992.

Auer, P. *Code-switching in Conversation: Language, Interaction and Identity* [M]. London: Routledge, 1998.

Auer, P. Delayed Self-repairs as a Structuring Device for Complex Turns in Conversation [J]. *Inlist*, 2004(6): 1 – 41.

Auer, P. Online Syntax Oder: Was Es Bedeuten Könnte, Die Zeitlichkeit der Mündlichen Sprache Ernst zu Nehmen [J]. *Sprache und Literatur*, 2000, 31(1): 43-56.

Auer, P. On-line Syntax: Thoughts on the Temporality of Spoken Language [J]. *Language Sciences*, 2009, 31(1): 1-13.

Auer, P. Projection in Interaction and Projection in Grammar [J]. *Text-Interdisciplinary Journal for the Study of Discourse*, 2005, 25(1): 7-36.

Auer, P. Projection in Interaction and Projection in Grammar [J]. *Text*, 2005, 25(1): 7-36.

Auer, P. Syntactic Structures and Their Symbiotic Guests: Notes on Analepsis from the Perspective of Online Syntax [J]. *Pragmatics*, 2014, 24(3): 533-560.

Auer, P. Syntax als Prozess [A]. In H. Hausendorf (ed.). *Gespräch als Prozess: Linguistische Aspekte der Zeitlichkeit Verbaler Interaktion* [C]. Tübingen: Narr Francke Attempto Verlag, 2007a: 95-124.

Auer, P. *The Neverending Sentence: Rightward Expansion in Spoken Language* [M]. Hamburg: Verlag Nicht Ermittelbar, 1992.

Auer, P. The Temporality of Language in Interaction [A]. In A. Deppermann & S. Günthner (eds.). *Temporality in Interaction* [C]. Amsterdam: John Benjamins Publishing Company, 2015: 27-56.

Auer, P. Why Are Increments Such Elusive Objects? An Afterthought [J]. *Pragmatics*, 2007b, 17(4): 647-658.

Betz, E. Quote-unquote in One Variety of German: Two Interactional Functions of Pivot Constructions Used as Frames for Quotation in Siebenbürger Sächsisch [J]. *Journal of Pragmatics*, 2013 (54): 16-34.

Biber, D. et al. *Longman Grammar of Spoken and Written English* [M]. Beijing: Foreign Language Teaching and Research Press, 2000.

Bloch, M. *Political Language and Oratory in Traditional Society* [M]. London/New York: Academic Press, 1975.

Blom, J. P. & J. J. Gumperz. Social Meaning in Linguistic Structures: Code

Switching in Northern Norway [A]. In J. J. Gumperz & D. Hymes (eds.). *Directions in Sociolinguistics: The Ethnography of Communication* [C]. New York: Holt, Rinehart, and Winston, 1972: 409 - 434.

Boas, F. *Handbook of American Indian Languages* [M]. Washington: Bureau of American Ethnology, 1911/1938.

Boas, F. Race, Language and Culture [J]. *The Journal of Nervous and Mental Disease*, 1941, 94(4): 513 - 514.

Bock J. K. Meaning, Sound, and Syntax: Lexical Priming in Sentence Production [J]. *Journal of Experimental Psychology: Learning, Memory, and Cognition*, 1986, 12(4): 575 - 586.

Bourdieu, P. *Outline of a Theory of Practice* [M]. London: Routledge, 2020.

Bourdieu, P. *The Logic of Practice* [M]. California: Stanford University Press, 1990.

Brown, P. & S. C. Levinson. *Politeness: Some Universals in Language Usage* [M]. Cambridge: Cambridge University Press, 1987.

Butler, C. S. Functionalist Theories of Language [A]. In K. Brow(ed.). *Encyclopedia of Language & Linguistics* [C]. Amsterdam: Elsevier Ltd., 2006: 696 - 704.

Bybee, J. L. *Frequency of Use and the Organization of Language* [M]. Oxford: Oxford University Press, 2007.

Calame-Griaule, G. *Ethnologie et Langage: la Parole chez les Dogon* [M]. Paris: Institut d'Ethnologie-Musée de l'Homme, 1987.

Carter, R. & M. McCarthy. *Cambridge Grammar of English: A Comprehensive Guide to Spoken and Written English Usage* [Z]. Cambridge: Cambridge University Press, 2006.

Chafe, W. L. Cognitive Constraints on Information Flow [J]. *Coherence and Grounding in Discourse*, 1987(11): 21 - 51.

Chafe, W. L. *Meaning and the Structure of Language* [M]. Chicago: University of Chicago Press, 1970.

Chafe, W. L. *The Pear Stories: Cognitive, Cultural, and Linguistic*

Aspects of Narrative Production [M]. Norwood, N. J.: Ablex, 1980.

Chao, Y. R. *A Grammar of Spoken Chinese* [M]. Berkeley, C. A.: University of California Press, 1968.

Cingue, G. *Adverbs and Functional Heads — A Cross-Linguistic Perspective* [M]. Oxford: Oxford University Press, 1999.

Cingue, G. Issues in Adverbial Syntax [J]. *Lingua*, 2004(114): 683 – 710.

Clayman, S. & J. Heritage. *The News Interview: Journalists and Public Figures on the Air* [M]. Cambridge: Cambridge University Press, 2002.

Clayman, S. Footing in the Achievement of Neutrality [A]. In P. Drew & J. Heritage (eds.). *Talk at Work: Interaction in Institutional Settings* [C]. Cambridge, U. K.: Cambridge University Press, 1992: 163 – 198.

Cohen, S. & J. Young. *The Manufacture of News: Social Problems, Deviance and the Mass Media* [M]. London: Constable, 1973.

Conklin, H. C. *The Relation of Hanunóo Culture to the Plant World* [M]. New Haven: Yale University Press, 1955.

Cook-Gumperz, J. & J. J. Gumperz. *Papers on Language and Context* [M]. Berkeley: Language Behavior Research Laboratory, University of California, 1976.

Couper-Kuhlen, E. & C. E. Ford (eds.). *Sound Patterns in Interaction: Cross-linguistic Studies from Conversation (Vol. 62)* [M]. Amsterdam: John Benjamins Publishing Company, 2004.

Couper-Kuhlen, E. & M. Etelamaki. On Division of Labor in Request and Offer Environments [A]. In P. Drew & E. Couper-Kuhlen (eds.). *Requesting in Social Interaction* [C]. Amsterdam: Benjamins, 2014: 115 – 144.

Couper-Kuhlen, E. & M. Selting. *Interaction Linguistics: Studying Language in Social Interaction* [M]. Cambridge: Cambridge University Press, 2018.

Couper-Kuhlen, E. & M. Selting. Introducing Interactional Linguistics [A]. In E. Couper-Kuhlen & M. Selting (eds.). *Studies in Interactional Linguistics* [C]. Amsterdam: John Benjamins Publishing Company,

2001: 1 – 22.

Couper-Kuhlen, E. *Contextualizing Discourse: The Prosody of Interactive Repair* [M]. Cambridge: Cambridge University Press, 1992.

Couper-Kuhlen, E. What Does Grammar Tell Us About Action? [J]. *Pragmatics*, 2014(3): 623 – 647.

Croft, W. &. A. Cruse. *Cognitive Linguistics* [M]. Cambridge: Cambridge University Press, 2004.

Csomay, E. Variation in Academic Lectures: Interactivity and Level of Instruction [A]. In R. Reppen, S. M. Fitzmaurice &. D. Biber(eds.). *Using Corpora to Explore Linguistic Variation* [C]. Amsterdam/Philadelphia: John Benjamins Publishing Company, 2002: 203 – 226.

Curl, T. Offers of Assistance: Constraints on Syntactic Design [J]. *Journal of Pragmatics*, 2006(38): 1257 – 1280.

D'Andrade, R. G. *The Development of Cognitive Anthropology* [M]. Cambridge: Cambridge University Press, 1995.

Deppermann, A. &. R. Schmitt. Koordination. Zur Begründung eines euen Forschungsgegenstandes [A]. In R. Schmitt (ed.). *Koordination. Analysen zur Multimodalen Interaktion* [C]. Tübingen: Narr, 2007: 15 – 54.

Deppermann, A. &. S. Günthner(eds.). *Temporality in Interaction* [M]. Amsterdam: John Benjamins Publishing Company, 2015.

Deppermann, A. Introduction: Multimodal Interaction from a Conversation Analytic Perspective [J]. *Journal of Pragmatics*, 2013a(1): 1 – 7.

Deppermann, A. Multi-modal Participation in Simultaneous Joint Projects: Inter-personal and Intra-personal Coordination of Paramedics in Emergency Drills [A]. In P. Haddington, T. Keisanen, L. Mondada &. M. Nevile (eds.). *Multiactivity in Social Interaction: Beyond Multitasking* [C]. Amsterdam: Benjamins, 2014: 247 – 281.

Deppermann, A. Turn-design at Turn Beginnings: Multimodal Resources to Deal with Tasks of Turn-construction in German [J]. *Journal of Pragmatics*, 2013b(1): 91 – 121.

Doehler, S. Emergent Grammar for all Practical Purposes: The On-line

Formatting of Left and Right Dislocations in French Conversation [A]. In P. Auer and S. Pfänder (eds.). *Constructions: Emerging and Emergent* [C]. Berlin/Boston: De Gruyter, 2011: 45 – 87.

Doehler, S. P. & U. Balaman. The Routinization of Grammar as a Social Action Format: A Longitudinal Study of Video-Mediated Interactions [J]. *Research on Language and Social Interaction*, 2021, 54(2): 183 – 202.

Drew P. & J. Heritage. Analyzing Talk at Work [A]. In P. Drew & J. Heritage (eds.). *Talk at Work: Interaction in Institutional Settings* [C]. Cambridge, U. K.: Cambridge University Press, 1992: 3 – 65.

Drew, P. & E. Couper-Kuhlen. Requesting-from Speech Act to Recruitment [A]. In P. Drew & E. Couper-Kuhlen (eds.). *Requesting in Social Interaction* [C]. Amsterdam: Benjamins, 2014: 1 – 34.

Du Bois, J. W. Argument Structure: Grammar in Use [A]. In J. W. Du Bois, L. E. Kumpf & W. J. Ashby (eds.). *Preferred Argument Structure: Grammar as Architecture for Function* (*Vol. 14*) [C]. Amsterdam: John Benjamins Publishing Company, 2003a: 11 – 60.

Du Bois, J. W. Competing Motivations [A]. In J. Haiman(ed.). *Iconicity in Syntax* [C]. Amsterdam: John Benjamins Publishing Company, 1985: 343 – 365.

Du Bois, J. W. Discourse and Grammar [A]. In M. Tomasello(ed.). *The New Psychology of Language: Cognitive and Functional Approaches to Language Structure*(*Vol. 2*) [C]. Mahwah, N. J.: Erlbaum, 2003b: 47 – 88.

Du Bois, J. W. *Representing Discourse* [Z]. Santa Barbara: Linguistics Department, University of California, 2013.

Du Bois, J. W. The Discourse Basis of Ergativity [J]. *Language*, 1987, 63(4): 805 – 855.

Du Bois, J. W. The Stance Triangle [A]. In R. Englebretson(ed.). *Stance Taking in Discourse: Subjectivity, Evaluation, Interaction* [C]. Amsterdam: Benjamins, 2007: 139 – 182.

Du Bois, J. W. Towards a Dialogic Syntax [J]. *Cognitive Linguistics*, 2014,

25(3): 359 - 410.

Duranti, A. & C. Goodwin. *Rethinking Context: Language as an Interactive Phenomenon* [M]. Cambridge: Cambridge University Press, 1992.

Duranti, A. *A Companion to Linguistic Anthropology* [M]. Oxford: Wiley-Blackwell, 2004.

Duranti, A. *Linguistic Anthropology* [M]. London: Cambridge University Press, 1997.

Duranti, A. Performance and Encoding of Agency in Historical-Natural Languages [A]. In K. Henning, N. Netherton & L. C. Peterson(eds.). *SALSA IX Proceedings* [C]. Austin: Texas Linguistic Forum, 2002: 266 - 287.

Edmonson, W. *Spoken Discourse: A Modal for Analysis* [M]. London/New York: Longman, 1981.

Ferguson, A. Conversational Turn-taking and Repair in Fluent Aphasia [J]. *Aphasiology*, 1998(12): 1007 - 1031.

Fillmore, C. J. The Mechanisms of Construction Grammar [J]. *Proceedings, Berkeley Linguistics Society*, 1988(14): 35 - 55.

Fillmore, C. J., P. Kay & M. C. O'Connor. Regularity and Idiomaticity in Grammatical Constructions: The Case of LET ALONE [J]. *Language*, 1988(3): 501 - 538.

Firth, J. R. *Papers in Linguistics* [M]. London: Oxford University Press, 1957.

Firth, J. R. Personality and Language in Society [J]. *Sociological Review*, 1950(3): 167 - 170.

Fisher, S. & D. D. Todd. *The Social Organization of Doctor-Patient Communication* [M]. Washington D. C.: Center for Applied Linguistics, 1983.

Fishman, J. A. et al. *Readings in the Sociology of Language* [M]. Berlin: Mouton, 1968.

Foley, W. A. *Anthropological Linguistics: An Introduction* [M]. Oxford: Blackwell Publishers, 1997.

Fontaine, L. *Analyzing English Grammar: A Systemic Functional Introduction* [M]. Cambridge: Cambridge University Press, 2013.

Ford, C. E., B. A. Fox & S. A. Thompson. Practices in the Construction of Turns: The "TCU" Revisited [J]. *Pragmatics*, 1996, 6(3): 427 – 454.

Ford, C. E. & B. A. Fox. Constituency and the Grammar of Turn Increments [A]. In E. Cecilia, C. E. Ford, B. A. Fox & S. A. Thompson(eds.). *The Language of Turn and Sequence* [C]. New York: Oxford University Press, 2002: 14 – 38.

Ford, C. E. & S. A. Thompson. Interactional Units in Conversation: Syntactic, Intonational, and Pragmatic Resources for the Management of Turns [A]. In E. Ochs, E. A. Schegloff & S. A. Thompson(eds.). *Interaction and Grammar* [C]. Cambridge: Cambridge University Press, 1996: 134 – 184.

Ford, C. E. Contingency and Units in Interaction [J]. *Discourse Studies*, 2004(6): 27 – 52.

Ford, C. E. Denial and the Construction of Conversational Turns [J]. *Complex Sentences in Grammar and Discourse*, 2002(1): 61 – 78.

Ford, C. E. *Grammar in Interaction: Adverbial Clauses in American English Conversations* [M]. Cambridge: Cambridge University Press, 1993.

Ford, C. E., B. A. Fox & S. A. Thompson. Social Interaction and Grammar [A]. In M. Tomasello(ed.). *The New Psychology of Language* [C]. Mahwah: Lawrence Erlbaum Associates, 2003: 1489 – 1522.

Ford, C. E., B. A. Fox & S. A. Thompson. Units and/or Action Trajectories? The Language of Grammatical Categories and the Language of Social Action [A]. In Szczepek et al.(eds.). *Units of Talk: Units of Action* [C]. Amsterdam/Philadelphia: John Benjamins, 2013: 13 – 56.

Ford, C. E., S. A. Thompson & V. Drake. Bodily-visual Practices and Turn Continuation [J]. *Discourse Processes*, 2012, 49(3—4): 192 – 212.

Fox, B. A. & S. A. Thompson. Responses to Wh-questions in English Conversation [J]. *Research on Language and Social Interaction*, 2010,

43(2): 133 - 156.

Fox, B. A. *Anaphora and the Structure of Discourse* [M]. Cambridge: Cambridge University Press, 1987.

Fox, B. A. *Discourse Structure and Anaphora: Written and Conversational English* [M]. Cambridge: Cambridge University Press, 1993.

Fox, B. A. *Micro-syntax in English Conversation* [C] // First Europe Interactional Linguistics Conference, Spa, Belgium, 2000.

Fox, B. A. On the Embodied Nature of Grammar [A]. In J. Bybee & M. Noonan(eds.). *Complex Sentences in Grammar and Discourse: Essays in Honor of Sandra A. Thompson* [C]. Amsterdam: Benjamins Publishing Company, 2001: 79 - 99.

Fox, B. A. Principles Shaping Grammatical Practices: An Exploration [J]. *Discourse Studies*, 2007, 9(3): 299 - 318.

Fox, B. A., M. Hayashi & R. Jasperson. Resources and Repair: A Cross-linguistic Study of Syntax and Repair [A]. In E. Ochs, E. A. Schegloff & S. A. Thompson(eds.). *Interaction and Grammar* [C]. Cambridge: Cambridge University Press, 1996: 185 - 237.

Fox, B. A., S. A. Thompson, C. E. Ford, & E. Couper-Kuhlen. Conversation Analysis and Linguistics [A]. In J. Sidnell & T. Stivers (eds.). *The Handbook of Conversation Analysis* [C]. Chichester: Wiley-Blackwell, 2013: 726 - 740.

Frake, C. O. *The Ethnographic Study of Cognitive Systems* [M]. Berlin: De Gruyter Mouton, 2012.

Frederick, E. They Know All the Lines: Rhythmic Organization and Contextualization in a Conversational Listing Routine [A]. In P. Auer & di Luzio(eds.). *The Contextualization of Language* [C]. Amsterdam/Philadelphia: John Benjamins Publishing Company, 1992: 365 - 397.

Gao, Y. A Comparative Study of Adverbial Conjunctions in Salinger's Works and their Chinese Versions from the Perspective of Interactional Linguistics [D]. Shanghai Normal University, 2023.

Garfinkel, H. *Studies in Ethnomethodology* [M]. Englewood Cliffs, N. J.: Prentice Hall, 1967.

Geertz, C. *The Interpretation of Cultures: Selected Essays* [M]. New York: Basic Books, 1973.

Givón, T. *Functionalism and Grammar* [M]. Amsterdam: J. Benjamins, 1995.

Givón, T. *On Understanding Grammar* [M]. New York: Academic Press, 1979.

Givón, T. *Syntax: an Introduction. Volume II* [M]. Amsterdam: John Benjamins, 2001.

Givón, T. *Voice and Inversion* [M]. Amsterdam: John Benjamins Publishing Company, 1994.

Goffman, E. *Behavior in Public Places: Notes on the Social Organization of Gatherings* [M]. New York: The Free Press, 1963.

Goffman, E. *Interaction Ritual: Essays in Face to Face Behavior*[M]. New York: Anchor Books, 1967.

Goodenough, W. H. Componential Analysis and the Study of Meaning[J]. *Language*, 1956, 32(1): 195 – 216.

Goodenough, W. H. *Cultural Anthropology and Linguistics*[M]. Indianapolis: Bobbs-Merrill, 1957.

Goodwin, C. *Conversation and Brain Damage* [M]. Oxford: Oxford University Press, 2003.

Goodwin, C. & M. H. Goodwin. Assessments and the Construction of Context [A]. In A. Duranti & C. Goodwin(eds.). *Rethinking Context: Language as an Interactive Phenomenon* [C]. Cambridge: Cambridge University Press, 1992: 147 – 189.

Goodwin, C. *Conversational Organization. Interaction Between Speakers and Hearers* [M]. New York: Academic Press, 1981.

Goodwin, C. Restarts, Pauses, and the Achievement of Mutual Gaze at Turn-beginning [J]. *Sociological Inquiry*, 1980, 50(3/4): 272 – 302.

Goodwin, C. The Interactive Construction of a Sentence in Natural Conversation [A]. In G. Psathas(ed.). *Everyday Language: Studies in Ethnomethodology* [C]. New York: Irvington Publishers, 1979: 97 – 121.

Goody, J. *Literacy in Traditional Societies* [M]. Cambridge: Cambridge University Press, 1975.

Greatbatch, D. A Turn-taking System for British News Interviews [J]. *Language in Society*, 1988(5): 401 - 430.

Greenberg, J. H. Some Universals of Grammar with Particular Reference to the Order of Meaningful Elements [J]. *Universals of Language*, 1963 (2): 73 - 113.

Gregory, M. Aspects of Varieties Differentiation [J]. *Journal of Linguistics*, 1967, 3(2): 177 - 198.

Gu, Z. L. A Study on Adverbial Conjunctions as Metadiscourse Markers in Academic Seminar from the Perspective of Interactional Linguistics [D]. Shanghai Normal University, 2024.

Gultom, F. E. Logico-Semantic Relations in Bataknese Traditional Wedding Ceremony [J]. *LingLit Journal Scientific Journal for Linguistics and Literature*, 2020, 1(1): 12 - 18.

Gumperz J. J. The Sociolinguistic Significance of Conversational Code-switching [J]. *RELC Journal*, 1977, 8(2): 1 - 34.

Gumperz, J. J. & D. Hymes. *Directions in Sociolinguistics: The Ethnography of Communication* [M]. New York: Holt, Rinehart and Winston, 1972.

Gumperz, J. J. & D. Hymes. *Directions in Sociolinguistics: The Ethnography of Communication* [M]. London: Blackwell, 1986.

Gumperz, J. J. & J. C. Gumperz. Introduction: Language and the Communication of Social Identity [A]. In J. J. Gumperz (ed.). *Language and Social Identity* [C]. Cambridge: Cambridge University Press, 1982: 1 - 21.

Gumperz, J. J. & S. C. Levinson. *Rethinking Linguistic Relativity* [M]. Cambridge: Cambridge University Press, 1996.

Gumperz, J. J. Contextualization and Understanding [A]. In A. Duranti & C. Goodwin (eds.). *Rethinking Context: Language as an Interactive Phenomenon* [C]. Cambridge: Cambridge University Press, 1992: 229 - 252.

Gumperz, J. J. *Discourse Strategies* [M]. Cambridge: Cambridge University Press, 1982.

Gumperz, J. J. Interactional Sociolinguistics: A Personal Perspective [A]. In D. Tannen, H. E. Hamilton & D. Schiffrin(eds.). *The Handbook of Discourse Analysis* [C]. Hoboken: John Wiley & Sons, 2015: 309 - 323.

Gumperz, J. J. On the Development of Interactional Sociolinguistics [J]. *Language Teaching and Research*, 2003a(1): 1 - 10.

Gumperz, J. J. Response Essay [A]. In S. L. Eerdmans, C. L. Prevignano & P. J. Thibault (eds.). *Language and Interaction: Discussions with John J. Gumperz* [C]. Amsterdam / Philadelphia: John Benjamins Publishing Company, 2003b: 105 - 126.

Gumperz, J. J. The Speech Community [A]. In D. L. Sills & R. K. Merton (eds.). *International Encyclopedia of the Social Sciences* [C]. New York: Macmillan, 1968: 381 - 386.

Günthner, S. & W. Imo. *Konstruktionen in der Interaktion* [M]. Berlin / New York: Mouton de Gruyter, 2006.

Haddington, P. The Organization of Gaze and Assessments as Resources for Stance Taking [J]. *Text and Talk*, 2006(26): 281 - 328.

Hakulinen, A. & M. Selting(eds.). *Syntax and Lexis in Conversation* [M]. Amsterdam: John Benjamins, 2005.

Halliday, M. A. K. & C. M. I. M. Matthiensen. *An Introduction to Functional Grammar* [M]. New York: Oxford University Press, 2004.

Halliday, M. A. K. & C. M. I. M. Matthiessen. *An Introduction to Functional Grammar* (*3rd Edition*) [M]. London: Hodder Arnold, 2004/2013.

Halliday, M. A. K. & C. M. I. M. Matthiessen. *Construing Experience through Meaning: A Language-based Approach to Cognition* [M]. Beijing: World Publishing Corporation, 2008.

Halliday, M. A. K. & R. Hasan. *Cohesion in English* [M]. London: Longman, 1976.

Halliday, M. A. K. & R. Hasan. *Language, Context and Text: Aspects of*

Language in a Social-Semiotic Perspective (*2nd Edition*) [M]. Oxford: Oxford University Press, 1989.

Halliday, M. A. K. (Revised by C. M. I. M. Matthiessen). *Halliday's Introduction to Functional Grammar* (*4th Edition*) [M]. London: Routledge, 2014.

Halliday, M. A. K. *An Introduction to Functional Grammar* (*1st Edition*) [M]. London: Edward Arnold, 1985.

Halliday, M. A. K. *An Introduction to Functional Grammar* [M]. London: Arnold, / Beijing: Foreign Language Teaching and Research Press, 1994/2000.

Halliday, M. A. K. *Explorations in the Functions of Language* [M]. London: Arnold, 1973.

Halliday, M. A. K. Functional Diversity in Language as Seen from a Consideration of Modality and Mood in English [J]. *Foundations of Language*, 1970, 6(3): 322 - 361.

Halliday, M. A. K. *Language as a Social Semiotic: The Social Interpretation of Language and Meaning* [M]. London: Arnold, 1978.

Halliday, M. A. K. Language Structure and Language Function [A]. In J. J. Webster(ed.). *On Grammar* [C]. London: Continuum, 2002: 173 - 195.

Halliday, M. A. K. *Selected Works of M. A. K. Halliday on Applied Linguistics* [M]. Beijing: Foreign Language Teaching and Research Press, 2015.

Halliday, M. A. K. The Context of Linguistics [A]. In F. P. Dinneen(ed.). *Georgetown University Round Table on Languages and Linguistics 1974* [C]. Washington D. C.: Georgetown University Press, 1974: 179 - 197.

Halliday, M. A. K. The Linguistic Study of Literary Texts [A]. In H. G. Lunt (ed.). *Proceedings of the Ninth International Congress of Linguists, Cambridge, Mass., August 27—31, 1962* [C]. Berlin: De Gruyter Mouton, 1964: 302 - 307.

Hasan, R. The Conception of Context in Text [A]. In P. H. Fries & M.

Gregory(eds.). *Discourse in Society: Systemic Functional Perspectives* [C]. Norwood N. J.: Ablex, 1995: 183 – 284.

Have, P. *Doing Conversation Analysis* [M]. London: SAGE Publications Ltd, 1999.

Have, P. *Doing Conversation Analysis: A Practical Guide (2nd Edition)* [M]. London: SAGE Publications Ltd, 2007.

Heath, C. *Body Movement and Speech in Medical Interaction* [M]. Cambridge: Cambridge University Press, 1986.

Hellermann, J. Looking for Evidence of Language Learning in Practices for Repair: A Case Study of Self-Initiated Self-Repair by an Adult Learner of English [J]. *Scandinavian Journal of Educational Research*, 2009 (2): 113 – 132.

Hennoste, T. Pivot Constructions in Spoken Estonian [J]. *Journal of Pragmatics*, 2013(54): 73 – 91.

Heritage, J. & D. Maynard. *Communication in Medical Care* [M]. Cambridge: Cambridge University Press, 2006.

Heritage, J. Analyzing News Interviews: Aspects of the Production of Talk for an Overhearing Audience [A]. In T. A. van Dijk(ed.). *Handbook of Discourse Analysis* [C]. New York: Academic Press, 1985: 95 – 117.

Heritage, J. *Garfinkel and Ethnomethodology* [M]. Cambridge: Polity Press, 1984.

Hermerén, L. *On Modality in English: A Study of the Semantics of the Modals. Lund Studies in English*, 53 [M]. Lund: CWK Gleerup, 1978.

Hoey, E. Self-authorizing Action: On Let me X in English Social Interaction [J]. *Language in Society*, 2020(5): 1 – 24.

Holland, J. H. *Emergence: From Chaos to Order* [M]. Massachusetts: Addison-Wesley Longman Publishing Co., Inc., 1998.

Holmes, J. Speaking English with the Appropriate Degree of Conviction [A]. In C. Brumfit (ed.). *Learning and Teaching Languages for Communication: Applied Linguistics Perspectives* [C]. London: CILT, 1983: 100 – 121.

Hopper, P. J. & E. C. Traugott. *Grammaticalization* [M]. Cambridge: Cambridge University Press, 1993.

Hopper, P. J. & S. A. Thompson. The Discourse Basis for Lexical Categories in Universal Grammar [J]. *Language*, 1984, 60(4): 703 – 752.

Hopper, P. J. & S. A. Thompson. Transitivity in Grammar and Discourse [J]. *Language*, 1980(2): 251 – 299.

Hopper, P. J. Emergent Grammar [A]. In M. Tomasello(ed.). *The New Psychology of Language: Cognitive and Functional Approaches to Linguistic Structure* [C]. New York: Routledge, 1998: 155 – 175.

Hopper, P. J. *Emergent Grammar* [C]. // Berkeley: Annual Meeting of the Berkeley Linguistics Society, 1987(13): 139 – 157.

Hopper, P. J. Emergent Grammar and Temporality in Interactional Linguistics [A]. In P. Auer and S. Pfänder (eds.). *Constructions: Emerging and Emergent* [C]. Berlin / Boston: De Gruyter, 2011: 22 – 44.

Hopper, P. J. Emergent Grammar and the A Priori Grammar Postulate [A]. In D. Tannen(ed.). *Linguistics in Context* [C]. Norwood N. J.: Ablex Publishing Corporation, 1988: 117 – 134.

Horlacher, A. S. & S. P. Doehler. 'Pivotage' in French Talk-in-interaction: On the Emergent Nature of [Clause-np-clause] Pivots [J]. *Pragmatics*, 2014, 24(3): 593 – 622.

Hu, H-c. M. The Effects of Different Tasks on Verb-Noun Collocation Learning [J]. *The Asian Journal of Applied Linguistics*, 2015, 2(3): 213 – 225.

Hutchby, I. Building Alignments in Public Debate: A Case Study from British TV [J]. *Text*, 1997(2): 161 – 180.

Hutchby, I. *Confrontation Talk: Arguments, Asymmetries and Power on Talk Radio* [M]. Hillsdale, N. J.: Lawrence Erlbaum, 1996a.

Hutchby, I. Confrontation Talk: Aspects of 'Interruption' in Argument Sequences on Talk Radio [J]. *Text*, 1992(3): 343 – 372.

Hutchby, I. Frame Attunement and Footing in the Organization of Talk

Radio Openings [J]. *Journal of Sociolinguistics*, 1999(1): 41 – 63.

Hutchby, I. Power in Discourse: The Case of Arguments on a British Talk Radio Show [J]. *Discourse and Society*, 1996b(4): 481 – 497.

Hyland, K. *Metadiscourse: Exploring Interaction in Writing* [M]. London: Continuum, 2005: 25 – 36.

Hymes, D. *Foundations of Sociolinguistics: An Ethnographic Approach* [M]. Philadelphia: University of Pennsylvania Press, 1974.

Hymes, D. Introduction: Toward Ethnographies of Communication [J]. *American Anthropologist*, 1964, 66(6): 1 – 34.

Hymes, D. *Language in Culture and Society: A Reader in Linguistics and Anthropology* [M]. New York: Harper & Row, 1964.

Hymes, D. Models of Interaction of Language and Social Setting [J]. *Journal of Social Issue*, 1967(23): 8 – 28.

Jefferson, G. On Exposed and Embedded Correction in Conversation [A]. In G. Button & J. Lee (eds.). *Talk and Social Organization* [C]. Clevedon: Multilin Gual Matters Ltd., 1987: 86 – 100.

Jefferson, G. *Repairing the Broken Surface of Talk Managing Problems in Speaking, Hearing, and Understanding in Conversation* [M]. Oxford: Oxford University Press, 2017.

Jefferson, G. *Talking About Troubles in Conversation* [M]. Oxford: Oxford University Press, 2015.

Jia, F. A Comparison between Conversations in TOEFL Listening Tests and Real-Life Conversations: A Conversation Analysis of Classroom Interactions [J]. *World Scientific Research Journal*, 2020, 6(12): 85 – 92.

Johannessen, J. B. Correlative Adverbs in Germanic Languages [J]. *Nordlyd*, 2004, 31(1): 165 – 186.

Johannessen, J. B. The Syntax of Correlative Adverbs [J]. *Lingua*, 2005 (115): 419 – 443.

Kärkkäinen, E. & T. Keisanen. Linguistic and Embodied Formats for Making(Concrete) Offers [J]. *Discourse Studies*, 2012(5): 587 – 611.

Keisanen, T. & E. Kärkkäinen. A Multimodal Analysis of Compliment

Sequences in Everyday English Interactions [J]. *Pragmatics*, 2014(3): 649 - 672.

Keller, R. *On Language Change: The Invisible Hand in Language* [M]. London: Routledge, 1994.

Kempson, R. M., W. Meyer-Viol & D. M. Gabbay. *Dynamic Syntax: The Flow of Language Understanding* [M]. Hoboken: Wiley-Blackwell, 2001.

Kendrick, K. H. & P. Drew. Recruitment: Offers, Requests, and the Organization of Assistance in Interaction [J]. *Research on Language and Social Interaction*, 2016(1): 1 - 19.

Kuno, S. *Functional Syntax: Anaphora, Discourse and Empathy* [M]. Chicago: University of Chicago Press, 1987.

Lamb, S. M. & L. E. Newell. *Outline of Stratificational Grammar* [M]. Georgetown: Georgetown University Press, 1966.

Larson, R. On Syntax of Disjunction [J]. *Scope Natural Language and Linguistic Theory*, 1985(3): 217 - 264.

Laury, R., M. Etelämäki & E. Couper-Kuhlen. Introduction: Approaches to Grammar for Interactional Linguistics [J]. *Pragmatics*, 2014, 24(3): 435 - 452.

Leckie-Tarry, H. & D. Birch. *Language and Context: A Functional Linguistic Theory of Register* [M]. London: Pinter, 1995.

Leech, G. N. *Principles of Pragmatics* [M]. London: Longman Group Limited, 1983.

Lerner G. Turn-sharing: The Choral Co-Production of Talk-in-Interaction [A]. In C. E. Ford, B. A. Fox & S. A. Thompson (eds.). *The Language of Turn and Sequence* [C]. Oxford: Oxford University Press, 2002: 225 - 256.

Lerner, G. On the "Semi-permeable" Character of Grammatical Units in Conversation: Conditional Entry into the Turn Space of Another Speaker [A]. In E. Ochs, E. A. Schegloff & S. A. Thompson(eds.). *Interaction and Grammar* [C]. Cambridge: Cambridge University Press, 1996: 238 - 276.

Levi, J. & A. G. Walker. *Language in the Judicial Process* [M]. New York: Plenum, 1990.

Levin, B. & M. R. Hovav. Morphology and Lexical Semantics [A]. In A. Spencer & A. M. Zwicky(eds.). *The Handbook of Morphology* [C]. Oxford: Blackwell Publishing Ltd, 2001: 248 – 271.

Levinson, S. C. Action Formation and Ascription [A]. In J. Sidnell & T. Stivers(eds.). *The Handbook of Conversation Analysis* [C]. Malden M. A.: Wiley Blackwell, 2013: 103 – 130.

Levinson, S. C. *Pragmatics* [M]. Cambridge: Cambridge University Press, 1983.

Lévi-Strauss, C. Structural Analysis in Linguistics and in Anthropology [J]. *Semiotics — An Introductory Anthology*, 1963(2): 110 – 128.

Lévi-Strauss, C. *Structural Anthropology* [M]. New York: Basic Books, 1973.

Li, C. N. & S. A. Thompson. Subject and Topic: A New Typology of Language [A]. In C. N. Li(ed.). *Subject and Topic* [C]. London: Academic Press, 1976: 457 – 489.

Li, X. T. Language and the Body in the Construction of Units in Mandarin Face-to-face Interaction [A]. In B. S. Reed(ed.). *Units of Talk-Units of Action* [C]. Amsterdam/ Philadelphia: John Benjamins Publishing Company, 2013: 343 – 375.

Li, X. T. Leaning and Recipient Intervening Questions in Mandarin Conversation [J]. *Journal of Pragmatics*, 2014a(67): 34 – 60.

Li, X. T. *Multimodality, Interaction, and Turn-taking in Mandarin Conversation* [M]. Amsterdam: Benjamins, 2014b.

Li, X. T. Some Discourse-interactional Use of Yinwei 'Because' and its Multimodal Production in Mandarin Conversation [J]. *Language Sciences*, 2016(58): 51 – 78.

Lindström, J. K. On the Pivot Turn Construction Method in Swedish and Finnish [J]. *Journal of Pragmatics*, 2013(54): 57 – 72.

Linell, P. Approaching Dialogue: Talk, Interaction and Contexts in Dialogical Perspectives [J]. *Language in Society*, 1998(4): 586 – 589.

Lounsbury, F. G. A Semantic Analysis of the Pawnee Kinship Usage [J]. *Language*, 1956, 32(1): 158 - 194.

Love, N. The Fixed-Code Theory [J]. *Language & Communication*, 1985 (1): 1 - 17.

Lyons, J. *Language and Linguistics: An Introduction* [M]. Cambridge: Cambridge University Press, 1981.

Lyons, J. *Linguistic Semantics: An Introduction* [M]. Cambridge: Cambridge University Press, 1995.

Lyons, J. *Semantics* [M]. Cambridge: Cambridge University Press, 1977.

MacWhinney, B. The Emergence of Language from Embodiment [A]. In B. MacWhinney(ed.). *The Emergence of Language* [C]. Mahwah, N. J.: Lawrence Erlbaum, 1999: 213 - 256.

Malinowski, B. *A Scientific Theory of Culture and Other Essays* [M]. London: Routledge, 1944.

Malinowski, B. *Coral Gardens and Their Magic* [M]. London: Routledge, 1935.

Malinowski, B. The Problem of Meaning in Primitive Languages [A]. In C. K. Ogden & I. A. Richards(eds.). *The Meaning of Meaning* [C]. New York/London: A Harvest HBJ Book, 1923.

Manes, J. & N. Wolfson. The Compliment Formula [A]. In F. Coulmas (ed.). *Conversational Routine: Explorations in Standardized Communication Situations and Prepatterned Speech* [C]. The Hague: Mouton, 1981: 115 - 132.

Mann, W. C. & S. A. Thompson. *Rhetorical Structure Theory: A Theory of Text Organization* [M]. Los Angeles: University of Southern California, Information Sciences Institute, 1987.

Margolin, D. R., P. Auer & A. D. Luzio. Review: The Contextualization of Language [J]. *Language*, 1994, 70(2): 491 - 538.

Martin, J. R. & D. Rose. *Working with Discourse (2nd Edition)* [M]. London: Continuum, 2007.

Martin, J. R. & J. Rothery. *Working Papers in Linguistics* [M]. Sydney: Department of Linguistics, University of Sydney, 1980.

Martin, J. R. &. P. R. R. White. *The Language of Evaluation*: *Appraisal in English* [M]. London/New York: Palgrave Macmillan: 2005.

Martin, J. R. Beyond Exchange: Appraisal System in English [A]. In S. Huston &. G. Thompson(eds.). *Evaluation in Text*: *Authorial Stance and the Construction of Discourse* [C]. Oxford: Oxford University Press, 2000: 142–175.

Martin, J. R. *English Text* [M]. Philadelphia: John Benjamins Publishing Company, 1992.

Martin, J. R. Modelling Context: A Crooked Path of Progress in Contextual Linguistics [A]. In M. Ghadessy(ed.). *Text and Context in Functional Linguistics* [C]. Amsterdam: John Benjamins Publishing Company, 1999: 25–62.

Martin, J. R. Process and Text: Two Aspects of Semiosis [A]. In J. D. Benson &. W. S. Greaves (eds.). *Systemic Perspectives on Discourse*: *Selected Theoretical Papers from the 9th International Systemic Workshop* [C]. Norwood N. J.: Ablex, 1985: 248–274.

Matthiessen, C. M. I. M. The Multimodal Page: A Systemic Functional Exploration[A]. In T. Royce &. W. L. Bowcher(eds.). *New Directions in the Analysis of Multimodal Discourse* [C]. Mahwah: Lawrence Erlbaum and Associates, 2007: 1–62.

Maturana, H. R. &. F. J. Varela. *The Tree of Knowledge*: *The Biological Roots of Human Understanding* [M]. Boulder: Shambhala Publications, 1987.

Maynard, D. On Clinicians Co-implicating and Recipient's Perspective in The Delivery of Diagnostic News [A]. In P. Drew &. J. Heritage (eds.). *Talk at Work*: *Interaction in Institutional Settings* [C]. Cambridge: Cambridge University Press, 1992: 331–358.

Mazeland, H. Grammar in Conversation [A]. In S. Jack &. S. Tanya(eds.). *The Handbook of Conversation Analysis* [C]. Chichester: Wiley-Blackwell, 2013: 475–491.

McEnery, A., Z. H. Xiao &. L. L. Mo. Aspect Marking in English and Chinese: Using the Lancaster Corpus of Mandarin Chinese for

Contrastive Language Study [J]. *Literary and Linguistic Computing*, 2003, 18(4): 361 - 378.

McEnery, T. &. A. Hardie. *Corpus Linguistics* [M]. Cambridge: Cambridge University Press, 2012.

McEnery, T., R. Xiao &. Y. Tono. *Corpus-based Language Studies: An Advanced Resource Book* [M]. Abingdon: Taylor &. Francis, 2006.

Meillet, A. Les Langues du Monde [J]. *Modern Language Notes*, 1925 (40): 373.

Morgan, L. H. *Ancient Society* [M]. London: MacMillan &. Company, 1877.

Morgan, L. H. *Systems of Consanguinity and Affinity of the Human Family* [M]. Washington: Smithsonian Institution, 1871.

Morgan, M. Conversational Signifying: Grammar and Indirectness among African American Women [A]. In E. Ochs, E. A. Schegloff &. S. A. Thompson (eds.). *Interaction and Grammar* [C]. Cambridge: Cambridge University Press, 1996: 405 - 434.

Murata, K. Repetitions: A Cross-cultural Study [J]. *World Englishes*, 1995, 14(3): 343 - 356.

Norén, N. &. P. Linell. Pivot Constructions as Everyday Conversational Phenomena within a Cross-linguistic Perspective: An Introduction [J]. *Journal of Pragmatics*, 2013(54): 1 - 15.

Norén, N. 2013. Pivots Constructions as Methods for Perspective Shift during Turns at Talk [J]. *Journal of Pragmatics*, 2013(54): 35 - 56.

Ochs, E., E. A. Schegloff &. S. A. Thompson (eds.). *Interaction and Grammar* [M]. Cambridge: Cambridge University Press, 1996.

Ogden, C. K. &. I. A. Richards. *The Meaning of Meaning* [M]. London: Routledge, 1923.

Ogden, R. Clicks and Percussives in English Conversation [J]. *Journal of the International Phonetic Association*, 2013, 43(3): 299 - 320.

Ong, B., S. Barnes &. N. Buus. Downgrading Deontic Authority in Open Dialogue Reflection Proposals: A Conversation Analysis [J]. *Family Process*, 2020(3): 1217 - 1232.

Ono, T. & S. A. Thompson. Negative Scope, Temporality, Fixedness, and Right-and Left-branching: Implications for Typology and Cognitive Processing [J]. *Studies in Language.* International Journal Sponsored by the Foundation "Foundations of Language", 2017, 41(3): 543 – 576.

Ono, T., S. A. Thompson & R. Suzuki. The Pragmatic Nature of the So-called Subject Marker ga in Japanese: Evidence from Conversation [J]. *Discourse Studies*, 2000, 2(1): 55 – 84.

Palmer, G. B. *Toward a Theory of Cultural Linguistics* [M]. Austin: University of Texas Press, 1996.

Pawley, A. & F. H. Syder. The One-clause-at-a-time Hypothesis [A]. In H. Riggenbach(ed.). *Perspectives on Fluency* [C]. Michigan: University of Michigan Press, 2000: 163 – 199.

Pawley, A. & F. H. Syder. Two Puzzles for Linguistic Theory: Nativelike Selection and Nativelike Fluency [A]. In J. C. Richards & R. W. Schmidt (eds.). *Language and Communication* [C]. New York: Routledge, 1983: 191 – 227.

Peirce, C. S. *Collected Papers of Charles Sanders Peirce* [M]. Cambridge: Harvard University Press, 1960.

Philipson, R. *Linguistic Imperialism* [M]. Oxford: Oxford University Press, 1992.

Pike, K. L. Crucial Questions in the Development of Tagmemics — the Sixties and Seventies [J]. *Monograph Series on Languages and Linguistics*, 1971(24): 79 – 98.

Pike, K. L. Nucleation [J]. *The Modern Language Journal*, 1960, 44(7): 291 – 295.

Pike, K. L. Taxemes and Immediate Constituents [J]. *Language*, 1943 (19): 65 – 82.

Pomerantz, A. Agreeing and Disagreeing with Assessments: Some Features of Preferred / Dispreferred Turn Shapes [A]. In J. M. Atkinson & J. Heritage(eds). *Structures of Social Action: Studies in Conversation Analysis* [C]. Cambridge: Cambridge University Press: 1984: 57 – 101.

Quirk, R. et al. *A Comprehensive Grammar of the English Language* [M].

London: Longman, 1985.

Routarinne, S. & L. Tainio. Sequence and Turn Design of Invitations in Finnish Telephone Calls [J]. *Journal of Pragmatics*, 2018(3): 149 – 163.

Sacks, H. & E. A. Schegloff. Home Position [J]. *Gesture*, 2002(2): 33 – 146.

Sacks, H. *Lectures on Conversation Vol. 1* [M]. Oxford: Basil Blackwell, 1992a.

Sacks, H. *Lectures on Conversation Vol. 2* [M]. Oxford: Basil Blackwell, 1992b.

Sacks, H. Notes on Methodology [A]. In J. M. Atkinson & J. Heritage (eds.). *Structures of Social Action: Studies in Conversation Analysis* [C]. Cambridge: Cambridge University Press, 1984: 21 – 27.

Sacks, H., E. A. Schegloff & G. Jefferson. A Simplest Systematics for the Organization of Turn-taking for Conversation [J]. *Language*, 1974(4): 696 – 735.

Sacks, H., E. A. Schegloff & G. Jefferson. The Preference for Self-correction in the Organization of Repair in Conversation [J]. *Language*, 1977(2): 361 – 382.

Salzmann, Z. *Language Culture & Society — An Introduction to Linguistic Anthropology* [M]. Boulder, Colo: Westview Press, 1993.

Sapir, E. *Language: An Introduction to the Study of Speech* [M]. North Chelmsford: Courier Corporation, 2004.

Sapir, E. *Selected Writings of Edward Sapir in Language, Culture and Personality* [M]. California: University of California Press, 2021.

Sapir, E. The Statue of Linguistics as a Science [J]. *Language*, 1929(5): 207 – 214.

Schegloff, E. A. & H. Sacks. Opening up Closings [J]. *Semiotica*, 1973 (8): 289 – 327.

Schegloff, E. A. Discourse as an Interactional Achievement: Some Uses of 'Uh huh' and Other Things that Come between Sentences [J]. *Analyzing Discourse: Text and Talk*, 1982(71): 71 – 93.

Schegloff, E. A. In Another Context [A]. In A. Duranti & C. Goodwin (eds.). *Rethinking Context*: *Language as an Interactive Phenomenon* [C]. Cambridge: Cambridge University Press, 1992: 191 - 228.

Schegloff, E. A. Issues of Relevance for Discourse Analysis: Contingency in Action, Interaction and Co-participant Context [A]. In E. H. Hovy & D. Scott(eds.). *Computational and Conversational Discourse*: *Burning Issues — An Interdisciplinary Account* [C]. Heidelberg: Springer Verlag, 1996a: 3 - 38.

Schegloff, E. A. *Sequence Organization in Interaction*: *A Primer in Conversation Analysis Volume 1* [M]. Cambridge: Cambridge University, 2007.

Schegloff, E. A. Sequencing in Conversation Openings [J]. *American Anthropologist*, 1968(70): 1075 - 1095.

Schegloff, E. A. Turn Organization: One Intersection of Grammar and Interaction [A]. In E. Ochs, E. A. Schegloff & S. A. Thompson(eds.). *Interaction and Grammar* [C]. Cambridge: Cambridge University Press, 1996b: 52 - 133.

Scheutz, H. Pivot Constructions in Spoken German [J]. *Syntax and Lexis in Conversation*, 2005(14): 103 - 128.

Schieffelin, B. B. Creating Evidence: Making Sense of Written Words in Bosavi [A]. In E. Ochs, E. A. Schegloff & S. A. Thompson (eds.). *Interaction and Grammar* [C]. Cambridge: Cambridge University Press, 1996: 435 - 460.

Schwarz, B. On the Syntax of Either … Or [J]. *Natural Language and Linguistic Theory*, 1999(17): 339 - 370.

Selting, M. & E. Couper-Kuhlen. *Studies in Interactional Linguistics* [M]. Amsterdam / Philadelphia: John Benjamins Publishing Company, 2001.

Silverman, D. *Communication and Medical Practice* [M]. London: Sage, 1987.

Silverman, D. *Discourses of Counseling*: *HIV Counseling as Social Interaction* [M]. London: Sage Publication Ltd., 1997.

Sorjonen, M. L. & L. Raevaara. On the Grammatical Form of Requests at the Convenience Store. Requesting as Embodied Action [A]. In P. Drew & E. Couper-Kuhlen(eds.). *Requesting in Social Interaction* [C]. Amsterdam: Benjamins, 2014: 241 – 266.

Sorjonen, M. L. On Repeats and Responses in Finnish Conversations [A]. In E. Ochs, E. A. Schegloff & S. A. Thompson(eds.). *Interaction and Grammar* [C]. Cambridge: Cambridge University Press, 1996: 277 – 327.

Sperber, D. & D. Wilson. *Relevance: Communication and Cognition* [M]. Oxford: Blackwell Publishers, 1995.

Stenstrom, A. B. *An Introduction to Spoken Interaction* [M]. Harlow, Essex: Longman, 1994.

Stivers, T. & F. Rossano. Mobilizing Response [J]. *Research on Language and Social Interaction*, 2010(1): 3 – 31.

Stivers, T. & J. Sidnell. Introduction: Multimodal Interaction [J]. *Semiotica*, 2005(4): 1 – 20.

Streeck, J. & U. Hartge. Previews: Gestures at the Transition Place [A]. In P. Auer & di Luzio (eds.). *The Contextualization Language* [C]. Amsterdam: John Benjamins Publishing Company, 1992: 135 – 157.

Streeck, J., C. Goodwin & C. LeBaron. *Embodied Interaction: Language and Body in the Material World* [M]. Cambridge: Cambridge University Press, 2011.

Tarplee, C. Working on Young Children's Utterances: Prosodic Aspects of Repetition during Picture Labelling [J]. *Studies in Interactional Sociolinguistics*, 1996(12): 406 – 435.

Thomas, M. & S. Paul. The Interactional Architecture of the Language Classroom: A Conversation Analysis Perspective [J]. *Applied Linguistics*, 2006(1): 152 – 155.

Thompson, G. *Introducing Functional Grammar (3rd Edition)* [M]. London: Routledge, 2014.

Thompson, G. *Introducing Functional Grammar* [M]. London: Edward Arnold, 1996/2004.

Thompson, S. A. & E. Couper-Kuhlen. The Clause as a Locus of Grammar and Interaction [J]. *Discourse Studies*, 2005, 7(4-5): 481 - 505.

Thompson, S. A. "Object Complements" and Conversation towards a Realistic Account [J]. *Studies in Language. International Journal*, 2002, 26(1): 125 - 163.

Thompson, S. A. A Discourse Explanation for the Cross-linguistic Differences in the Grammar of Interrogation and Negation [J]. *Case, Typology and Grammar: In Honor of Barry J. Blake*, 1998(1): 309 - 341.

Thompson, S. A., B. A. Fox & E. Couper-Kuhlen. *Grammar in Everyday Talk: Building Responsive Actions (Studies in Interactional Sociolinguistics, Series Number 31)(Illustrated ed.)* [M]. Cambridge: Cambridge University Press, 2015.

Tyler, S. A. *Cognitive Anthropology: Readings* [M]. New York: Holt, Rinehart and Winston, 1969.

Tylor, E. B. *Primitive Culture: Researches into the Development of Mythology, Philosophy, Religion, Art and Custom* [M]. London: Murray, 1871.

van Dijk, T. A. Cognitive Context Models and Discourse [A]. In I. S. Maxim (ed.). *Language Structure, Discourse, and the Access to Consciousness* [C]. Amsterdam: John Benjamin Publishing, 1997: 189 - 226.

van Dijk, T. A. *Discourse and Context: A Sociocognitive Approach* [M]. London: Cambridge University Press, 2008.

van Dijk, T. A. *News Analysis* [M]. Hillsdale, N. J.: Erlbaum, 1987.

van Dijk, T. A. *News as Discourse* [M]. Hillsdale, N. J.: Lawrence Erlbaum Associates, 1988.

van Dijk, T. A. *Society and Discourse: How Social Con-texts Influence Text and Talk* [M]. Cambridge: Cambridge University Press, 2009.

Van Valin, R. D. & W. A. Foley. Role and Reference Grammar [A]. In E. J. Brill(ed.). *Current Approaches to Syntax* [C]. Leiden: Brill, 1980: 329 - 352.

Vermeer, H. J. Skopos and Commission in Translation Action [A]. In V.

Lawrence (ed.). *The Translation Studies Reader* [C]. London: Routledge, 2000: 221 - 232.

Verschueren, J. The Interventionist Role of (Re) contextualization in Translation [A]. In M. Jeremy(ed.). *Translation as Intervention* [C]. London: Continuum International Publishing Group, 2007: 71 - 83.

Verschueren, J. *Understanding Pragmatics* [M]. London and New York: Arnold, 1999.

von Glasersfeld, E. *Radical Constructivism: A Way of Knowing and Learning* [M]. London: Falmer Press, 1995.

Wegener, R. Studying Language in Society and Society through Language: Context and Multimodal Communication [A]. In W. Bowcher & J. Y. Liang(eds.). *Society in Language, Language in Society: Essays in Honour of Ruqaiya Hasan* [C]. London: Palgrave Macmillan, 2016: 227 - 248.

Wells, B. & J. Corrin. Prosodic Resources, Turn-taking and Overlap in Children's Talk-in-interaction [A]. In E. Couper-Kuhlen & C. E. Ford. (eds.). *Sound Patterns in Interaction(Vol.62)* [C]. Amsterdam: John Benjamins Publishing, 2004: 119 - 143.

Whitaker, B. *News Limited: Why You Can't Read All About It* [M]. London: Minority Press Group, 1981.

Whorf, B. L. *Language, Thought, and Reality: Selected Writings of Benjamin Lee Whorf* [M]. Cambridge: MIT Press, 1956.

Whorf, B. L. *Language, Thought, and Reality: Selected Writings of Benjamin Lee Whorf* [M]. Boston: MIT Press, 2012.

Wilson, D. Relevance and Understanding [A]. In G. Brown et al.(eds.). *Language and Understanding* [C]. Oxford: OUP., 1994: 35 - 58.

Wittgenstein, L. *Philosophical Investigations* [M]. Oxford: Blackwell, 1953.

Wu, Y. J. Empathy in Nurse-Patient Interaction: A Conversation Analysis [J]. *BMC Nursing*, 2021(1): 1 - 6.

Yule, G. *Pragmatics* [M]. Shanghai: Shanghai Foreign Language Education Press, 2000.

Zhang，S. Q. A Comparative Study of ACs *Dangran*（当然）and *Certainly* from the Perspective of Interactional Linguistics in Doctor-patient Conversations［D］. Shanghai Normal University，2022.

Zhang，W. *Repair in Chinese Conversation*［D］. University of Hong Kong，1998.

安萍.试论网络时代下语境化教学的实施［J］.教育理论与实践,2010，30(16)：61－63。

包惠南.文化语境与语言翻译［M］.北京:中国标准出版社,2001。

薄冰,赵德鑫.英语语法手册［M］.北京:商务印书馆,1999。

蔡淑美.构式浮现的研究现状和发展空间［J］.语言教学与研究,2020(5)：90－102。

曹京渊.静态语境与动态语境［J］.修辞学习,2005(6)：14－16。

曹秀玲,杜可凤.言谈互动视角下的汉语言说类元话语标记［A］.方梅 & 曹秀玲主编《互动语言学与汉语研究》(第二辑)［C］.北京:社会科学文献出版社,2018：388－406。

常晨光.英语中的人际语法隐喻［J］.外语与外语教学,2001(7)：6－8。

常晨光.语法隐喻与经验的重新建构［J］.外语教学与研究,2004(1)：31－36。

陈安玲.小句复合体的语篇功能［J］.外语与外语教学,2000(5)：15－17。

陈安媛.从会话分析角度进行的二语习得会话修正研究［J］.晋中学院学报,2017(6)：96－98。

陈安媛.从会话角度分析医患对话中的社会心理学现象［J］.西南农业大学学报(社会科学版),2012(7)：138－139。

陈安媛.高校英语口语测试序列结构的实践研究［J］.教育理论与实践,2014(36)：43－45。

陈安媛.序列结构行为中的回应性标记及其教学意义研究［J］.吕梁学院学报,2018(6)：15－19。

陈安媛.英语口语课堂教学策略的语境化应用［J］.教育理论与实践,2016, 36(30)：51－52。

陈保亚.语言文化论［M］.昆明:云南大学出版社,1993。

陈昌来,李传军.现代汉语类固定短语研究［M］.上海:学林出版社,2012。

陈春燕.van Dijk 新著《话语与语境》介绍［J］.外语教学与研究,2010(1)：75－77。

陈锋.中法电视访谈话轮比较研究[J].上海理工大学学报(社会科学版)，2013(3)：228-233。

陈海庆，郭霄楠.医患语篇的会话模式分析[J].实用心脑肺血管病杂志，2011(1)：115-118。

陈宏薇.汉英翻译基础[M].上海：上海外语教育出版社，2001。

陈梦娇.语境化理论在翻译教学中的应用[J].校园英语，2019(6)：19-20。

陈敏，王厚庆.语境理论的新发展：社会认知途径：van Dijk 的两部语境新著述评[J].上海理工大学学报(社会科学版)，2014(3)：221-225。

陈平.话语分析说略[J].语言教学与研究，1987(3)：4-19。

陈清，曹志希.浮现对话语中隐喻的新阐释[J].外语教学，2011(2)：27-30。

陈望道.修辞学发凡[M].上海：上海教育出版社，1932。

陈新仁.当代中国语境下的英语使用及其本土化研究[M].北京：北京大学出版社，2012。

陈玉东，马仁凤.谈话节目话轮转换的韵律特征分析——以《鲁豫有约》为例[A].方梅主编《互动语言学与汉语研究》(第一辑)[C].北京：世界图书出版公司，2016。

成利军.语境研究综述[J].安阳工学院学报，2017，16(3)：78-84。

程瑞兰，张德禄.多模态话语分析在中国研究的现状、特点和发展趋势——以期刊成果为例[J].中国外语，2017(3)：36-44。

程子砚.文学传统继往开来的经典之作——论 J.D.塞林格《麦田里的守望者》的文学创作倾向[J].东北师大学报(哲学社会科学版)，2019(4)：116-121。

代树兰.电视访谈的话题结构研究[J].东岳论丛，2008c(4)：108-111。

代树兰.电视访谈的话语特色[J].扬州大学学报，2008b(1)：74-79。

代树兰.电视访谈话语研究[D].上海外国语大学，2008d。

代树兰.电视访谈话语研究[M].北京：中国社会科学出版社，2009a。

代树兰.电视访谈话语中主持人与嘉宾的话语角色研究[J].西安外国语大学学报，2009b(3)：16-21。

代树兰.电视访谈叙事性话语中主持人与嘉宾的话语角色[J].江西社会科学，2010(1)：43-47。

代树兰.多模态话语研究的缘起与进展[J].外语学刊，2013(2)：17-23。

代树兰.会话分析的缘起与进展[J].外语学刊，2015(6)：25-32。

代树兰.试论电视访谈的职业话语性质[J].江西社会科学,2008a(2)：238－242。

戴庆厦.语言和民族[M].北京：中央民族大学出版社,1994。

邓军,李萍.郑玄随文释义的语境研究[J].古籍整理研究学刊,2000(6)：49－53。

邓守信.汉语动词的时间结构[J].语言教学与研究,1985(4)：7－17＋48。

邓晓华.人类文化语言学[M].厦门：厦门大学出版社,1993。

邓谊,冯德正.公共卫生危机中企业社会责任的多模态话语建构[J].外语教学,2021(5)：13－18。

丁启红.委婉语与禁忌语的人类语言学研究[J].海外英语,2013(4)：12－14。

丁信善.“语境化”理论与方法述略[J].烟台师范学院学报(哲学社会科学版),2000(2)：24－29。

董秀芳.移情策略与言语交际中代词的非常规用法[A].齐沪扬主编《现代汉语虚词研究与对外汉语教学》[C].上海：复旦大学出版社,2005：397－406。

范开泰.关联词语[M].上海：上海教育出版社,1981。

范茹歆.从会话分析中看中美名人电视访谈的差异[J].绵阳师范学院学报,2011(1)：77－80＋84。

方迪.互动视角下的汉语口语评价表达研究[D].中国社会科学院研究生院,2018。

方霁.副词“好在”的多角度研究[D].上海交通大学,2014。

方梅,乐耀.规约化与立场表达[M].北京：北京大学出版社,2017。

方梅,李先银,谢心阳.互动语言学与互动视角的汉语研究[J].语言教学与研究,2018(3)：1－16。

方梅.北京话语气词变异形式的互动功能——以“呀”“哪”“啦”为例[A].方梅主编《互动语言学与汉语研究》(第一辑)[C].北京：世界图书出版公司,2016：75－98。

方梅.浮现语法——基于汉语口语和书面语的研究[M].北京：商务印书馆,2018。

方梅.负面评价表达的规约化[J].中国语文,2017(2)：131－147＋254。

方梅.会话结构与连词的浮现义[J].中国语文,2012(6)：500－508＋575。

方梅.认证义谓宾动词的虚化——从谓宾动词到语用标记[J].中国语文,

2005(6)：495－507＋575。

方梅.修辞的转类与语法的转类[J].当代修辞学,2008(1)：12－19。

方梅.语体动因对句法的塑造[J].修辞学习,2007(6)：1－7。

方琰. Applications of Functional Grammar to the Teaching of Advanced Reading Course[A].朱永生主编,语言·语篇·语境(第二届全国功能语言学研讨会论文集)[C].北京:清华大学出版社,1993：189－204。

冯德正.多模态语篇分析的基本问题探讨[J].北京第二外国语学院学报,2017(3)：1－11＋132。

冯广艺.语境适应论[M].武汉:湖北教育出版社,1999。

冯军.帕尔默"文化语言学"及其发展评述[J].绥化学院学报,2015(8)：72－74。

冯树鉴."四字格"在译文中的运用[J].中国翻译,1985(5)：19－22。

冯宇玲.从人类语言学的视角看仪式和语言[J].黑龙江教育学院学报,2010(12)：143－144。

傅懋勣.永宁纳西族的母系家庭和亲属称谓[J].民族研究,1980(3)：19－32。

富聪,邵滨.全球互动语言学研究热点、发展趋势可视化分析(2000—2020)[J].现代语文,2021(2)：116－127。

甘柏兹,高一虹.互动社会语言学的发展[A].中国社会语言学(2003年第1期)[C].北京:社会语言学国际学术研讨会,2003：7－14。

谷文静.论文学翻译与科技翻译中的语境化特点[J].金田(励志),2012(11)：230＋211。

关越,方梅.口语对话中的句法合作共建研究[A].方梅 & 李先银主编《互动语言学与汉语研究》(第三辑)[C].北京:北京语言大学出版社,2020：147－175。

桂林.以 Yngve 人类语言学方法解析二语习得中的输出假设[J].外语学刊,2011(1)：99－102。

郭恩华,张德禄.基于会话分析的多模态交际研究探索——论序列分析在 CA 多模态交际研究中的应用[J].北京第二外国语学院学报,2017(3)：31－45＋134。

郭沙沙.互动语言学视域下的汉英"转折"类副词性关联词语比较研究[D].上海师范大学,2020。

韩礼德,何远秀,杨炳钧.系统功能语言学的马克思主义取向——韩礼德专题访谈录[J].当代外语研究,2015(7):1-4+79。

何俊芳.语言人类学教程[M].北京:中央民族大学出版社,2005。

何伟,王连柱.系统功能语言学学术思想的源起、流变、融合与发展[J].外语教学与研究,2019,51(2):212-224+320。

何伟,张瑞杰等.英语功能语义分析[M].北京:外语教学与研究出版社,2017。

何伟."生态话语分析":韩礼德模式的再发展[J].外语教学,2021(1):20-27。

何叶耳,余学迟.人类语言学[J].语言学资料,1963(2):17-24。

何源.会话分析在法庭庭审中运用的研究[J].太原城市职业技术学院学报,2011(1):206-207。

何远秀.韩礼德的新马克思主义语言研究取向[M].北京:中国社会科学出版社,2016。

何兆熊,蒋艳梅.语境的动态研究[J].外国语(上海外国语大学学报),1997(6):16-21。

何兆熊主编.新编语用学概要[M].上海:上海外语教育出版社,2000。

何兆熊.语言学概要[M].上海:上海外语教育出版社,1989。

何中清.系统功能语言学视角下的学术话语分析范式建构[J].外语学刊,2021(2):23-27。

何自然,冉永平.关联理论——认知语用学基础[J].现代外语,1998(3):95-109+94。

何自然,冉永平.语用与认知——关联理论研究[M].北京:外语教学与研究出版社,2001。

何自然,于国栋.《语用学的理解》:Verschueren 的新作评介[J].现代外语,1999(4):429-435。

何自然.语用学概论[M].长沙:湖南教育出版社,2002。

洪冰蟾.国外语言学语境理论研究综述[J].校园英语,2020(28):226-227。

侯国金.动态语境与语境洽商[J].外语教学,2003(1):22-26。

呼和塔拉.语言人类学学科及其对民族教育的启示[J].大众文艺,2017(12):216-217。

胡芳芳.汉英"特提"类副词性关联词语比较研究[D].上海师范大学,2016。

胡庭山,孟庆凯.认知——功能视域下的对话句法:理论与应用[J].外语研究,2015,32(6):17－21＋41。

胡霞.略论认知语境的基本特征[J].语言文字应用,2004(3):91－97。

胡玥,万正方.关联理论视阈下第二十七届"韩奖"竞赛汉译英译文剖析[J].中国翻译,2016(2):110－113。

胡泽洪.语境与语言逻辑研究[J].湖南师范大学社会科学学报,1993(6):21－25。

胡壮麟(编著),王宗炎(审订).语篇的衔接与连贯[M].上海:上海外语教育出版社,1994。

胡壮麟,朱永生,张德禄,李战子.系统功能语言学概论[M].北京:北京大学出版社,2005。

胡壮麟.韩礼德学术思想的中国渊源和回归[J].外语研究,2016(5):9－13。

胡壮麟.后韩礼德时代功能语言学的发展趋势[J].当代外语研究,2021(1):44－53＋2。

胡壮麟.美国功能语言学家 Givón 的研究现状[J].国外语言学,1996(4):1－10。

胡壮麟.评语法隐喻的韩礼德模式[J].外语教学与研究,2000(2):88－94。

胡壮麟.系统功能语言学的认知观[J].外语学刊,2014(3):44－50。

胡壮麟.语言学教程[M].北京:北京大学出版社,2017。

胡壮麟.语言学与中国外语教学四十年[J].外语教学与研究,2018(6):803－805。

黄国文,辛志英.什么是功能语法[M].上海:上海外语教育出版社,2014。

黄国文,余娟.功能语篇分析视角下的翻译显化研究[J].外语与外语教学,2015(3):41－47。

黄国文."译意"和"译味"的系统功能语言学解释[J].外语教学与研究,2015b(5):732－742＋800。

黄国文.M. A. K. Halliday 的系统功能语言学理论与生态语言学研究[J].浙江外国语学院学报,2018(5):31－40。

黄国文.翻译研究的语言学探索——古诗词英译本的语言学分析[M].上海:上海外语教育出版社,2006。

黄国文.功能语篇分析纵横谈[J].外语与外语教学,2001(12):1－4。

黄国文.功能语用分析与《论语》的英译研究[J].北京科技大学学报(社会科学版),2015a(2):1－7。

黄国文.系统功能类型学:理论、目标与方法[J].外语学刊,2010b(5):
　　50－55。

黄国文.系统功能语言学的一个模式:加的夫语法[J].北京科技大学学报(社
　　会科学版),2008(1):94－100。

黄国文.英语"John is easy / eager to please"的系统功能语法分析[J].外语教
　　学与研究,2010a(4):261－267＋320。

黄国文.语法隐喻在翻译研究中的应用[J].中国翻译,2009(1):5－9。

黄国文.语篇分析的理论与实践[M].上海:上海外语教育出版社,2001。

黄国文.中国系统功能语言学研究40年[J].外语教育研究前沿,2019(1):
　　13－19＋87。

黄国文.作为普通语言学的系统功能语言学[J].中国外语,2007(5):14－19。

黄华新,胡霞.认知语境的建构性探讨[J].现代外语,2004(3):248－
　　254＋327。

黄文英.神话艺术进入语言的隐喻纽带[J].美与时代(下),2010(6):26－28。

黄小蕊.认知语境及其言语交际作用探析[J].语文建设,2016(11):81－82。

黄欣荣.复杂网络:认知世界的科学新方法[J].江西财经大学学报,2012(1):
　　89－95。

黄衍.话轮替换系统[J].外语教学与研究,1987(1):16－23＋79。

黄迎.小说翻译中的词汇语义语境化[D].北京外国语大学,2021。

黄泳.电视辩论赛的冲突话语分析——以《奇葩说》为例[J].中外企业家,
　　2016(21):262。

简文.浅析电视访谈栏目中的话轮转换——以《杨澜访谈录》为例[J].赤峰学
　　院学报(科学教育版),2011(9):50－51。

姜斐斐.功能语言学视角下的《茶经》英译研究[J].辽宁工程技术大学学报
　　(社会科学版),2019(5):389－392＋397。

姜望琪.语法隐喻理论的来龙去脉及实质[J].解放军外国语学院学报,2014
　　(5):63－72。

杰弗里·N·利奇.语义学[M].上海:上海外语教育出版社,1987。

靳晟.会话分析视角下的多模态协同研究[J].中国外语,2017(6):35－42。

匡小荣.汉语口语交谈中的沉默现象[J].语言教学与研究,2007(6):86－93。

匡小荣.汉语口语交谈中的话语重叠现象[J].暨南大学华文学院学报,2006
　　(2):57－65。

匡小荣.口语交谈中的话语打断现象[J].修辞学习,2005(4):74-78.

匡小荣.口语交谈中的自启话语与他启话语[J].修辞学习,2006(5):49-52.

兰良平,韩刚.教师身份构建——课堂提问遭遇沉默的会话分析[J].外语界,2013(2):59-68.

雷茜.人类语言学视角下的来华留学生文化教学[J].新疆职业大学学报,2011(5):70-72.

李爱军.友好语音的声学分析[J].中国语文,2005(5):418-431+479-480.

李滨,杨跃.庭审会话中的言语策略和权力控制——律师-证人庭审会话分析[J].榆林学院学报,2006(1):80-83.

李会明.论语境化分析在翻译中的重要性[D].南京大学,2015.

李美霞,宋二春.从多模态语篇分析角度解读意义共建——以一幅中国古代山水写意画为例[J].外语教学,2010(2):6-10.

李美霞.浮现意义加工:路径、准则及推演模式[J].北京第二外国语学院学报,2009(6):28-35.

李美霞.三大功能语法观对比研究[J].外语学刊,2007(2):90-94.

李榕.功能语言学语篇理论模型对回指研究的影响[J].榆林学院学报,2020,30(1):98-104.

李如龙.略论语言人类学的一些课题[J].人类学研究,1985(2):19-26.

李铁.文化人类学视角下古凯尔特民族文化的多学科探究[J].内蒙古农业大学学报(社会科学版),2009(3):327-329.

李文举,陈海庆.话语权力视角的法官打断话语及其语用功能[J].现代交际,2020(19):85-87.

李先银,洪秋梅.时间—行为的情理关联与"大X的"的话语模式——基于互动交际的视角[J].语言教学与研究,2017(6):31-42.

李先银,张文贤.汉语自然口语对话中的否定叠连[J].中国语文,2022(3):291-305+382-383.

李先银.互动语言学理论映照下对外汉语教学语法系统新构想[J].语言教学与研究,2020(2):1-13.

李先银.基于自然口语的话语否定标记"真是"研究[J].语言教学与研究,2015(3):59-69.

李先银.自然口语中的话语叠连研究——基于互动交际的视角[J].语言教学与研究,2016(4):84-93.

李晓婷.多模态互动与汉语多模态互动研究[J].语言教学与研究,2019(4)：45－59。

李新迪.汉英副词性关联词语在中美庭审话语中互动性比较研究[D].上海师范大学,2024。

李学平.法位学简介[J].外语研究,1987(1)：1－7。

李洋洋.汉英"确信"类副词性关联词语的话语互动功能对比分析——以《鲁豫有约》和《CNN名人访谈》为例[D].上海师范大学,2020。

李云梓.电视谈话节目《鲁豫有约》的话轮转换分析[J].电视指南,2017(11)：27。

李战子.从会话分析看英语口语课课堂活动[J].外语界,1996(2)：18－25。

李战子.从语气、情态到评价[J].外语研究,2005(6)：14－19＋80。

李战子.功能语法中的人际意义框架的扩展[J].外语研究,2001(1)：48－54＋80。

李战子.后疫情时代的功能语言学话语分析[J].外语研究,2020(5)：1－6＋112。

李战子.评价理论：在话语分析中的应用和问题[J].外语研究,2004(5)：1－6＋80。

李战子.情态—从句子到语篇的推广[J].外语学刊,2000(4)：7－12＋91。

李战子.新媒体素养:内涵和演变——兼论对功能语言学话语分析的新挑战[J].当代外语研究,2021(4)：13－21＋129。

李战子.学术话语中认知型情态的多重人际意义[J].外语教学与研究,2001(5)：353－358＋399－400。

李章苹.语境化线索理论视域下的高中英语听力教学研究[D].江西科技师范大学,2017。

栗长江.文学翻译语境化探索[M].北京：线装书局,2008。

练铭志.湘西土家族古老亲属制述论[J].广西民族研究,1987(4)：53－63。

梁长岁.中国日语学习者会话规律实证研究——以话轮转换为中心[J].日语学习与研究,2012(2)：108－113。

廖美珍.目的原则和语境动态性研究[J].解放军外国语学院学报,2010(4)：1－5。

廖秋忠.汉语篇章中的连接成分[J].中国语文,1986(6)：413－427。

林崇德.心理学大辞典[M].上海：上海教育出版社,2003。

林大津,谢朝群.互动语言学的发展历程及其前景[J].现代外语,2003(4)：410-418。

林海洋.电视求职面试中话轮转换打断现象分析[J].佳木斯职业学院学报,2016(11)：354。

林书武.人类语言学：基本研究课题[J].外语与外语教学,2000(1)：58-61。

林正军,王克非.跨语言语法隐喻探讨[J].外语学刊,2012(1)：59-63。

林正军,杨忠.语法隐喻的语义关系与转级向度研究[J].外语教学与研究,2010(6)：403-410。

刘冰,钟守满.民族文化语言多维视角研究[J].外语教学,2014(4)：16-19。

刘承宇.概念隐喻与人际隐喻级转移的逆向性[J].外语教学与研究,2005(4)：289-293。

刘承宇.语法隐喻的文体价值[J].现代外语,2003(2)：120-127。

刘春英,陈玉立.《小妇人》[M].南京：译林出版社,2017。

刘春英.露易莎·梅·奥尔科特和《小妇人》[J].暨南学报(哲学社会科学版),2001(1)：97-101。

刘飞飞,常晨光.报纸社论中作者-潜在受众联合关系话语建构策略——系统功能语言学个性化视角[J].北京科技大学学报(社会科学版),2022(1)：44-50。

刘锋,张京鱼.《互动语言学——社会互动中的语言研究》评介[J].外国语言文学,2020,37(1)：99-105。

刘国辉.略论认知语境在语篇推理中的局限性[J].中国外语,2005(5)：23-29。

刘虹.话轮、非话轮和半话轮的区别[J].外语教学与研究,1992(3)：17-24+80。

刘晶.人类学视域中的颜色词语研究[J].外语学刊,2009(5)：61-63。

刘立华,郭金英.van Dijk 语境研究的社会认知视角[J].北京交通大学学报(社会科学版),2015(4)：131-136。

刘森林.认知语境因素结构化[J].外国语文,2000(4)：54-59。

刘兴兵,刘琴,邵艳.使用会话分析研究中国医患会话[J].医院管理论坛,2007(6)：50-55。

刘兴兵.对话句法:理论与意义[J].外国语文,2015,31(6)：63-69。

刘兴兵.医患门诊互动目的与权势[J].外语学刊,2009(4)：73-76。

刘雪芹.译本中的语码转换:一种语境化信号——以《论语》英译为例[J].中国外语,2013,10(4):99-107。

刘雪芹.《论语》英译语境化探索[D].上海外国语大学,2011。

刘雪婷.电视高端辩论话语中英汉副词性关联词语立场标记功能对比研究[D].上海师范大学,2023。

刘曜,原苏荣.巴金散文汉英文本中副词性关联词语的语篇衔接功能[J].蚌埠学院学报,2016(2):119-123。

刘运同.程序性提问及应答[J].同济大学学报(社会科学版),2001(3):84-89。

刘运同.会话分析学派的研究方法及理论基础[J].同济大学学报(社会科学版),2002(4):111-117。

刘珠存.语境化在高中英语词汇教学中的应用研究[D].陕西师范大学,2015。

陆丙甫.论"整体—部分、多量—少量"优势顺序的普遍性[J].外国语(上海外国语大学学报),2010(4):2-15。

陆建非,原苏荣.汉英复句中副词性关联词语的逻辑关系比较[J].上海师范大学学报(哲学社会科学版),2012(4):88-93。

陆镜光.句子成分的后置与话轮交替机制中的话轮后续手段[J].中国语文,2000(4):303-310。

陆镜光.说延伸句[A].庆祝中国语文创刊50周年学术论文集[C].北京:商务印书馆,2004a:39-48。

陆镜光.延伸句的跨语言对比[J].语言教学与研究,2004b(6):1-9。

陆镜光.在进行中的句子辨识句末[A].邵敬敏 & 徐烈炯主编《汉语语法研究的新拓展》(一)[C].杭州:浙江教育出版社,2002:320-338。

路静.人类语言学的历史、传统、定位和新进展[J].满语研究,2005(1):72-82。

栾凯丽.基于语境化语言输入的初中英语词汇教学效果研究[D].青岛大学,2021。

罗常培.语言与文化[M].北京:北京大学出版社,1950。

罗常培.语言与文化[M].北京:语文出版社,1989。

罗美珍.从语言角度看傣、泰民族的发展脉络及其文化上的渊源关系[J].民族语文,1992(6):25-32。

罗茜.基于系统功能语法语气系统的汉语医患会话人际意义研究[D].西南大

学,2015。

罗思遥.语境分析对翻译准确性的影响[D].南京大学,2012。

吕叔湘.汉语语法分析问题[M].北京:商务印书馆,1979。

吕叔湘.现代汉语八百词[M].北京:商务印书馆,1999。

马国玉,程树华.英语作格现象的形式与功能分析[J].牡丹江大学学报, 2012,21(11):106-109。

马京.人类学背景下的语言和言语研究——论语言人类学的研究视野[J].思 想战线,2003(1):55-60。

马京.语言人类学的学科建设和本土化问题[J].广西民族研究,2000(3): 35-37。

马甜甜.构式语法视角下科技英语通用词汇的语境化翻译——以 Physical Geology 为例[J].海外英语,2022(1):11-13。

马文.会话局部结构与指称阻碍的产生及修正[J].外语教学,2007(1): 10-15。

马学良,戴庆厦.论"语言民族学"[J].民族学研究,1981(1):207-219。

毛浩然,高丽珍,徐赳赳.van Dijk 话语理论体系的建构与完善[J].中国外语, 2015(5):31-40。

孟燕燕.汉英"结果"类副词性关联词语比较研究[D].上海师范大学,2019。

苗兴伟,雷蕾.基于功能语言学系统进化观的生态语言学维度探析[J].中国 外语,2020(1):35-40。

纳日碧力戈.从混沌、音系到认知:语言学和人类学的再汇合[J].民族语文, 1998(5):51-58。

纳日碧力戈.从结构主义看蓝靛瑶亲属称谓的特点[J].民族语文,2000(5): 38-42。

纳日碧力戈.关于语言人类学[J].民族语文,2002(5):43-48。

纳日碧力戈.语言人类学[M].上海:华东理工大学出版社,2010。

牛利.门诊医患话语权的会话分析研究[J].长江丛刊,2019b(3):99-101。

牛利.医患沟通障碍的会话分析研究[J].长春师范大学学报,2019a(1): 98-102。

牛利.医患门诊交际中治疗建议的会话分析研究[J].长沙航空职业技术学院 学报,2018(4):112-116。

潘文国.新时期汉英对比的历史检阅——理论与方法上的突破[J].外国语

（上海外国语大学学报），2008(6)：86-91。

潘艳艳,李战子.国内多模态话语分析综论(2003—2017)——以 CSSCI 来源期刊发表成果为考察对象[J].福建师范大学学报(哲学社会科学版)，2017(5)：49-59+168-169。

潘永樑.角色参照语法述评[J].当代语言学,2000(3)：183-189。

彭继祝.外研版高中英语教材中副词性关联词语的分析与应用研究[D].上海师范大学,2024。

彭建武.语境研究的新思路：认知语境[J].山东科技大学学报(社会科学版)，2000(1)：69-71。

彭利元.论语境化的翻译[D].湖南师范大学博士学位论文,2005。

彭利元.情景语境与文化语境异同考辨[J].四川外语学院学报,2008(1)：108-113。

彭利元.言内语境研究述评[J].湖南工业大学学报(社会科学版),2008(1)：147-149+152。

彭利元.再论翻译语境[J].中国翻译,2008(1)：33-37+95。

彭宣维.韩礼德与中国传统学术——系统功能语言学的范式设计溯源[J].中国人民大学学报(社科版),2016(5)：130-138。

彭宣维.系统功能语言学概念语法隐喻新探[J].当代外语研究,2013(11)：6-8。

彭宣维.语言与语言学概论——汉语系统功能语法[M].北京：北京大学出版社,2011。

濮侃.喜读语境新篇章——评《现代汉语语境研究》[J].修辞学习,2004(3)：80。

齐沪扬.有关类固定短语的问题[J].修辞学习,2001(1)：2-8。

邱凤兰.教学过程的语境化探析[J].教育理论与实践,2012,32(6)：46-47。

邱敏.中美电视人物访谈节目的会话分析——以《鲁豫有约》和《奥普拉秀》为例[J].安徽文学(下半月),2012(7)：90-91。

屈承熹.汉语副词的篇章功能[J].语言教学与研究,1991(2)：64-78。

冉永平.语用过程中的认知语境及其语用制约[J].外语与外语教学,2000(8)：31-34。

冉永平.语用意义的动态研究[J].外语(上海外国语大学学报),1998(6)：71-75。

任绍曾.词汇语境线索与语篇理解[J].外语教学与研究,2003(4):251-258。

塞林格(著),孙仲旭、丁骏(译).塞林格作品集(中英对照)[M].南京:译林出版社,2018。

赛音乌其拉图.关于人类语言学理论体系及其方法论[J].内蒙古教育,2013(4):52-53。

邵克金,徐林祥."语境"和"情境"——兼谈《普通高中语文课程标准(2017年版)》中的情境化教学思想[J].中学语文教学,2021(2):12-16。

沈家煊."零句"和"流水句"——为赵元任先生诞辰120周年而作[J].中国语文,2012(5):403-415+479。

沈家煊.从英汉答问方式的差异说起[A].方梅主编《互动语言学与汉语研究》(第一辑)[C].北京:世界图书出版公司,2016:1-18。

沈家煊.概念整合与浮现意义——在复旦大学"望道论坛"报告述要[J].修辞学习,2006(5):1-4。

沈家煊.人工智能中的联结主义和语法理论[J].外国语(上海外国语大学学报),2004(3):2-10。

沈家煊序.载方梅主编《互动语言学与汉语研究》(第一辑)[M].北京:世界图书出版公司,2016。

沈炯.汉语语调构造和语调类型[J].方言,1994(3):221-228。

盛云岚.学术英语的语境化教学——欧洲CLIL模式与美国社区大学发展性课程的启示[J].外语界,2015(5):35-41。

施发勇.汉英"侥幸"类副词研究[D].上海师范大学,2012。

石安石.语义论[M].北京:商务印书馆,1993。

史灿方.论语言人类学的学科界定和研究范围[J].重庆教育学院学报,2005(1):42-44。

司显柱,程瑾涛.从系统功能语言学视角论《红楼梦》的"译味"[J].外语研究,2018(2):65-70+112。

司显柱.功能语言学视角的翻译标准再论[J].外语教学,2006(2):63-66。

司显柱.功能语言学视角的翻译质量评估模式——兼评《孔乙己》英译文本的翻译质量[J].解放军外国语学院学报,2005(5):61-65。

司显柱.试论翻译研究的系统功能语言学模式[J].外语与外语教学,2004(6):52-54。

宋晓笛.合作原则视角下《小妇人》中的会话含义分析[D].大连海事大

学,2017。

孙佩婕.Halliday 与 van Dijk 语境模式对比研究[J].东北大学学报(社会科学版),2012(3):278-282。

孙启迪.访谈类电视节目的结束前序列分析研究[J].佳木斯职业学院学报,2016(9):372+374。

孙艳.语境对语篇翻译意义的研究[D].吉林大学,2004。

孙咏梅,徐浩.机构话语研究述评——研究现状、研究意义与展望[J].北京科技大学学报(社会科学版),2013,29(1):40-46。

谭晓晨.语境的动态研究:维索尔伦的语境适应论评介[J].外语与外语教学,2002(6):50-52。

谭志满.语言人类学及其在中国的发展[J].青海民族研究,2006(2):15-19。

唐斌.电视谈话节目结束阶段的会话分析研究[J].电影文学,2009(23):138-139。

唐松波.谈现代汉语的语体[J].中国语文,1961:5。

陶红印.操作语体中动词论元结构的实现及语用原则[J].中国语文,2007(1):3-13+95。

陶红印.从"吃"看动词论元结构的实现及语用原则[J].语言研究,2000(3):21-38。

陶红印.从语音、语法和话语特征看"知道"格式在谈话中的演化[J].中国语文,2003(4):291-302+383。

陶红印.汉语会话中的分类行为及相关理论意义和语言教学应用[J].语言教学与研究,2020(1):11-22。

陶红印.试论语体分类的语法学意义[J].当代语言学,1999(3):15-24+61。

陶红印.言谈分析、功能主义及其在汉语语法研究中的应用[A].石锋主编《海外中国语言学研究》[C].北京:语文出版社,1994:176-204。

陶红印."出现"类动词与动态语义学[A].史有为主编《从语义信息到类型比较》[C].北京:北京语言文化大学出版社,2001:147-164。

田咪,姚双云.自然会话中"对吧"的互动功能[J].汉语学习,2020(3):46-55。

完权.零句是汉语中语法与社会互动的根本所在[A].方梅 & 曹秀玲主编《互动语言学与汉语研究》(第二辑)[C].北京:社会科学文献出版社,2018:16-32。

汪徽,张辉.van Dijk 的多学科语境理论述评[J].外国语(上海外国语大学学报),2014,37(2):78-85。

王初明.从系统功能语法看阅读[J].现代汉语,1996(4):24-28。

王传英,石丹丹.翻译语境与语境化译者训练[J].西安外国语大学学报,2013,21(3):125-128。

王德春,陈晨.现代修辞学[M].南昌:江西教育出版社,1989。

王德春.使用语言的环境[J].学术研究,1964(5):1-9。

王德春.新世纪的修辞学[J].外语电化教学,2004(6):9-13。

王德春.修辞学探索[M].北京:北京出版社,1983。

王德亮,蒋元群.基于对话句法的汉语自闭症儿童会话研究[J].天津外国语大学学报,2022,29(4):87-101+113。

王东风.功能语言学与翻译研究[M].广州:中山大学出版社,2006。

王翰宇,汤恩泽,赵婧雨,李芳.医患交流中"重复"现象的会话分析[J].医学与哲学,2020,41(9):59-63+73。

王建华,周明强,盛爱萍.现代汉语语境研究[M].杭州:浙江大学出版社,2002。

王建华.语言认知语境化功能研究[J].内蒙古大学学报(哲学社会科学版),2016(3):106-112。

王江.篇章关联副词"其实"的语义和语用特征[J].汉语学习,2005(1):33-38。

王立宏.论塞林格小说的战争反思与救赎[J].当代外国文学,2021,42(2):31-37。

王梅.范戴克的语境思想[J].华北电力大学学报(社会科学版),2010(6):107-111。

王梅.《话语与语境:从社会认知入手》介绍[J].当代语言学,2012(3):317-319。

王茜,严永祥,刘炜.基于100例医患会话的社会学分析[J].医学与哲学(人文社会医学版),2010(7):29-31。

王维成.语用环境、语体风格和修辞学体系[J].杭州大学学报(哲学社会科学版),1988(1):94-101。

王伟."修辞结构理论"评介(上)[J].国外语言学,1994(4):8-13。

王伟."修辞结构理论"评介(下)[J].国外语言学,1995(2):10-16。

王文龙.汉语口语教材中会话对答结构类型的表现分析[J].华文教学与研究,2013(4):65-74。

王烯,陈旸.机器翻译文本的功能语言学分析[J].外语电化教学,2019(6):73-77+84。

王显志,王杰.互动社会语言学综述[J].河北联合大学学报(社会科学版),2013,13(05):106-110。

王晓辉.习语构式的动态浮现——由程度评价构式"X没说的"说开去[J].语言教学与研究,2018(4):34-45。

王亚峰,于国栋.医患交流中患者扩展回答的会话分析研究[J].外语教学理论与实践,2021(3):108-118。

王艳宇,冷慧,宋兴蕴.约翰·甘柏兹的语境化理论对外语交际教学法的启示[J].考试周刊,2008(42):66-67。

王艳宇.甘柏兹的语境化理论在高中英语听力教学中的应用[D].辽宁师范大学,2009。

王晏.人类语言学视野下的英哈亲属称谓差异[J].湖北第二师范学院学报,2009(4):23-26。

王旸.人类语言学的研究视域分析[J].外语学刊,2012(4):41-44。

王翼凡.从会话分析理论角度对电视谈话类节目文本的比较研究——以《杨澜访谈录》和《鲁豫有约》为例[J].湖南大众传媒职业技术学院学报,2011(3):46-49。

王寅,曾国才.WH-问答构式的对话句法学分析——WH-问答构式系列研究之一[J].外语与外语教学,2016(1):50-57+106+147。

王勇,徐杰.系统功能语言学与语言类型学[J].外国语(上海外国语大学学报),2011(3):40-48。

王振华,张庆彬(译).系统功能语言学的演变:小句之外——J.R.马丁教授访谈录[J].当代外语研究,2013b(10):1-12。

王振华,张庆彬.基于语料库的中外大学校训意义研究——"评价系统"视角[J].外语教学,2013a(6):7-12。

王振华.试论系统思想与外语教学[J].外语教学,2004(1):80-83。

王正,张德禄.基于语料库的多模态语类研究——以期刊封面语类为例[J].外语教学,2016(5):15-20。

王智强,宋歌.谢尔巴对人类语言学发展的贡献[J].现代交际,2018(2):

98－99。

王佐良,丁往道.英语文体学引论[M].北京:外语教学与研究出版社,1997。

魏在江.认知语言学中的语境:定义与功能[J].外国语(上海外国语大学学报),2016,39(4):39－46。

魏志成.论语言共性研究[A].杨自俭主编《英汉语比较与翻译》(6)[C].上海:上海外语教育出版社,2006:175－197。

文炼.固定短语和类固定短语[J].世界汉语教学,1998(2):65－67。

吴东海.傣语中的水文化[J].湖北民族学院学报(哲学社会科学版),2005(1):57－60。

吴福祥,洪波.语法化与语法研究[M].北京:商务印书馆,2003。

吴鹏,张璐.会话打断研究30年的回顾与展望[J].河南科技大学学报(社会科学版),2007(3):57－60。

吴晓燕.语言相对性问题的人类语言学和社会语言学阐释[J].烟台大学学报(哲学社会科学版),2010(3):112－116。

吴亚欣,于国栋.为会话分析正名[J].山西大学学报(哲学社会科学版),2017(1):85－90。

吴勇毅,王玎.汉语二语课堂会话修正策略探究[J].华东师范大学学报(哲学社会科学版),2016(1):104－110＋171。

吴中伟.主述结构和关联副词的句法位置[J].华东师范大学学报,1998(2):89－91。

伍铁平,潘绍典.语言·思维·客观世界——评陈保亚《语言影响文化精神的两种方式》[J].民族语文,2000(2):77－80。

武和平,王晶."基于用法"的语言观及语法教学中的三对关系[J].语言教学与研究,2016(3):1－10。

萧立明.新译学论稿[M].北京:中国对外翻译出版公司,2001。

谢少万.语境理论的交际观[J].山东外语教学,2002(4):95－99。

谢心阳,方迪.《互动语言学:社会互动中的语言研究》介绍[A].方梅 & 曹秀玲主编《互动语言学与汉语研究》(第二辑)[C].北京:社会科学文献出版社,2018:519－546。

谢心阳,方梅.汉语自然口语中弱化连词的韵律表现[A].方梅主编《互动语言学与汉语研究》(第一辑)[C].北京:世界图书出版公司,2016:225－245。

谢心阳.多模态资源与汉语口语中陈述式问句的解读[J].当代修辞学,2021(3):84-95。

谢心阳.互动语言学的理论探索——《面向互动语言学的语法研究》介绍[A].方梅主编.互动语言学与汉语研究(第一辑)[C].北京:世界图书出版公司.2016:340-353。

谢心阳.疑问的互动语言学视角[A].方梅 & 李先银主编《互动语言学与汉语研究》(第三辑)[C].北京:北京语言大学出版社,2021:393-408。

谢子岚.汉英"频率"类副词性关联词语比较研究[D].上海师范大学,2018。

辛志英,黄国文.系统功能语言学研究方法论[J].外语研究,2010(5):1-5+112。

辛志英,黄国文.系统功能语言学与生态话语分析[J].外语教学,2013(3):3-11+31。

熊学亮.单向语境推导初探(上)[J].现代外语,1996(2):1-4+72。

熊学亮.单向语境推导初探(下)[J].现代外语,1996(3):16-21。

熊学亮.认知语用学概论[M].上海:上海外语教育出版社,1999。

熊学亮.语用学和认知语境[J].外语学刊(黑龙江大学学报),1996(3):1-7。

熊子瑜,林茂灿."啊"的韵律特征及其话语交际功能[J].当代语言学,2004(2):116-127+189。

徐大明.当代社会语言学[M].北京:中国社会科学出版社,1997。

徐大明.约翰·甘柏兹的学术思想[J].语言教学与研究,2002(4):1-6。

徐海环."庭审现场"中的法官打断现象研究——以央视12台"庭审现场"节目《结婚三十年》为例[J].铜陵职业技术学院学报,2015(3):8-10+16。

徐海铭.美国人类语言学研究范式的更替及其主要特征——美国语言学思想史研究之一[J].外语学刊,2005(1):24-32。

徐晶凝.对外汉语口语教学语法大纲的构建[J].语言教学与研究,2016(4):1-10。

徐世红,张文鹏.认知语境的哲学阐释对实证研究的启示[J].西安外国语大学学报,2010(2):31-34。

徐思益.在一定语境中产生的歧义现象[J].中国语文,1985(5):339-348。

徐思益.重谈语用场[J].新疆大学学报(哲学社会科学版),2005(4):139-146。

许国璋.许国璋论语言[M].北京：外语教学与研究出版社,1991。

许葵花.认知语境的语义阐释功能——多义现象中认知语境的有声思维研究[J].外语电化教学,2010(6)：3-8+13。

许余龙.对比语言学[M].上海：上海外语教育出版社,2010。

严艺."原来"的多视角研究[D].南京师范大学,2011。

杨炳钧,罗载兵.系统功能语言学的多重述位及其构成[J].当代外语研究,2012(9)：5-9,77。

杨炳钧,尹明.系统功能语法核心思想对语言教学的指导意义[J].外语学刊,2000(3)：9-15。

杨辰枝子,傅榕赓.中医门诊医患会话的序列结构研究[J].医学与哲学(B),2017(5)：89-93。

杨婕.语境化视角下《塑造成功形象》的翻译[D].兰州大学,2015。

杨连瑞.话轮转换机制与英语会话能力[J].山东外语教学,2002(2)：22-24。

杨敏.课堂教学中的语境化策略[J].中国成人教育,2010(3)：97-98。

杨妮,何志成.体态语言与医患沟通[J].解放军医院管理杂志,2004(6)：592。

杨琪.英汉副词性关联词语在公众演讲中的比较研究——以 TED 和《一席》为例[D].上海师范大学,2019。

杨启光.中国文化语言学不是西方人类语言学[J].暨南学报(哲学社会科学),1995(2)：139-148。

杨清宇.尤金奥尼尔戏剧对中国话剧的影响[J].唐山文学,2016(10)：114。

杨石乔.汉语医患会话修正引导位置研究[J].大庆师范学院学报,2011(5)：91-93。

杨曙,常晨光.系统功能语言学视角下英汉情态类型系统对比研究[J].解放军外国语学院学报,2021(4)：1-9+159。

杨文星."话语"在不同视角下的阐释[J].理论月刊,2016(9)：67-72。

杨欣.学校课程开发中地方性知识的社会语境呈现[J].教育理论与实践,2017,37(32)：42-44。

杨信彰.多模态语篇分析与系统功能语言学[J].外语教学,2009(4)：11-14。

杨雪燕,刘志平,蔡慧萍.系统功能语言学视角下教师陈述的互动性差异研究[J].中国外语,2021(3)：49-57。

杨雪燕."语篇"概念与翻译教学[J].中国翻译,2003(5)：59-64。

杨雪燕.系统功能语言学视角下的话语分析[J].外语教学,2012(2)：31-36。

杨自俭主编.英汉比较与翻译[M].上海:上海外语教育出版社,2010。

姚剑鹏.对会话自我修补的研究[J].当代语言学,2008(2):147－157＋190。

姚剑鹏.二语教师话语中的修补启动[J].当代外语研究,2015(9):70－75＋78。

姚剑鹏.二语习得视阈下会话自我修补研究[J].当代外语研究,2016(2):33－37＋93－94。

姚剑鹏.中国大学英语学习者会话自我修补研究[J].英语研究,2015(2):48－56。

姚双云,田蜜.从位置敏感看社会行为格式"像 ＋ NP"在会话中的认识调节功能[J].世界汉语教学,2022(3):347－362。

姚双云,姚小鹏.自然口语中"就是"话语标记功能的浮现[J].世界汉语教学,2012(1):77－84。

姚双云."浮现语法"与语法的浮现[N].中国社会科学报,2011-11-17(239):1－3。

姚双云.关联标记的语体差异性研究[M].北京:世界图书出版公司,2017。

姚双云.连词与口语语篇的互动性[J].中国语文,2015(4):329－340。

殷佳越.类型学视域下的"特提"类副词性关联词语比较研究[D].上海师范大学,2016。

尹铁超,王晋新.本体研究与普通人类语言学的建立——从人类文明史的角度着眼[J].学习与探索,2008(2):234－236。

于国栋,郭慧,吴亚欣.提问—回答序列第三话轮的"(你)意思(是)＋X"[J].外国语(上海外国语大学学报),2020(2):30－38。

于国栋,侯笑盈.医患交际中极致表达的会话分析[J].山西大学学报(哲学社会科学版),2009(6):24－28。

于国栋,刘蜀.汉语言语交际中前序列与前序序列的会话分析研究——以请求行为为例[J].外语教学,2018(2):30－35。

于国栋,吴亚欣.阻抗诊疗建议的会话常规研究[J].现代外语,2022(1):17－28。

于国栋,张艳红.汉语恭维回应语缺失的会话分析[J].外语教学,2019(3):44－49。

于国栋,张艳红.汉语日常交际中"隐含型"恭维的会话分析[J].山西大学学报(哲学社会科学版),2019(4):130－136。

于国栋.产前检查中建议序列的会话分析研究[J].外国语(上海外国语大学学报),2009a(1):58-62。

于国栋.话轮构建成分扩充的会话分析研究——与李民博士商榷[J].外国语(上海外国语大学学报),2015(1):64-71。

于国栋.医患交际中回述的会话分析研究[J].外语教学,2009b(3):13-19。

于国栋.医疗就诊中病人自我诊断的会话分析研究[J].当代中国话语研究,2008(0):71-84。

于国栋.支持性言语反馈的会话分析[J].外国语(上海外国语大学学报),2003(6):23-29。

于晖.语篇体裁复合体——试析语篇体裁之间的逻辑语义关系[J].解放军外国语学院学报,2009,32(2):14-18+28。

余芊.庭审互动中被告人的答话策略和权力控制[J].湖北师范学院学报(哲学社会科学版),2014(2):70-72。

袁洪.翻译语境化的语用研究[J].广东外语外贸大学学报,2014,25(5):5-9。

袁毓林.简论语用常规的修辞偏离——从会话公设角度看有关的修辞方式[J].河南师范大学学报(哲学社会科学版),1986(Z1):84-88。

原苏荣,陆建非.汉英副词性关联词语篇章衔接功能比较[J].上海师范大学学报(哲学社会科学版),2011(2):117-127。

原苏荣,陆建非.汉英副词性关联词语在紧缩句中的对应关系[J].上海师范大学学报(哲学社会科学版),2016(1):144-152。

原苏荣,陆建非.句法、语义、语用的异同:"尤其是"和 especially[J].苏州大学学报,2011(5):157-163。

原苏荣,张晶晶.英汉副词性关联词语的自主/依存联结探究[J].外语与外语教学,2020(3):82-91+148-149。

原苏荣.汉英副词性关联词语比较研究[M].上海:上海三联书店,2013。

原苏荣.汉英关联副词语篇衔接功能的共性[J].西安外国语大学学报,2009(3):23-26。

原苏荣.汉英特殊类词语——副词性关联词语的性质特点和界定标准[J].西安外国语大学学报,2015(1):12-15。

原苏荣.汉英特殊类词语——副词性关联词语多视阈比较研究[M].上海:上海三联书店,2019。

原苏荣.汉语的"哈"与英语的 Eh[J].外国语(上海外国语大学学报),2008(3)：64－72。

原苏荣.汉语的"四字格"和英语的"四词格"比较研究[J].西安外国语大学学报,2017(1)：7－11。

约翰·甘柏兹.互动社会语言学的发展[J].语言教学与研究,2003(1)：1－10。

乐耀.交际互动、社会行为和对会话序列位置敏感的语法——《日常言谈中的语法：如何构建回应行为》述评[J].语言学论丛,2019(2)：336－362。

乐耀.北京口语中具有连接作用的"再"[J].当代语言学,2015(4)：414－428＋501－502。

乐耀.从"不是我说你"类话语标记的形成看会话中主观性范畴与语用原则的互动[J].世界汉语教学,2011,25(1)：69－77。

乐耀.从互动交际的视角看让步类同语式评价立场的表达[J].中国语文,2016(1)：58－69＋127。

乐耀.汉语会话交际中的指称调节[A].方梅 & 曹秀玲主编《互动语言学与汉语研究》(第二辑)[C].北京：社会科学文献出版社,2018：125－156。

乐耀.互动语言学研究的重要课题——会话交际的基本单位[J].当代语言学,2017(2)：246－271。

曾国才.会话中对话构式的浮现——以说普通话儿童的话语重复现象为例[J].浙江外国语学院学报,2022(1)：50－57。

曾蕾.从投射小句复合体到投射语段——以《论语》原文与译文的对等分析为例[J].现代外语,2016(1)：42－51＋146。

曾蕾.英汉"投射"小句复合体的功能与语义分析[J].现代外语,2000(2)：164－173＋163。

曾利沙.论语篇翻译的概念语境化意义生成的认知机制[J].英语研究,2007,5(1)：31－35。

曾小荣.会话分析研究的历史与现状[J].黄冈师范学院学报,2014(5)：117－120。

张斌.汉语语法学[M].上海：上海教育出版社,2003。

张伯江,方梅.汉语功能语法研究[M].南昌：江西教育出版社,1996。

张伯江.功能语法与汉语研究[J].语言科学,2005(6)：42－53。

张伯江.施事角色的语用属性[J].中国语文,2002(6)：483－494＋574。

张赪.汉语介词词组词序的历史演变[M].北京:北京语言文化大学出版社,2002。

张道真.实用英语语法[M].北京:商务印书馆,1984。

张道振."假定翻译"的语境化建构[J].中国翻译,2015,36(6):5-10+128。

张德禄,胡瑞云.多模态话语建构中的系统、选择与供用特征[J].当代修辞学,2019(5):68-79。

张德禄,王正.多模态互动分析框架探索[J].中国外语,2016(2):54-61。

张德禄.多模态话语分析综合理论框架探索[J].中国外语,2009(1):24-30。

张德禄.多模态话语中的情景语境[J].解放军外国语学院学报,2018(3):1-9+159。

张德禄.评价理论介入系统中的语法模式研究[J].外国语(上海外国语大学学报),2019,42(2):2-10。

张德禄.外语教学多模态选择框架探索[J].外语界,2013(3):39-46+56。

张德禄.系统功能理论视阈下的多模态话语分析综合框架[J].现代外语,2018(6):731-743。

张德禄.系统功能语言学对计算机辅助外语教学的启示[J].外语电话教学,2004(6):14-19。

张德禄.语篇连贯研究纵横谈[J].外国语,1999(6):24-31。

张弓.现代汉语修辞学[M].天津:天津人民出版社,1963。

张公瑾.文化语言学发凡[M].昆明:云南大学出版社,1996。

张红丽.以Yngve的人类语言学框架解析外语学习中的输入[J].语文学刊(外语教育教学),2013(7):88-90。

张丽萍,金孝柏.刑事法庭上的合作交际研究——法官-被告人庭审会话分析[J].广东外语外贸大学学报,2004(3):43-46。

张丽萍.控制与抗争:法官与被告人法庭交际会话分析[J].南京邮电学院学报(社会科学版),2004(1):21-24。

张林玲."语境化提示"概念内涵及运行机制研究[J].东莞理工学院学报,2012(6):53-57。

张美芳,黄国文.语篇语言学与翻译研究[J].中国翻译,2002(3):3-7。

张美芳.翻译研究的功能途径[M].上海:上海外语教育出版社,2005。

张清.法官庭审话语的规范化与司法公正[J].教育理论与实践,2009(36):46-48。

张爽.帕尔默文化语言学的认知基础[J].黑龙江教育学院学报,2007(5)：118-120。

张廷国.话轮及话轮转换的交际技巧[J].外语教学,2003(4)：23-27。

张惟,彭欣.会话交际中的复合式单位：投射与预期完成[A].方梅 & 李先银主编《互动语言学与汉语研究》(第三辑)[C].北京:北京语言大学出版社,2020：124-146。

张文贤,崔建新.汉语口语对话语体零形回指用法再思考[J].天津外国语学院学报,2001(3)：69-73。

张文贤,李先银.互动交际中的认识权威表达——以"我跟你说"为例[J].当代修辞学,2021(6)：73-85。

张向阳.论再度语境化及其在翻译中的应用[D].湖南师范大学,2005。

张谊生.从延展组合到递进关联:"甚至于""乃至于"及"甚而至于"的功用与演化[J].世界汉语教学,2022(2)：170-181。

张谊生.范围副词"都"的选择限制[J].中国语文,2003(4)：392-398+479。

张谊生.副词的篇章连接功能[J].语言研究,1996(1)：128-138。

张谊生.试论汉语副词再演化的模式、动因与功用[J].语言教学与研究,2023(4)：46-57。

张谊生.现代汉语副词阐释[M].上海:上海三联书店,2017。

张谊生.现代汉语副词的性质、范围与分类[J].语言研究,2000a(2)：51-63。

张谊生.现代汉语副词分析[M].上海:上海三联书店,2010。

张谊生.现代汉语副词探索[M].上海:学林出版社,2004。

张谊生.现代汉语副词研究[M].上海:学林出版社,2000b。

张谊生.现代汉语副词研究(修订本)[M].北京:商务印书馆,2014。

张谊生序.载原苏荣著《汉英特殊类词语——副词性关联词语多视阈比较研究》[M].上海:上海三联书店,2019。

张月庆.电视求职节目中的话轮转换策略分析——以《职来职往》为例[J].中外企业家,2016(21)：264-265。

章振邦.新编英语语法[M].上海:上海译文出版社,1983。

赵晶.现代汉语几个语气副词的语义变体研究[D].南开大学,2012。

赵蕾."语境化"理论视角下回译对于翻译课堂的影响[J].海外英语,2020(15)：210-211。

赵艳芳.认知语言学概论[M].上海:上海外语教育出版社,2001。

赵瑜.人际功能视角下汉英"大致性推论"类副词性关联词语比较研究——以医患对话为例[D].上海师范大学,2022。

赵元任.汉语口语语法[M].北京:商务印书馆,1979。

赵泽琳.论语言人类学的起源及其在中国的发展[J].唐山师范学院学报,2015(1):26-28。

周洁茹,苗玲.功能磁共振在人类语言学研究中的应用[J].中国临床康复,2006(22):113-115。

周金龙.语境化视角浅析《菜根谭》英译本[J].现代语文(学术综合版),2016(9):152-154。

周倩.Fillmore派构式语法与Hopper浮现语法的综述、比较及评价[J].神州,2013(21):161-162。

周庆生.傣族人名的等级结构与社会功能[J].民族语文,1998(2):18-29。

周庆生.语言与人类[M].北京:中央民族大学出版社,2000。

周庆生.中国语言人类学百年文选[M].北京:知识产权出版社,2009。

周淑萍.语境研究:传统与创新[M].厦门:厦门大学出版社,2011。

周淑萍.当代语境研究的发展趋向[J].云南农业大学学报(社会科学版),2011,5(5):92-97。

周顺萍,原苏荣.苏沪地区不同版本高一年级英语教材中副词性关联词语的比较研究[J].中学外语教与学(人大复印报刊资料),2017(10):29-33。

周星,周韵.大学英语课堂教师话语的调查与分析[J].外语教学与研究,2002(1):59-68。

朱德熙.汉语句法里的歧义现象[J].中国语文,1980(2):21-27。

朱红素.多元文化语境下的世界文化研究[M].北京:高等教育出版社,2008。

朱军,李丽君."你A你的(X),我B我的(Y)"的构式化及其语体特征的复杂性[J].武陵学刊,2015(6):100-108。

朱文俊.语言人类学论题研究[M].北京:北京语言文化大学出版社,2000。

朱晓申,余樟亚.大学英语语境化教学研究[J].外语界,2010(4):50-56。

朱亚光.政治新闻外宣翻译的语境化[D].湖南工业大学,2015。

朱永生,徐玉臣.Halliday和Martin语境模型的对比[J].中国外语,2005(3):14-20+27。

朱永生.系统功能语言学个体化研究的动因及哲学指导思想[J].现代外语,

2012(4)：331-337。

朱永生.英汉语篇衔接手段对比研究[M].上海：上海外语教育出版社,2001。

朱永生.语境动态研究[M].北京：北京大学出版社,2005。

宗晓哲."反而"复句中的语义逻辑关系[J].沧州师范学院学报,2015，31(3)：42-44。

邹清妹,原苏荣."侥幸"类副词性关联词语的语篇功能比较——以爱丽丝·门罗的短篇小说及其汉译文为例[J].宜春学院学报,2015(10)：88-91。

后　记

　　2006 年 9 月我考入上海师范大学,师从范开泰先生攻读博士学位,主攻方向为汉英/英汉对比语法。"学问勤中得,萤窗万卷书",在此期间,我博览群籍、一丝不苟、刻苦钻研,力求在学术上有所成长、有点建树。2010 年 5 月我的博士学位论文《汉英副词性关联词语对比研究》顺利通过答辩,答辩委员会对论文给予了很高的评价,指出该论文"以语篇功能理论为基础,讨论了副词性关联词语的范围及分类,考察了汉英副词性关联词语在复句中的连接功能和语篇中的衔接功能。探索了汉英非连续的副词性关联词语以及四字/词格中的副词性关联词语的功能和特点。重点研究了汉英副词性关联词语的共性和差异,并以个案分析加以印证。该论文语料充足、描写详尽、条理清晰,是一篇优秀博士学位论文"。文稿从选题到定稿,历时近六年,经多次修改、反复润色,于 2013 年 8 月由上海三联书店出版发行学术专著《汉英副词性关联词语比较研究》。

　　6 年后,作为上海市哲社规划项目"汉语特殊类词语——副词性关联词语多视角比较研究"和上海市教委人文社科类科研创新重点项目"汉语特殊类词语——副词性关联词语比较研究"的研究成果,我的第二本学术专著《汉英特殊类词语:副词性关联词语多视角比较研究》在上海三联书店出版。本书从认知语言学视阈、构式语法视阈、功能语言学视阈、语篇语言学视阈、类型学视阈和应用语言学视阈等六个方面对汉英副词性关联词语作了逐项深入的比较与阐释，作到了不同视角的互相补充，进而从用法解释、规则描写深入到共性规律及其差异的原理解释和机理探究。

2019 年我成功申获国家社科基金项目"言语互动视阈下汉英语篇关联模式与机制研究"，自此，我立即着手该项目的研究工作：首先深入阅读文献，规划研究进度；随后从口、笔语语料中和双向平行同质语料库中检索语料，分类整理，建立多模态数据库；接着分析汉英副词性关联词语在口语、书面语篇中频次、分布和互动性特征；然后进行搭配、标记、话语、人际、关系互动性系统等多角度对比研究；进而从搭配、标记、话语、语体差异等 6 大系统副关语篇关联模式与机制建构，充以 15 部分具体内容的探究分析；最后完成撰写专著《言语互动视阈下英汉语篇关联模式与机制研究》。

在书稿完成之际，我要向许多人表示感谢！

感谢我的研究生刘雪婷、徐小林、高扬、耿冰珂、张静、顾正靓、陈幸怡、赵瑜、张晶晶、蒋芸红、潘杰等。他们有的参加了本课题研究的资料收集、有的参与了研究数据的统计与分析、有的加入了文稿的校对团队工作。

张谊生、陆建非、曹秀玲教授是我多年的良师益友，他们不仅在学术上与我有相通之处，是我学研路上的引路人，而且一直对我关怀备至，十分关心我的工作、学习和生活。尤其是张谊生教授对于学术研究永远赤诚热爱、砥志研思，经常与我分享学术思想、交流学术问题。他总是倾囊相授、知无不言，详细地解答我在学术研究中遇到的问题。他总是有问必答、诲人不倦，热情地给予了我很多建议和帮助。外国语学院同事高航、李凤、李四清、李志强、周学立也一直关心我的学术，是我工作和学习中志同道合、并肩前行的伙伴。诸位学者的倾心相待，我都将永远铭记于心。

责任编辑杜鹃女士，为了本书的出版、编辑和校对，花费了大量心血。对所获一切帮助和协助，作者一并表示由衷的谢意。

这些年除了感谢众多名师益友和我的研究生外，我还要特别感谢家人。我的夫人李伟蕙质兰心、善解人意。三十多年来一直在我学术研究方面给予极大的帮助，没有她在各项家庭事务上的全力协助、相辅相伴，我难以全心全意投入学术研究。本书的完成还要感谢我的儿子原野，他聪明懂事，帮我解决诸多电脑上画图、制表等难题，一起讨论分析书中的例句与解释，给我的书稿以极大的帮助。感谢我的岳父李文正、岳母姚霭如一贯对我的鼓励、关怀与帮助。还要感谢我的兄弟姐妹给予我的关心和支持。

我的第三本学术专著《言语互动视阈下英汉语篇关联模式与机制研究》即将出版。这部书稿是我刮摩淬励、字斟句酌数载春秋的又一个重要学术成果、是我孜孜求学、笔耕不辍四十多年的再一个重要学术突破。这么多年来，每当我的人生取得一点收获与成功之时，我都会想起父母对我的养育教诲之恩。所以，我要将我第三本正式出版的学术著作敬献到我从未进过学堂门的父母的灵前。

原苏荣

2024 年 8 月于上海师范大学科技园

图书在版编目(CIP)数据

言语互动视阈下英汉语篇关联模式与机制研究 / 原
苏荣著. -- 上海 : 上海三联书店, 2025. 1. -- ISBN
978-7-5426-8722-7

Ⅰ. H31; H1

中国国家版本馆 CIP 数据核字第 2024J53Z95 号

言语互动视阈下英汉语篇关联模式与机制研究

著　　者 / 原苏荣

责任编辑 / 杜　鹃
装帧设计 / 一本好书
监　　制 / 姚　军
责任校对 / 王凌霄

出版发行 / 上海三联书店

　　　　(200041)中国上海市静安区威海路 755 号 30 楼
邮　　箱 / sdxsanlian@sina.com
联系电话 / 编辑部: 021 - 22895517
　　　　　发行部: 021 - 22895559
印　　刷 / 上海颛辉印刷厂有限公司

版　　次 / 2025 年 1 月第 1 版
印　　次 / 2025 年 1 月第 1 次印刷
开　　本 / 890mm×1240mm　1/32
字　　数 / 270 千字
印　　张 / 12.25
书　　号 / ISBN 978 - 7 - 5426 - 8722 - 7/H·148
定　　价 / 98.00 元

敬启读者,如发现本书有印装质量问题,请与印刷厂联系 021 - 56152633